3ステップ方式
原価計算・工業簿記演習 第三版

平岡秀福
大野智弘
井出健二郎
細海昌一郎

著

創成社

―――――――――――――――――――〔執筆分担〕―――――――――――――――――――

平岡 秀福……………第1章，第4章，第7章，第11章，第16章，第20章，第21章，
　　　　　　　　　　第29章，第31章，第33章
大野 智弘……………第3章，第6章，第9章，第10章，第12章，第14章，第19章，
　　　　　　　　　　第26章
井出健二郎……………第2章，第8章，第13章，第15章，第18章，第25章，第30章，
　　　　　　　　　　第32章
細海昌一郎……………第5章，第17章，第22章，第23章，第24章，第27章，第28章

まえがき

　本書は，大学，短期大学，専門学校等で，原価計算・工業簿記のサブ・テキストとして活用できるように執筆されたものである。本書の特徴は次の4つである。
① 　各章ごとに「ポイント」を設け，最低限必要な知識や計算式等を，簡単に整理してある。
② 　「例題」では，具体的な問題に取り組み，解答を読むことを通して，各章の考え方や計算方法を手っとり早く修得できるように工夫されている。
③ 　「練習問題」は，ベーシック，トレーニング，チャレンジといった3ステップ方式で段階的に問題がレベル・アップしており，能力や学習の進行程度，目的に応じて，自由に問題を選択できる形式になっている。
④ 　日商検定や公認会計士試験によく出題される範囲の基礎を，ひととおりカバーしており，資格試験のための基本的な学習参考書としても役立つ。

　原価計算・工業簿記は，公認会計士をはじめ，税理士や企業の経理担当者などの会計のスペシャリストに必要な知識や技術であることはいうまでもない。しかし，それだけでなく広く経営者や現場の作業員，一般のビジネスマンなどにとっても必要なものである。

　今日，企業や官庁をはじめとする，さまざまな組織において，省資源化に対する意識がさらに強まり，それに伴って組織が作り出す製品やサービスにかかる原価への関心もより強くなってきている。それゆえ，組織の存続に必要な利益ないし付加価値の適正な算定と確保に役立つ原価計算・工業簿記は，現代社会に欠かせないものとなっている。

　原価計算・工業簿記の知識や技術をあらゆる組織が有効に活用してムダを省き，効果的なモノづくりに撤していけば，社会全体の資源の節約に役立ち，地球レベルでのコスト低減にもつながってゆくことだろう。本書がそういった大きな目的の達成のために，ほんの僅かでも貢献することを切願する次第である。

　また，このような目的をもつ原価計算・工業簿記の修得のために，読者が本書を大いに活用していただければ，執筆者としてはこのうえない喜びである。

　最後に，本書の出版にあたり，創成社塚田尚寛氏には，何度も研究室に足を運んでいただき，多大な貢献をいただいた。この場を借りて感謝の意を表したい。

　1999年3月

執筆者一同

第三版の序文

　原価計算・工業簿記を取り巻く環境は，つねに変化しているが，多くの学生や社会人の方々が手っ取り早く，しかも比較的近い所に目標を置きながら，企業内のコストについて勉強するためには，資格試験へのチャレンジも有効な一つの方法であろう。最初は基礎から学びながらも，ステップを踏んで，より上位の原価計算の問題へと取り組んでいくことを狙った本書は，大学や短大でのサブ・テキストとして，執筆者の本務校を中心に，大いに活用され，それなりの実績を積んできたように思われる。

　しかし，基礎的な原価計算や工業簿記はさることながら，より高度な意思決定問題に対応するためには，不十分な章が見られたことは否めない。そこで，今回新しい執筆者にご参加いただき，既存の章の一部に手を入れ，章分割で内容を充実させたり，新たなテーマの章を取り入れたりして，リニューアル化を図った。とくに利益計画や業績評価，意思決定に役立つ原価計算といった分野の充実を図ることを中心に今回の第三版発刊の運びとなった。

　それでも，当初の本書出版の究極目的達成のためには，これからも機会あるごとにリニューアル化を図り，読者の皆様が満足のいく書物となることを目指していきたい。今回の改訂は，その長い道のりの，ほんの通過点に過ぎない。また新しく参加した執筆者と創成社の塚田尚寛氏には骨を折っていただいた。これからも本書のご愛読を心より読者に感謝申し上げ，第三版の序文とさせていただきたい。

2003年5月

執筆者一同

目　次

まえがき
第三版の序文

第1章	原価と原価計算	1
第2章	工業簿記の本質 ―特色・基礎知識―	6
第3章	工業簿記の構造 ―勘定体系と製造原価報告書―	9
第4章	費目別計算(1) ―材料費の計算―	14
第5章	費目別計算(2) ―労務費の計算―	19
第6章	費目別計算(3) ―経費の計算―	23
第7章	製造間接費の計算	28
第8章	部門別計算(1) ―部門別計算の意義と部門費の第1次集計―	33
第9章	部門別計算(2) ―部門費の第2次集計と製品への配賦計算―	38
第10章	個別原価計算(1) ―個別原価計算の方法と記帳―	44
第11章	個別原価計算(2) ―仕損と作業屑の処理―	49
第12章	総合原価計算(1) ―単純総合原価計算―	54
第13章	総合原価計算(2) ―仕損・減損と副産物の処理―	59
第14章	総合原価計算(3) ―工程別総合原価計算―	63
第15章	総合原価計算(4) ―組別総合原価計算―	68
第16章	総合原価計算(5) ―等級別総合原価計算と連産品の原価計算―	72
第17章	標準原価計算(1) ―標準原価計算の基礎―	77
第18章	標準原価計算(2) ―標準原価差異分析―	81
第19章	標準原価計算(3) ―パーシャル・プランとシングル・プラン―	85
第20章	標準原価計算(4) ―配合差異と歩留差異―	90
第21章	直接原価計算(1) ―直接原価計算と全部原価計算―	95
第22章	直接原価計算(2) ―ＣＶＰ分析―	101
第23章	直接原価計算(3) ―原価予測―	106
第24章	直接原価計算(4) ―最適セールス・ミックス―	111
第25章	営業費の計算と財務諸表の作成	117
第26章	工場会計の独立	123
第27章	差額原価収益分析	129
第28章	在庫管理のための原価計算	136
第29章	設備投資の経済性分析	143
第30章	品質原価計算	148
第31章	活動基準原価計算と原価改善	152
第32章	原価企画とライフサイクル・コスティング	158
第33章	事業部業績の測定と経済的利益	161

主要参考文献 … 166
付　録　原価計算基準 … 167

第1章 原価と原価計算

> **ポイント**
>
> 1. **原価計算基準**…1962年に『企業会計審議会』が，当時のわが国の企業における原価計算の慣行のうちから，一般に公正妥当と認められるところを要約して設定したもの。原価計算を制度化するための実践規範である。ただし，原価計算を取り巻く環境の変化もあり，その改訂が検討されつつある。
> 2. **原価計算の目的**…原価計算基準には，次の5つが主たる目的とされている。
>   (1) 企業の内外利害関係者のため，財務諸表(損益計算書や貸借対照表など)に表示するのに必要な真実の原価を集計すること。
>   (2) 価格計算に必要な原価資料を提供すること。
>   ①個別受注生産の場合…原価資料を販売価格決定の基礎とする。
>   ②市場見込大量生産の場合…原価資料をもとに市場価格に対する自社の競争力を判断する。
>   (3) 経営管理者の各階層に対して，原価管理に必要な原価資料を提供すること。
>   この役立ちについて，原価計算基準では標準原価計算(第17章～第20章)に限定している。しかし現代では，原価企画(第29章)や原価改善(第28章)なども含めた広義の原価管理を考えなければならない。
>   (4) 予算の編成ならびに予算統制のために必要な原価資料を提供すること。
>   諸費用の予算データは原価資料があって始めて正確に算定できるものが多い。
>   (5) 経営の基本計画を設定する際に必要な原価資料を提供すること。
> 3. **原価計算制度**…財務会計機構と有機的に結びつき常時継続的に行われる計算体系。実際原価計算制度と標準原価計算制度に大別され，ともに計算された原価が財務会計の主要簿に組み入れられる。
> 4. **原価の本質**…原価計算基準によれば，次のとおりである。
>   (1) 原価は，経済価値の消費である。
>   (2) 原価は，経営において作り出された一定の給付に転嫁される価値である。
>   (3) 原価は，経営目的に関連したものである。
>   (4) 原価は，正常なものである。
> 5. **原価要素の分類基準**
>   (1) 形態別分類…材料費(物品の消費)，労務費(労働用役の消費)，経費(その他)→第4章～第6章を参照のこと。
>   (2) 製品との関連における分類…発生が一定単位の製品の生成に関して直接認識ができるものを直接費，複数の製品に共通して発生するため，直接認識することができないか困難なものを間接費とする(第7章参照)。(1)との組合せで，直接材料費，直接労務費，直接経費，間接材料費，間接労務費，間接経費に分類する。
>   (3) 操業度との関連における分類…操業度の増減にかかわらず変化しない固定費と，操業度の

—1—

増減に応じて比例的に増減する変動費とに分類する。
(4) 収益との対応関係に基づく分類…一定単位の製品に集計される製品原価と，一定期間における発生額を当期の収益に直接対応させてとらえる期間原価とに分類する。
ほかに，機能別分類，管理可能性に基づく分類などがある。

6．原価計算の種類
(1) 個別原価計算(第10章，第11章)と総合原価計算(第12章～第16章)
(2) 実際原価計算と標準原価計算(第17章～第20章)
(3) 全部原価計算と部分原価計算(第21章，第22章の直接原価計算を参照)

例題

次の図は原価構成を示したものである。問に答えなさい。

			販売利益	
		販売費・一般管理費		
	製造間接費			
(ⓐ)		(ⓓ)	(ⓔ)	販売価格
直接労務費	(ⓒ)			
(ⓑ)				

問1　図の(　)の中にあてはまる語句を記入しなさい。
問2　問1の結果と，次の資料によって，下記の金額を求めなさい。

〔資　料〕
1．直接材料費　¥150,000　　2．直接労務費　¥200,000　　3．直接経費　¥90,000
4．間接材料費　¥ 30,000　　5．間接労務費　¥ 50,000　　6．間接経費　¥60,000
7．販売費・一般管理費　¥110,000

　　(1) 製造直接費　¥_____　　(3) 製造原価　¥_____
　　(2) 製造間接費　¥_____　　(4) 総 原 価　¥_____

解答

問1　ⓐ直接材料費　ⓑ直接経費　ⓒ製造直接費(または直接原価)　ⓓ製造原価　ⓔ総原価
問2　(1)＝¥150,000＋¥200,000＋¥90,000＝¥440,000
　　　(2)＝¥30,000＋¥50,000＋¥60,000＝¥140,000
　　　(3)＝(1)＋(2)＝¥440,000＋¥140,000＝¥580,000
　　　(4)＝(3)＋¥110,000＝¥580,000＋¥110,000＝¥690,000

STEP 1　ベーシック問題

次の資料によって，下記の金額を計算して記入しなさい。(全経1級・第88回一部修正)

〔資　料〕

1．直接材料費　￥355,000
2．直接経費　￥100,000
3．製造原価　￥875,000
4．総原価　￥1,120,000
5．製造間接費は製造直接費の25%
6．販売利益は売価の30%

(1)直接労務費　￥＿＿＿＿＿＿＿＿＿＿
(2)直接原価　￥＿＿＿＿＿＿＿＿＿＿
(3)製造間接費　￥＿＿＿＿＿＿＿＿＿＿
(4)販売費・一般管理費　￥＿＿＿＿＿＿＿＿＿＿
(5)販売利益　￥＿＿＿＿＿＿＿＿＿＿

STEP 2　トレーニング問題

次の原価計算基準の文章の(　)の中にあてはまる語句を記入しなさい。

(1) ここに原価管理とは，原価の(1)を設定してこれを指示し，原価の(2)を計算記録し，これを(3)と比較して，その(4)の原因を分析し，これに関する資料を(5)に報告し，(6)を増進する措置を講ずることをいう。

(2) 実際原価計算制度は，製品の(7)を計算し，これを(8)の主要帳簿に組み入れ，(9)の計算と(10)とが，(11)をもって有機的に結合する(12)である。

(3) 標準原価計算制度は，製品の(13)を計算し，これを(14)の主要帳簿に組み入れ，(15)の計算と(16)とが，(17)をもって有機的に結合する(18)である。

(4) 実際原価は，厳密には実際の(19)をもって計算した原価の(20)であるが，原価を(21)等をもって計算しても，(22)を実際によって計算する限り，それは(23)の計算である。ここに予定価格とは，将来の(24)における実際の(25)を予想することによって定めた価格をいう。

(5) 標準原価とは，財貨の(26)を科学的，(27)調査に基づいて(28)の尺度となるように予定し，かつ，(29)または正常価格をもって計算した原価をいう。この場合，能率の尺度としての(30)とは，その(31)が適用される(32)において達成されるべき(33)を意味する。

(6) 原価は，集計される原価の(34)によって，全部原価と部分原価とに区別される。全部原価とは，一定の(35)に対して生ずる全部の(36)または(37)を加えて集計したものをいい，部分原価とは，そのうち(38)のみを集計したものをいう。部分原価は，(39)によって各種のものを計算することができるが，最も重要な部分原価は，(40)および(41)のみを集計した直接原価(変動原価)である。

(7) 個別原価計算は，種類を(42)にする製品を(43)に生産する(44)に適用する。

(8) 単純総合原価計算は, (45)製品を(46)に生産する(47)に適用する。

(9) 等級別総合原価計算は, (48)において, (49)製品を(50)生産するが, その製品を(51), (52), (53)等によって(54)に区別する場合に適用する。

(10) 組別総合原価計算は, (55)製品を組別に(56)生産する(57)に適用する。

1	2	3	4	5	6
7	8	9	10	11	12
13	14	15	16	17	18
19	20	21	22	23	24
25	26	27	28	29	30
31	32	33	34	35	36
37	38	39	40	41	42
43	44	45	46	47	48
49	50	51	52	53	54
55	56	57			

STEP 3　チャレンジ問題

原価計算基準に準拠して次の語句を簡単に説明せよ。

(1) 予算

　

(2) 基本計画

　

(3) 特殊原価調査

(4) 非原価項目

(5) 原価の機能別分類

(6) 操業度

(7) 準固定費と準変動費

(8) 原価の管理可能性に基づく分類

第2章 工業簿記 ―特色・基礎知識―

ポイント

1. **工業簿記**…工業簿記とは，購買活動・製造活動・販売活動など製造業が主として行う活動を，簿記の手続にしたがって記録・計算・整理し，その内容を貨幣的に明らかにしようとするものである。

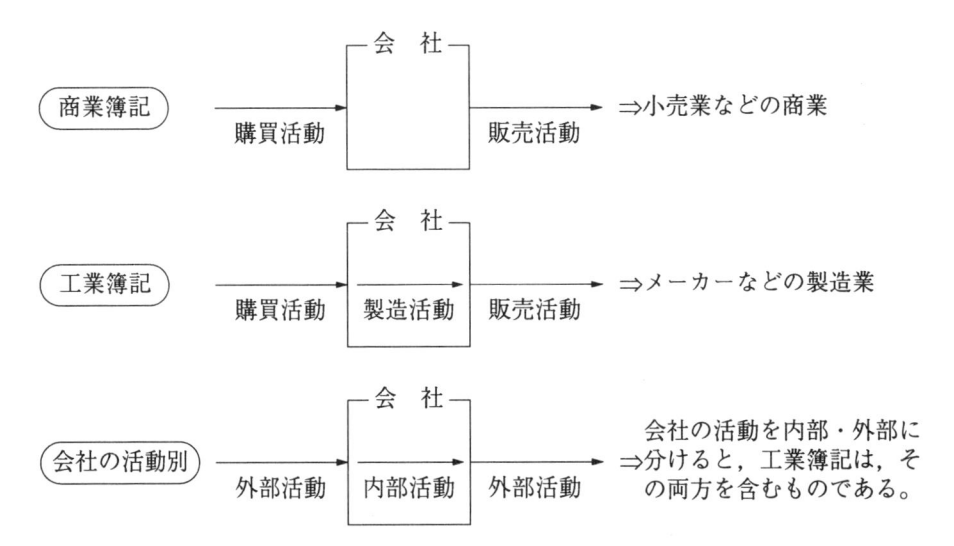

   商業簿記：購買活動 → 会社 → 販売活動 ⇒ 小売業などの商業

   工業簿記：購買活動 → 会社（製造活動）→ 販売活動 ⇒ メーカーなどの製造業

   会社の活動別：外部活動 → 会社（内部活動）→ 外部活動 ⇒ 会社の活動を内部・外部に分けると，工業簿記は，その両方を含むものである。

2. **工業簿記と原価計算**…工業簿記は，商業簿記と比べると製造活動（ものづくり）をもその対象とすることに特質がある。製造活動を記録・計算・整理することは，製品を製造するための費用，つまり１つのモノを作るのにいくらかかるかを求めることと不可分の関係にあるといえる。１つのモノを作るのに必要な金額（製造原価）を計算することが狭義の原価計算である。したがって，原価計算は工業簿記には欠かせない重要なものである。

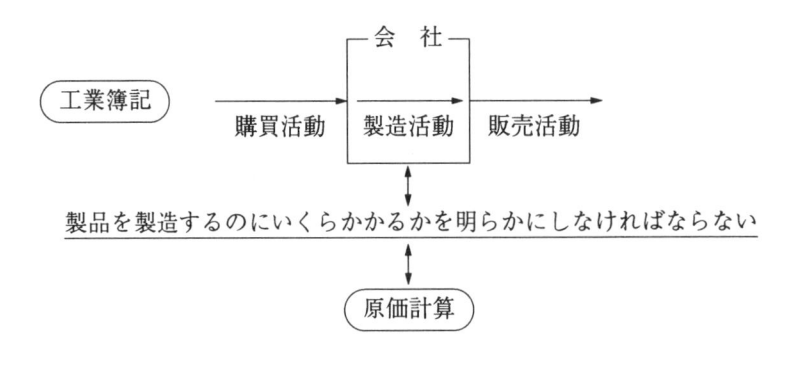

   工業簿記：購買活動 → 会社（製造活動）→ 販売活動
   ↕
   製品を製造するのにいくらかかるかを明らかにしなければならない
   ↕
   原価計算

例題

次の文章の( )の中にあてはまる語句を記入しなさい。

1. 製造業は，外部活動のほかに(ⓐ)も行う。
2. 購買活動と(ⓑ)は，取引先とつながる活動のため，外部活動とよばれる。一方，(ⓒ)は，製品を作るという会社の内部で行われる活動である。
3. 製造業に適用される簿記を(ⓓ)といい，商品売買業に適用される簿記を(ⓔ)という。
4. 製品を製造するのに要した費用を(ⓕ)という。
5. 原価を算定する計算方法を(ⓖ)という。

解答

ⓐ内部活動　ⓑ販売活動　ⓒ製造活動　ⓓ工業簿記　ⓔ商業簿記　ⓕ製造原価　ⓖ原価計算

STEP 1　ベーシック問題

次の文章の( )の中にあてはまる語句を記入しなさい。

1. 工業簿記とは，(ア)活動・(イ)活動・(ウ)活動など製造業が主として行う活動を，貨幣的に記録・計算・整理すること(簿記の手続)によって明らかにしようとするものである。
2. 商業簿記は，会社の活動別において(エ)活動を基本的に記録・計算・整理するのに対して，工業簿記は，(オ)活動および(カ)活動を記録・計算・整理する。
3. 工業簿記は，商業簿記と比べると(キ)活動をもその対象とすることに特質がある。製造活動を記録・計算・整理することは，(ク)を(ケ)するための費用，つまり1つのモノを作るのにいくらかかるかを求めることと不可分の関係にあるといえる。1つのモノを作るのに必要な金額すなわち(コ)を計算することが狭義の(サ)である。

ア		イ		ウ		エ		オ	
カ		キ		ク		ケ		コ	
サ									

STEP 2　トレーニング問題

次の各取引は，(a)内部活動・外部活動のどちらに属するか，(b)購買活動・製造活動・販売活動のいずれに属するか，をそれぞれ答えなさい。

1. 製品が1,000個完成した。
2. 工場で働く従業員に賃金を支払った。

3．製品を掛にて売り上げた。
4．製品をつくるのに，電気を消費した。
5．材料を小切手にて買い入れた。

(a)内部活動－　　　　　　　外部活動－
(b)購買活動－　　　　　　　製造活動－　　　　　　　販売活動－

STEP 3　チャレンジ問題

　トヨタ自動車や松下電器などのメーカーでは原価計算は不可欠なものであるといわれます。それは，なぜですか。三井物産のような商社やダイエーなどの小売業と比較して説明しなさい。

第3章 工業簿記の構造──勘定体系と製造原価報告書

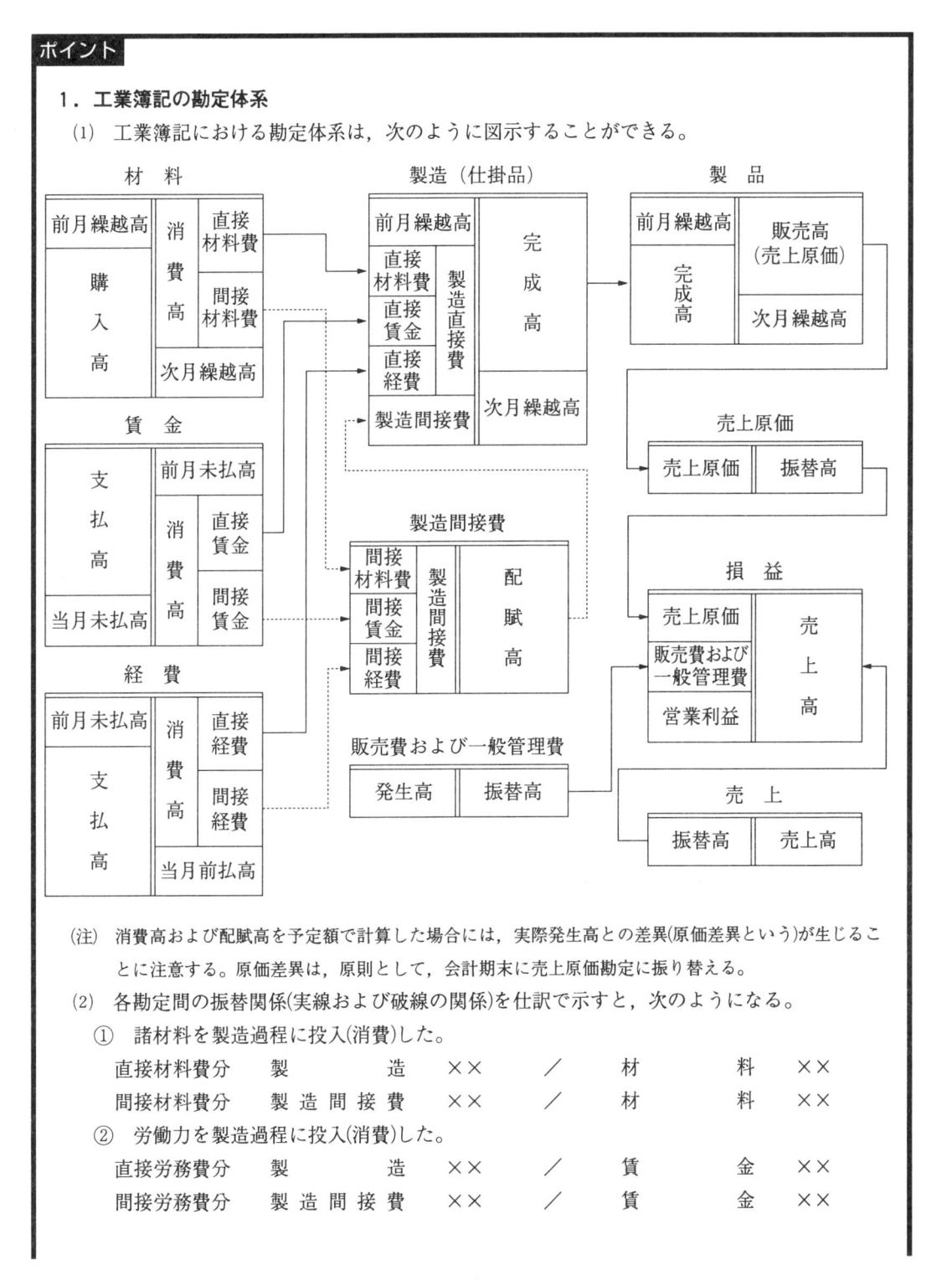

ポイント

1．工業簿記の勘定体系

(1) 工業簿記における勘定体系は，次のように図示することができる。

材　料		
前月繰越高	消費高	直接材料費
		間接材料費
購入高		
	次月繰越高	

製造（仕掛品）		
前月繰越高		完成高
直接材料費	製造直接費	
直接賃金		
直接経費		
製造間接費		次月繰越高

製　品	
前月繰越高	販売高（売上原価）
完成高	次月繰越高

賃　金		
支払高	前月未払高	
	消費高	直接賃金
		間接賃金
当月未払高		

製造間接費		
間接材料費	製造間接費	配賦高
間接賃金		
間接経費		

売上原価	
売上原価	振替高

損　益	
売上原価	売上高
販売費および一般管理費	
営業利益	

経　費		
前月未払高	消費高	直接経費
支払高		間接経費
	当月前払高	

販売費および一般管理費	
発生高	振替高

売　上	
振替高	売上高

（注）消費高および配賦高を予定額で計算した場合には，実際発生高との差異（原価差異という）が生じることに注意する。原価差異は，原則として，会計期末に売上原価勘定に振り替える。

(2) 各勘定間の振替関係(実線および破線の関係)を仕訳で示すと，次のようになる。

① 諸材料を製造過程に投入(消費)した。

　　直接材料費分　　製　　　　造　　××　／　材　　　料　　××
　　間接材料費分　　製 造 間 接 費　　××　／　材　　　料　　××

② 労働力を製造過程に投入(消費)した。

　　直接労務費分　　製　　　　造　　××　／　賃　　　金　　××
　　間接労務費分　　製 造 間 接 費　　××　／　賃　　　金　　××

③ 諸経費を製造過程に投入(消費)した。
  直接労務費分　　製　　　　造　××　／　経　　　　費　××
  間接労務費分　　製 造 間 接 費　××　／　経　　　　費　××
④ 製造間接費を各製品(製造指図書)に配賦した。
　　　　　　　　　製　　　　造　××　／　製 造 間 接 費　××
⑤ 仕掛品が製品として完成した。
　　　　　　　　　製　　　　品　××　／　製　　　　造　××
⑥ 完成した製品を販売し現金を受取った。
　　　　　　　　　現　　　　金　××　／　売　　　　上　××
　　　　　　　　　売 上 原 価　××　／　製　　　　品　××
⑦ 売上勘定，売上原価勘定，販売費および一般管理費の諸勘定を損益勘定に振り替えた。
　　　　　　　　　売　　　　上　××　／　損　　　　益　××
　　　　　　　　　損　　　　益　××　／　売 上 原 価　××
　　　　　　　　　損　　　　益　××　／　販売費および
　　　　　　　　　　　　　　　　　　　　一 般 管 理 費　××

2．製造原価報告書

```
                  製造原価報告書
        Ⅰ　材料費
          1　期首材料棚卸高          ××
          2　当期材料仕入高       (＋)××
             合　　計                ××
          3　期末材料棚卸高       (－)××
             当 期 材 料 費                ─→ ×××

        Ⅱ　労務費
          1　賃　　　金              ××
          2　諸　手　当          (＋)××
             ⋮                  (＋)××
             当 期 労 務 費                ─→ ×××（＋）

        Ⅲ　経　費
          1　電　力　料              ××
          2　減価償却費          (＋)××
             ⋮                  (＋)××
             当 期 経 費                   ─→ ×××（＋）
             合　　計                       ×××
             製造間接費配賦差異      [＋・－] ×××
             当期総製造費用                   ×××
             期首仕掛品棚卸高                 ×××（＋）
             合　　計                       ×××
             期末仕掛品棚卸高                 ×××（－）
             当期製品製造原価                 ×××
```

(注) この表では製造間接費の予定配賦(第7章参照)が前提にされている。したがって，実際発生額と予定配賦額の差(製造間接費配賦差異)が，実際発生額＞予定配賦額であるため不利差異(借方差異)となった場合には－，実際発生額＜予定配賦額であるため有利差異(貸方差異)となった場合には＋する必要がある。

製造業の損益計算書に記載される当期製品製造原価の内訳明細を明らかにする報告書を製造原価報告書という。製造原価報告書の基本的な様式は，前頁に示したとおりである。

例題

次の取引を仕訳しなさい。

1. 直接材料費として￥15,000，間接材料費として￥4,000を消費した。
2. 直接賃金として￥25,000，間接賃金として￥5,000を消費した。
3. 直接経費として￥3,000，間接経費として￥7,000を消費した。
4. 製造間接費の発生額￥16,000を製造指図書に配賦した。
5. 製造原価￥55,000で製品が完成した。
6. 製造原価￥50,000の製品を￥60,000で掛売りした。

〈仕訳〉

(1) (借方)   (貸方)

(2) (借方)   (貸方)

(3) (借方)   (貸方)

(4) (借方)   (貸方)
(5) (借方)   (貸方)
(6) (借方)   (貸方)

解答

(1)	(借方) 製　　造	15,000	(貸方) 材　　料	19,000
	製造間接費	4,000		
(2)	(借方) 製　　造	25,000	(貸方) 賃　　金	30,000
	製造間接費	5,000		
(3)	(借方) 製　　造	3,000	(貸方) 経　　費	10,000
	製造間接費	7,000		
(4)	(借方) 製　　造	16,000	(貸方) 製造間接費	16,000
(5)	(借方) 製　　品	55,000	(貸方) 製　　造	55,000
(6)	(借方) 売　掛　金	60,000	(貸方) 売　　上	60,000
	売上原価	50,000	製　　品	50,000

STEP 1 ベーシック問題

各勘定の関係に注意して，空欄に該当する金額を記入しなさい。（日商2級・第81回修正）

```
                材      料                                    製      造
  前月繰越高   110,000  当月消費高 (       )       前月繰越高   150,000  当月完成高 (       )
  当月仕入高   890,000  次月繰越高   100,000       直接材料費 (       )  次月繰越高   200,000
             1,000,000             1,000,000       直接労務費   340,000
                                                   製造間接費   550,000
                賃      金                                  (       )           (       )
  当月支払高 (       )  前月未払高   105,000
  当月未払高   120,000  当月消費高 (       )                売 上 原 価
                       賃率差異     5,000          製    品 (       )  月次損益 (       )
           (       )            (       )          原価差異 (       )
                                                          (       )          (       )
              製造間接費
  間接材料費   150,000  正常配賦額 (       )                  月 次 損 益
  間接労務費   140,000  配賦差異     8,000          売上原価 (       )  売上高   2,300,000
  間接経費   (       )                              販 売 費   231,000
           (       )             (       )         一般管理費   156,000
                                                   営業利益 (       )
                製      品                                  2,300,000          2,300,000
  前月繰越高   110,000  売上原価 (       )
  当月完成高 (       )  次月繰越高   150,000
           (       )             (       )
```

STEP 2 トレーニング問題

以下の資料に基づき，製造勘定への記入を行いなさい。ただし，製造間接費の予定配賦から生ずる原価差異は，売上原価に課するものとする。（日商2級・第61回修正）

1．直接工賃金当期支払高　　¥94,000　　　7．仕掛品期首有高　　　　¥5,000
2．直接材料当期支払高　　　¥213,000　　 8．仕掛品期末有高　　　　¥15,000
3．製造間接費当期実際発生高 ¥75,000　　　9．製品期首有高　　　　　¥10,000
4．直接材料期首有高　　　　¥25,000　　　10．製品期末有高　　　　　¥19,000
5．直接材料期末有高　　　　¥29,000　　　11．直接工賃金期首未払高　¥11,000
6．製造間接費当期予定配賦高 ¥76,000　　　12．直接工賃金期末未払高　¥12,000

```
                          製      造
  期 首 有 高 (       )    当期製品製造原価 (       )
  直 接 材 料 費 (       )   期 末 有 高     (       )
  直 接 労 務 費 (       )
  製 造 間 接 費 (       )
             (       )                    (       )
```

STEP 3　チャレンジ問題

次の資料に基づいて製造原価報告書を完成しなさい。なお，製造間接費は予定配賦し，予定配賦率は直接労務費の180％である。（日商2級・第88回修正）

〔資　料〕

1．棚卸資産有高

	期首有高	期末有高
主要材料	¥3,500,000	¥3,300,000
補助材料	¥1,200,000	¥800,000
仕掛品	¥4,660,000	¥4,500,000

2．賃金・給料未払額

	期首未払額	期末未払額
直接工賃金	¥2,000,000	¥2,100,000
間接工賃金	¥700,000	¥700,000
給　　料	¥1,100,000	¥1,000,000

3．材料当期仕入高
- 主要材料　…　¥13,000,000
- 補助材料　…　¥4,500,000

4．賃金・給料当期支払額
- 直接工賃金　…　¥8,700,000
- 間接工賃金　…　¥2,500,000
- 給　　料　　…　¥4,600,000

5．当期経費
- 電　力　料　…　¥450,000
- 賃　貸　料　…　¥650,000
- 減価償却費　…　¥3,400,000

6．直接材料費＝主要材料消費額
　直接労務費＝直接工賃金消費額

製造原価報告書

（単位：円）

Ⅰ　材料費		
主要材料費	(13,200,000)	
補助材料費	(4,900,000)	(18,100,000)
Ⅱ　労務費		
直接工賃金	(8,800,000)	
間接工賃金	(2,500,000)	
給　　料	(4,500,000)	(15,800,000)
Ⅲ　経費		
電　力　料	(450,000)	
賃　貸　料	(650,000)	
減価償却費	(3,400,000)	(4,500,000)
合　計		(38,400,000)
製造間接費配賦差異	[−]	(560,000)
当期総製造費用		(37,840,000)
期首仕掛品原価		(4,660,000)
合　計		(42,500,000)
期末仕掛品原価		(4,500,000)
当期製品製造原価		(38,000,000)

（注）製造間接費配賦差異は，加算するなら＋，控除するなら−の符号を［　］に記入すること。

第4章 費目別計算(1)―材料費の計算―

ポイント

1. **材料費の分類**…形態別分類に基づき，物品の消費によって生ずる原価として把握されたものを直接費と間接費にわけ，さらに必要に応じ機能別分類を加味して，たとえば次のように分類する。
   (1) 直接費…製品の主たる実体を構成する物品の原価。
      ① 主要材料費(原料費)…製品の本体を構成する物品の原価。
      ② 買入部品費…外部購入の部品で，製品の一部を構成する物品の原価。
   (2) 間接費…製品の実体を構成しないか，あるいは製品の実体を構成していたとしても，製品別に計算することが不経済な原価。
      ① 補助材料費…補助的に消費される物品の原価で，金額的に重要なもの。
      ② 工場消耗品費…工場内で製品製造のために消費される消耗品のうち，金額的に重要でないもの。重要なものは別途処理する(たとえば燃料費)。
      ③ 消耗工具器具備品費…耐用年数が1年未満または金額が一定額未満の工具・器具・備品の原価。

2. **材料の購入原価**…原則として実際の購入原価とするが，必要ある場合には，予定価格等をもって計算することができる。実際の購入原価は次のように計算する。
   (1) 材料購入原価＝材料購入代価(主費)＋付随費用(副費)
   (2) 付随費用(副費)＝材料外部副費＋材料内部副費
      ① 材料外部副費…材料購入に要した買入手数料・引取運賃・荷役費・保険料・関税等の引取費用。
      ② 材料内部副費…内部で発生した購入事務・検収・整理・保管等に要した費用。
   (3) 付随費用，とくに材料内部副費の材料購入原価への算入が困難な場合は，間接経費とするか，または材料費に配賦する。
   (4) 付随費用の加算方法…次のいずれかの方法による。
      ① 実際発生額を購入のつど加算する。
      ② 予定配賦する。その場合，次のように求める。
         予定配賦率＝一定期間の副費予定総額÷同期間の材料予定購入代価総額
         材料購入原価＝材料購入代価×(1＋予定配賦率)
         または
         予定配賦率＝一定期間の副費予定総額÷同期間の材料予定購入総数量
         材料購入原価＝材料購入代価＋材料購入数量×予定配賦率
   (5) 材料の購入原価は，送り状等に基づき材料元帳と材料仕入帳に記入し，材料仕入帳は定期的に締め切って，合計仕訳により総勘定元帳への転記を行う。

3. **材料費の計算**…出入記録を行うものは，消費数量に消費価格を乗じて計算する。
   (1) 消費数量の計算方法には，主として次の2つがある。
      ① 継続記録法…材料の種類ごとに，受払いのつど数量を継続的に記録して消費数量を計算

― 14 ―

する。比較的高額で重要な主要材料に適用する。期末の帳簿残高と実際有高との差額を棚卸減耗費(または損)として計算する。

② 棚卸計算法…補助材料などに適用される簡便法。次のように計算する。

期間消費数量＝(期首棚卸数量＋当期受入数量)−期末実地棚卸数量

(2) 消費価格の計算方法には，主として次のようなものがある。

```
┌─原価法─┬─実際計算…個別法
│        └─仮定計算…先入先出法，後入先出法，移動平均法など。
├─低価法
└─予定価格法…実際価格との差を材料消費価格差異とする。
```

{実際価格＞予定価格のとき……不利差異(借方)
{実際価格＜予定価格のとき……有利差異(貸方)

(3) 材料消費額は，材料元帳と材料仕訳帳に記入し，材料仕訳帳は定期的に締め切って，合計仕訳により総勘定元帳への転記を行う。

例題

次の取引について，(a)消費材料勘定を用いる場合と，(b)消費材料勘定を用いない場合とにわけて仕訳し，該当する勘定に転記しなさい。

(1) 甲材料を，直接材料として20個，間接材料として5個消費した。なお予定価格@¥500で払い出したものとする。

(2) (1)の実際消費価格は@¥505であった。

(3) (1)と(2)の差額を材料消費価格差異勘定に振り替えた。

解答

(a) 消費材料勘定を用いる場合

〈仕 訳〉

(1) (借方) 製造(または仕掛品) 10,000　　(貸方) 消費材料 12,500
　　　　　製造間接費　　　　　 2,500
(2) (借方) 消費材料　　　　　　12,625　　(貸方) 材　　料　12,625
(3) (借方) 材料消費価格差異　　　 125　　(貸方) 消費材料　　　125

```
        材        料                          消　費　材　料
              │消費材料  12,625    材料  12,625 │諸　口      12,500
                                                │材料消費価格差異 125

       製造(または仕掛品)                    材料消費価格差異
消費材料  10,000│                   消費材料   125│

         製造間接費
              │
```

— 15 —

(b) 消費材料勘定を用いない場合
　〈仕　訳〉
　(1) (借方) 製造(または仕掛品)　　10,000　　(貸方) 材　　料　　12,500
　　　　　　　製造間接費　　　　　　2,500
　(2) (借方) 仕　訳　な　し
　(3) (借方) 材料消費価格差異　　　　125　　(貸方) 材　　料　　　　125

材　　料		
	諸　　口	12,500
	材料消費価格差異	125

製　造(または仕掛品)		
材　料	10,000	

製造間接費		
材　料	2,500	

材料消費価格差異		
材　料	125	

STEP 1　ベーシック問題

次の取引について仕訳し，該当する勘定に転記しなさい。なお，勘定は締め切らなくてよい。

(1) 購入代価@¥500のA材料を100個掛購入した。なお，当期の副費予定総額¥50,000，予定購入代価総額は¥1,000,000であり，予定配賦率により副費を配賦する。
(2) 上記のA材料を，直接材料として70個，間接材料として15個消費した。なお，予定価格@¥550で払い出したものとする。
(3) 実際価格による消費高は，(2)で消費されたものすべてが(1)で購入されたものの一部とみなして計算し，これと予定価格による消費高との差額を材料消費価格差異勘定に振り替えた。

〈仕　訳〉

(1) (借方)　　　　　　　　　　　　(貸方)

(2) (借方)　　　　　　　　　　　　(貸方)

(3) (借方)　　　　　　　　　　　　(貸方)

材　　料

材　料　副　費

製　造(または仕掛品)

材料消費価格差異

製造間接費

STEP 2　トレーニング問題

次のA材料の5月における受払い資料に基づき，問に答えなさい。

〔資　料〕
- 5/2　前月繰越高　400個　@¥25　¥10,000
- 5/6　仕　　　入　200個　@¥40　¥ 8,000
- 5/12　消　　　費　300個
- 5/25　仕　　　入　200個　@¥45　¥ 9,000
- 5/30　消　　　費　200個

問1　先入先出法による実際価格に基づく材料費を求めなさい。
¥_____

問2　問1を前提として，予定価格が@¥27であるときの，材料消費価格差異を求めなさい（有利・不利の区別も含む）。
¥_____

問3　移動平均法による実際価格に基づく材料費を求めなさい。
¥_____

問4　問3を前提として，5月末のA材料の実地棚卸数量が270個であるときの，棚卸減耗費を求めなさい。
¥_____

問5　問4を前提として，実地棚卸数量の270個の時価が@¥34であるときの，低価法評価損を求めなさい。
¥_____

問6　後入先出法による実際価格に基づく材料費を求めなさい。
¥_____

問7　問1と問6の結果に差が生じる原因を説明しなさい。
....
....
....

STEP 3　チャレンジ問題

『原価計算基準』および『企業会計原則注解』に準拠して，材料の購入原価の計算に関する次の諸問に答えなさい。(会計士2次・昭和58年度)

問1　材料外部副費(引取費用)の例を5つあげなさい。
....
....

問2　材料内部副費(引取費用以外の材料副費)の例を5つあげなさい。
....
....

問3　材料購入原価の構成を，その構成の違いごとに算式で示しなさい。

問4　材料副費を購入原価に算入する方法を簡単に述べなさい。

問5　材料副費を購入原価に算入しないことができるのは，どんな場合ですか。

問6　材料副費の一部を購入原価に算入しない場合，原価計算上，これをどのように処理しますか。

第5章 費目別計算(2) —労務費の計算—

ポイント

1. **労務費の分類**…労務費とは，労働用役の消費によって生じる原価をいう。企業が従業員に支払う報酬は，基本給，手当，その他に分けられる。
   基本給：一般に，工員に対しては賃金，事務職員に対しては給料という。
   手　当：作業に直接関係するもの(加給金)と，それ以外のもの(従業員賞与手当)に分けられる。
   その他：退職給与引当金繰入額，法定福利費，雑給など

   原価計算上は，製品との関連によって，直接工の直接作業時間に対する賃金部分が直接労務費とされ，それ以外は間接労務費に分類される。

支払形態による労務費の分類
① 賃金：製造現場の工員に対して支払われるもの。[基本給のほか加給金(割増賃金)も含む]
② 給料：工場長・技師・工場事務職員など工場全般の管理や事務に関わっている職員に対して支払われるもの。
③ 雑給：アルバイトやパートタイマーに支払われるもの。
④ 従業員賞与手当：工場従業員に対して支払われる賞与(ボーナス)や手当(扶養家族手当・住宅手当・通勤手当など)であって，役員賞与を含まない。
⑤ 退職給与引当金繰入額：会社の退職給与規定に従って，工場従業員の退職給与引当金を毎会計期末に計上した時の金額
⑥ 法定福利費：社会保険料(健康保険料・雇用保険料など)の会社負担分

2. **支払賃金の計算**

   労務費の計算には，製造現場の従業員に支払う支払賃金の計算と，製造原価に算入する消費賃金の計算の2つがある。ここではまず，支払賃金計算からみる。賃金の支払方法としては，時間給制と出来高制の2つがある。わが国では，時間給制をとる企業がほとんどである。

支払賃金の計算（時間給制）
支払賃金総額＝基本給(就業時間×消費賃率)＋加給金(残業手当，夜勤手当など)＋諸手当(扶養家族手当，住宅手当，通勤手当など)
正味支払額＝(基本給＋加給金＋諸手当)－(所得税＋健康保険料など)

   時間給制では，従業員の出欠を管理し，支払賃金の計算資料とするため，出勤時間・退出時間などを記録する出勤票(タイムカード)が作成される。

3. **消費賃金の計算**
   (1)直接工の消費賃金の計算…直接工が直接作業に従事した場合，直接労務費が発生する。直接労務費は次の式によって計算する。
   　　直接労務費＝直接作業時間×直接工の消費賃率
   ①作業時間の測定(直接作業時間の把握)…直接作業時間は，製品を製造するのに消費されたことが直接的に認識できる作業時間のことで，内容的には，加工時間と段取時間から構成されている。

就業時間				定時休息時間 職場離脱時間
実働時間			手待時間	
直接作業時間		間接作業時間		
加工時間	段取時間			

②消費賃率の計算（直接工の消費賃率）・・・消費賃率は，基本給に加給金を加えた賃金支払総額を総就業時間で除して算定する。消費賃率は，実際の個別賃率または，職場もしくは作業区分ごとの平均賃率による。また，消費賃率は，賃金支払総額と総就業時間を実績数値で算定するか予定数値で算定するかにより，実際賃率と予定賃率(予定平均賃率)とに分類される。

$$消費賃率 = \frac{賃金支払総額（基本給＋加給金）}{総就業時間}$$
$$予定賃率 = \frac{予定賃金支払総額（基本給＋加給金）}{予定総就業時間}$$

(2)間接労務費の計算・・・間接労務費であって，間接工賃金，給料，賞与手当等は，原則として当該原価計算期間の負担に属する要支払額をもって計算する。要支払額とは，実際に従業員に支払った金額ではなく，当該原価計算期間の労働に対して支払われるべき金額である。

間接工賃金等＝当該原価計算期間の負担に属する要支払額

4．賃率差異

(1)賃率差異の計算・・・消費賃率に予定賃率を用いる場合，後日計算される実際賃率と一致しないことが起こる。予定賃率と実際賃率との相違により発生した差額を賃率差異というが，以下のように計算する。

賃率差異＝（予定消費賃率－実際消費賃率）×実際作業時間

(2)予定賃率による消費賃金の仕訳

	①消費賃金勘定の設定	②賃金勘定のみの設定
予定賃率による消費高560,000 （製造400,000 製造間接費160,000）	製造　　　　400,000　消費賃金　560,000 製造間接費　160,000	製造　　　　400,000　賃金　　560,000 製造間接費　160,000
実際賃率による消費高580,000	消費賃金　580,000　賃金　　　580,000	
予定賃金消費高と実際賃金消費高の差異の処理	賃率差異　20,000　消費賃金　20,000	賃率差異　20,000　賃金　　20,000

5．支払賃金期間と消費賃金期間の調整

原価計算期間と給与計算期間が不一致の場合，調整を行う必要がある。

当月消費賃金＝当月支払賃金－前月未払賃金＋当月未払賃金

前月21日　　　　　　　当月1日　　　　　　　　　　　　　当月20日　　　　　　　　　　当月末

①給与計算期間（当月支払賃金）		②当月未払賃金
③前月未払賃金	④原価計算期間（当月消費賃金）	

賃金

	③前月未払賃金
①当月支払賃金	④当月消費賃金
②当月未払賃金	

> **例題**
>
> 以下の資料に基づいて,各問に答えなさい。
>
> 支 払 賃 率　　850円／時間　　就 業 時 間　　700時間
> 残 業 手 当　　125,000円　　通 勤 手 当　　90,000円
> 社 会 保 険 料　　45,000円　　所得源泉税　　80,000円
>
> 問1　支払賃金を計算しなさい。
> 問2　給与支給額を計算しなさい。
> 問3　現金支給額を計算しなさい。

解　答

問1　850円／時間×700時間＋125,000円＝720,000円

問2　720,000円＋90,000円＝810,000円

問3　810,000円－(45,000円＋80,000円)＝685,000円

STEP 1　ベーシック問題

製造部門Yの賃金関係の予定資料は以下のとおりであった。

1. 時間関係の資料（年間の予定時間）

    直接工の直接作業時間合計　　33,300時間
    直接工の間接作業時間合計　　1,200時間
    直接工の手待時間合計　　　　500時間
    直接工の職場離脱時間合計　　300時間

2. 原価関係の資料（年間の賃金予算額）

    直接工の基本給合計　　　65,400,000円
    直接工の割増賃金合計　　　7,890,000円
    直接工の賞与手当合計　　　3,578,000円

解答
問1　予定平均賃率を計算せよ。
　　予定平均賃率＝□
問2　この製造部門Yで3時間の直接作業を受けて完成した製品Xに賦課される直接労務費を計算せよ。
　　製品Xの直接労務費＝□

STEP 2　トレーニング問題

次の一連の取引について仕訳をしなさい。ただし,消費賃金勘定を用いて処理する方法によること。

1. 当月の賃金支払高は4,200,000円である。なお,控除額として,所得税232,000円,健康保険料

168,000円を差し引いて，正味支払額は小切手を振り出して支払った。
2．予定賃率による賃金消費高は以下のとおりである。
　直接賃金3,920,000円　　間接賃金680,000円
3．当月の賃金実際消費高は4,700,000円である。
4．賃金予定消費高と賃金実際消費高との差額を賃率差異勘定に振り替えた。
5．次月に，健康保険料336,000円(工員分をも含む)を小切手を振り出して支払った。

解答
〈仕　訳〉
1．（借方）　　　　　　　　　　　　　　　　　（貸方）

2．（借方）　　　　　　　　　　　　　　　　　（貸方）

3．（借方）　　　　　　　　　　　　　　　　　（貸方）
4．（借方）　　　　　　　　　　　　　　　　　（貸方）
5．（借方）　　　　　　　　　　　　　　　　　（貸方）

STEP 3　チャレンジ問題

次の資料から当期の間接労務費を計算せよ。
〔資　料〕
(1)直接工の労務費に関する資料は次のとおりであった。
　直接工の予定消費賃率　　1,600円／時間
　直接作業時間　　　　　　2,000時間
　間接作業時間　　　　　　400時間
　手待時間　　　　　　　　70時間
　休憩時間　　　　　　　　50時間
(2)間接工の労務費に関する資料は次のとおりであった。
　間接工賃金当月要支払額　　665,000円
　間接工賃金当月支払額　　　680,000円
(3)その他の資料
　工場事務職員給料当月要支払額　　425,000円
　工場事務職員給料当月支払額　　　430,000円
　社会保険料会社負担額　　　　　　370,000円
　工員募集費　160,000円
　工員用社宅，託児所などの福利施設負担額　　120,000円
　工場従業員のためのパソコン研修講師料　　240,000円
　工場長(専務取締役)の賞与支給額　　300,000円

解答
当期の間接労務費の合計＝

第6章 費目別計算(3)―経費の計算―

> **ポイント**
>
> 1. **経費の意義と分類**…経費とは，材料費および労務費以外の原価要素のことをいう。経費は，(1)製品との関連，(2)把握方法ないし測定方法などの観点から分類することができる。
>   (1) 製品との関連による分類
>   ① 直接経費…製品との関連でその発生が直接的に認識しうる経費
>   (例) 外注加工費，特許権使用料，設計費，仕損費など
>   ② 間接経費…製品との関連でその発生が直接的に認識しえない経費
>   (例) 電力料，ガス代，水道料，賃借料，保険料，事務用消耗品費，旅費交通費，修繕費，減価償却費，棚卸減耗費，福利厚生費など多数
>   (2) 把握方法ないし測定方法による分類
>   ① 支払経費…月々の支払額や請求額により把握する経費
>   (例) 外注加工費，設計費，福利厚生費，旅費交通費，修繕費，事務用消耗品費など
>   ② 月割経費…月割計算することにより月々の発生額を計算する経費
>   (例) 特許権使用料，減価償却費，賃借料，保険料など
>   ③ 測定経費…メーターなどにより月々の発生額を測定する経費
>   (例) 電力料，ガス代，水道料など
>   ④ 発生経費…月々の発生額をその月に負担させる経費
>   (例) 棚卸減耗費，仕損費など
>   〔参考〕経費は，次のように2つに分類することもできる。
>   ① 支払経費…月々の支払額や請求額により把握する経費
>   (a) そのつど，ないし月々支払われる経費
>   (b) 契約により前払いされる(月割で負担額を計算する)経費
>   ② 内部測定経費…内部的な測定により把握される経費
>   (a) メーターなどにより発生額を測定する経費
>   (b) 期末に一括計上される(月割で負担額を計算する)経費
>   (c) 未払いであるが契約内容により負担額が把握できる経費
> 2. **経費の記帳**…経費は，原則として，その原価計算期間の実際の発生額をもって計算する。ただし，必要があれば，予定額や予定価格などによって計算することもできる。
>   (1) 経費の発生…経費が発生し，支払いを行った場合には，それを経費の諸勘定の借方に記帳する。
>   (2) 経費の消費
>   ① 消費高の記帳…経費を製造過程で消費した場合には，次のように記帳する。
>   (a)その経費が直接経費の場合には，経費の諸勘定の貸方に勘定記入すると同時に，その金額を製造勘定の借方に振り替える。
>   (b)その経費が間接経費の場合には，経費の諸勘定の貸方に勘定記入すると同時に，製造間接費勘定の借方に振り替える。

② 支払経費の消費高の計算…支払経費の消費高の計算に際して，前払高あるいは未払高がある場合には，次の計算式によってその消費高を計算する。

$$当月消費高＝当月支払高 \begin{Bmatrix} （前月分） \\ ＋前月前払高 \\ －前月未払高 \end{Bmatrix} \begin{Bmatrix} （当月分） \\ －当月前払高 \\ ＋当月未払高 \end{Bmatrix}$$

③ 経費仕訳帳…経費の消費高の記帳は，支払票・月割票・測定票などによって，費目別に消費高を計算し，それを経費仕訳帳によって直接経費・間接経費(必要に応じて販売費および一般管理費)に分け，合計仕訳により総勘定元帳へ転記する。

例 題

次の取引を仕訳し，総勘定元帳に転記しなさい。なお，統合勘定としての経費勘定は用いないこと。また，転記に際しては，各総勘定元帳の振替関係に注意すること。

1．水道料￥300,000を現金で支払った（現金の勘定記入は不要）。
　仕　訳：（借方）　　　　　　　　　　（貸方）
　勘定記入：＿＿＿＿（　　　　）＿＿＿＿
　　　　　　　　　｜

2．当月の外注加工費の消費高は￥500,000であった。
　仕　訳：（借方）　　　　　　　　　　（貸方）
　勘定記入：＿＿＿（　　　　　）＿＿＿　振替　＿＿＿（　　　　）＿＿＿
　　　　　　　　　｜　　　　　　　　　　　　　　　　　｜

3．減価償却費は年間￥2,400,000であり，当月分の減価償却費の消費高を計上した。
　仕　訳：（借方）　　　　　　　　　　（貸方）
　勘定記入：＿＿＿（　　　　　）＿＿＿　振替　＿＿＿（　　　　）＿＿＿
　　　　　　　　　｜　　　　　　　　　　　　　　　　　｜

解 答

1．仕　訳：（借方）水道料　300,000　　　（貸方）現金　300,000
　勘定記入：＿＿＿＿（水　道　料）＿＿＿＿
　　　　　　現金　　300,000　｜

2．仕　訳：（借方）製造　500,000　　　　（貸方）外注加工費　500,000
　勘定記入：＿＿＿（外注加工費）＿＿＿　振替　＿＿＿（製　　造）＿＿＿
　　　　　　　　　製造　　500,000　｜　　　→　外注加工費500,000　｜

3．仕　訳：（借方）製造間接費　200,000　（貸方）減価償却費　200,000
　勘定記入：＿＿＿（減価償却費）＿＿＿　振替　＿＿＿（製造間接費）＿＿＿
　　　　　　　　　製造間接費200,000　｜　→　減価償却費200,000　｜

STEP 1 ベーシック問題

以下の( )の中にあてはまる語句を記入しなさい。

1. 経費とは，(ア)および(イ)以外の原価要素のことをいう。
2. 個別原価計算において，経費は製造する(ウ)との関連で，その発生が直接的に認識しうる経費と，直接的に認識しえない経費とに分類される。直接的に認識しうる経費のことを(エ)経費，直接的に認識しえない経費のことを(オ)経費という。
3. 経費は(カ)方法ないし(キ)方法の観点から，次の4つに分類できる。
   (1) (ク)経費・・・月々の支払額や請求額により把握する経費
   (2) (ケ)経費・・・月割計算することにより月々の発生額を計算する経費
   (3) (コ)経費・・・メーターなどにより月々の発生額を測定する経費。
   (4) (サ)経費・・・月々の発生額をその月に負担させる経費
   なお，これらの経費は，支払経費と(シ)経費の2つに分類することもある。
4. 経費は，原則として，その原価計算期間の(ス)をもって計算する。ただし，必要があれば，(セ)や(ソ)などをもって計算することもできる。
5. 経費が発生し，支払いを行った場合には，経費の諸勘定の(タ)に記帳する。
6. 経費を製造過程で消費した場合，その経費が直接経費の場合には，経費の諸勘定の(チ)に記帳すると同時に，その金額を(ツ)勘定の(テ)に振り替える。また，その経費が間接経費の場合には，経費の諸勘定の(ト)に記帳すると同時に，(ナ)勘定の(ニ)に振り替える。
7. 経費の消費高の記帳は，支払票・月割票・測定票などによって，(ヌ)別に消費高を計算し，それを(ネ)帳によって直接経費・間接経費(必要に応じて販売費および一般管理費)に分け，(ノ)仕訳により総勘定元帳へ転記する。

ア		イ		ウ		エ		オ	
カ		キ		ク		ケ		コ	
サ		シ		ス		セ		ソ	
タ		チ		ツ		テ		ト	
ナ		ニ		ヌ		ネ		ノ	

STEP 2 トレーニング問題

以下の設問に答えなさい。

問1 以下に示す諸経費を分類し，該当する箇所に書き込みなさい。

(棚卸減耗費，外注加工費，電力料，福利厚生費，旅費交通費，事務用消耗品費，設計費，修繕費，水道料，特許権使用料，保険料，減価償却費，賃借料，ガス代，仕損費)

	直接経費	間接経費
支払経費		
月割経費		
測定経費		
発生経費		

問2　次の資料から，諸経費の当月消費高を計算し，各費目別に消費に関する仕訳を示しなさい。

〔資　料〕

電　力　料	：当月支払額	¥78,000	保　険　料	：年間支払額	¥600,000
	当月測定額	¥82,000	水　道　料	：当月支払額	¥42,000
棚卸減耗費	：年間発生額	¥372,000		当月測定額	¥56,000
事務用消耗品費	：月初棚卸高	¥14,400	旅費交通費	：前月未払額	¥18,300
	当月購入高	¥56,000		当月支払額	¥79,600
	月末棚卸高	¥19,000		当月前払額	¥23,900
特許権使用料	：年間支払総額	¥840,000	外注加工費	：当月未払額	¥13,200
福利厚生費	：前月前払額	¥26,500		当月支払額	¥60,900
	当月支払額	¥182,000		前月未払額	¥17,600
	当月前払額	¥53,000			

費　　目	当月の消費高	消費に関する仕訳	
		（借方）	（貸方）
電　力　料	¥82,000	製造間接費　82,000	電力料　82,000
棚卸減耗費	¥31,000	製造間接費　31,000	棚卸減耗費　31,000
事務用消耗品費	¥51,400	製造間接費　51,400	事務用消耗品費　51,400
特許権使用料	¥70,000	仕掛品　70,000	特許権使用料　70,000
福利厚生費	¥155,500	製造間接費　155,500	福利厚生費　155,500
保　険　料	¥50,000	製造間接費　50,000	保険料　50,000
水　道　料	¥56,000	製造間接費　56,000	水道料　56,000
旅費交通費	¥37,400	製造間接費　37,400	旅費交通費　37,400
外注加工費	¥56,500	仕掛品　56,500	外注加工費　56,500

STEP 3　チャレンジ問題

次の平成〇年4月8日の資料をもとにして，(a)当該日付での経費仕訳帳への記入を完成させ，(b)総勘定元帳に転記する際の合計仕訳を行いなさい。

〔資　料〕

費　　目	内　　容		消費に関する補足資料
事務用消耗品費	月初棚卸高 当月購入高 月末棚卸高	¥7,200 ¥22,800 ¥9,000	消費高のうち30％を販売費 および一般管理費とする。
外注加工費	当月未払額 当月支払額 前月未払額	¥24,000 ¥103,000 ¥12,000	
電　力　料	当月支払額 当月測定額	¥27,000 ¥33,000	消費高のうち10％を販売費 および一般管理費とする。
光　熱　費	当月支払額 当月測定額	¥48,000 ¥54,000	消費高のうち20％を販売費 および一般管理費とする。
棚卸減耗費	当月発生額	¥250,000	

設計費	前月前払額 ¥20,000 当月支払額 ¥100,000 当月前払額 ¥30,000	消費高のうち15%を販売費および一般管理費とする。
賃借料	支払額（半年） ¥192,000	消費高のうち20%を直接費，10%を販売費および一般管理費とする。
修繕費	前月未払額 ¥12,000 当月支払額 ¥97,000 当月前払額 ¥23,000	消費高のうち15%を直接費とする。
減価償却費 （定額法）	取得原価 ¥3,600,000 残存価額 取得原価の10% 耐用年数 10年	消費高のうち¥2,400は直接費，¥6,000は販売費および一般管理費である。

(a) 経費仕訳帳

平成○年		摘要	科目	総額	製造	製造間接費	販売費および一般管理費
4	8	支払経費					
		〃					
		〃					
		測定経費					
		〃					
		〃					
		月割経費					
		〃					
		発生経費					

(b) 合計仕訳

借方	貸方

第7章 製造間接費の計算

ポイント

1. **製造間接費の分類**…製造間接費とは，製造原価のうち，製品などの特定の給付別に，その発生を直接的に識別することが不能か，もしくはそうすることが不経済な原価をいう。それは，たとえば，次の視点から分類される。
   (1) 形態別分類…間接材料費，間接労務費，間接経費に分類される。
   (2) 操業度との関連による分類…変動製造間接費と固定製造間接費に分類される。ほかに，管理可能性に基づく分類などがある。
2. **製造間接費の集計と配賦**
   (1) 集計方法…費目別に把握した実際発生額を，製造間接費勘定の借方に記入
   (2) 配賦方法…原則として部門別計算(第8章，第9章)を経て，製品(各指図書)に配賦する。
   部門別計算を行わない場合は，製造間接費勘定の貸方から製造勘定の借方に配賦額を振り替える。配賦方法には，実際発生額を基準として配賦する実際配賦法と，予定数値を基準にして配賦する予定配賦法がある。
   (3) 配賦基準の種類…次のように分類される。
   ① 価額基準…直接材料費法，直接労務費法，直接原価法，市価法など。
   ② 操業度基準…生産量法，直接作業(労働)時間法，機械運転時間法など。
   ③ 活動基準…活動基準原価計算(第31章)を参照のこと。
3. **製造間接費の予定配賦**…実際配賦法では，月末に実際発生額が把握されるまで，配賦額が計算されないため，製品原価の算定が遅延する。また，実際操業度の違いによる配賦額のばらつきが月々の製品原価を不安定にする。そのため，間接費は，原則として予定配賦率をもって製品(各指図書)に配賦する。
   (1) 製造間接費予算…一定期間(通常翌年度)における製造間接費の予算額を費目ごとに決定し積み上げたもの。管理目的に役立てるためには，通常，変動製造間接費予算額と固定製造間接費予算額にわけると同時に，種々の操業水準に対して弾力的に予算額を修正する変動予算の採用が望ましい。これに対し，固定予算は，後に述べる基準操業度の下で発生するであろう製造間接費の予算額を，実際の操業度がどの値になろうとも，固定して修正しない方法である。
   (2) 予定配賦率と予定配賦額の算定方法…次の式で求める。
   　予定配賦率＝一定期間の製造間接費予算総額÷同期間の予定配賦基準数値
   　各製品への予定配賦額＝各製品の配賦基準数値×予定配賦率
   (注) 予定配賦基準数値は，次に述べる基準操業度(正常操業度)で表現される。
   (3) 基準操業度(正常操業度)の種類
   ① 理論的生産能力…操業の中断がゼロの状態の理論上計算可能な最大操業度
   ② 実際的生産能力…①－不可避的な作業休止による生産量の減少分
   　生産技術的条件に左右され，外部の販売可能性は考慮されない。

(注) 不可避的な作業休止…機械の故障や修繕，段取，工具の休暇や欠勤など。
③ 平均操業度…過去数年間(3〜5年)の操業度を，生産と販売の双方を考慮して長期的に平均化したもの。原価計算基準における正常操業度のこと。
④ 期待実際操業度…次期1年間に予想される販売数量に基づいて算定される。

4．配賦差異の算定と分析…予定配賦額と実際発生額との差額は原価差異として，製造間接費配賦差異勘定に振り替えられる。さらに，配賦差異は公式法変動予算を前提とすれば，次のように分解される。

(1) 配 賦 差 異＝予定発生額－実際配賦額＝予算差異＋操業度差異
(2) 予 算 差 異＝(変動費率×実際操業度＋固定製造間接費予算額)－実際発生額
(3) 操業度差異＝予定配賦額－(変動費率×実際操業度＋固定製造間接費予算額)
　　　　　　　＝固定費率×(実際操業度－基準操業度)
(注) 変動費率＝変動製造間接費予算額÷基準操業度
　　　固定費率＝固定製造間接費予算額÷基準操業度

例 題

次の取引を仕訳しなさい。ただし，勘定科目は下記の指定された科目だけを用いること。

(材料，賃金，経費，製造，製造間接費，製造間接費配賦差異)

1．製造間接費について，予定配賦率を機械運転時間1時間当り￥500として，各製造指図書に配賦した。なお，実際機械運転時間の合計は，1010時間であった。
2．製造間接費の実際発生額の内訳は，次のとおりであった。
　　材料費 ￥90,000　　労務費 ￥170,000　　経費 ￥250,000
3．製造間接費の実際発生額と予定配賦額との差額を計上した。

〈仕 訳〉
(1) (借方)　　　　　　　　　　　　　　(貸方)
(2) (借方)　　　　　　　　　　　　　　(貸方)

(3) (借方)　　　　　　　　　　　　　　(貸方)

解 答

(1) (借方) 製　　　造　　　　505,000　(貸方) 製造間接費　　　505,000
(2) (借方) 製造間接費　　　　510,000　(貸方) 材　　　料　　　 90,000
　　　　　　　　　　　　　　　　　　　　　　　賃　　　金　　　170,000
　　　　　　　　　　　　　　　　　　　　　　　経　　　費　　　250,000
(3) (借方) 製造間接費配賦差異　　5,000　(貸方) 製造間接費　　　　5,000

〔計算〕(1)　予定配賦額＝¥500×1010時間＝¥505,000
　　　　(2)　実際発生額＝¥90,000＋¥170,000＋¥250,000＝¥510,000
　　　　(3)　製造間接費配賦差異＝¥505,000－¥510,000＝△¥5,000(借方・不利)

STEP 1　ベーシック問題

次の資料によって，製造間接費¥640,000の甲製品への配賦額を，下記のそれぞれの方法で配賦するとともに，各方法の場合の甲製品の製造原価を求めなさい。(全経1級・第92回一部修正)

直接材料費の総額	¥800,000	甲製品の直接材料費	¥250,000
直接労務費の総額	¥1,000,000	甲製品の直接労務費	¥280,000
直接経費の総額	¥200,000	甲製品の直接経費	¥0
直接作業時間の総数	3,200時間	甲製品の直接作業時間	800時間

配賦方法	製造間接費配賦額	甲製品の製造原価
直接材料費法	¥	¥
直接労務費法	¥	¥
直接原価法	¥	¥
直接作業時間法	¥	¥

STEP 2　トレーニング問題

当工場では，実際原価計算を採用し，製造間接費については，直接作業時間を基準にして予定配賦している。製造間接費の各費目は，準変動費と固定費からなる。(日商2級・第58回一部修正)

(1)　年間の製造間接費予算は，次のとおりである。

　　直接作業時間　　　　　　　　10,000時間　　　　12,000時間　　　　14,000時間
　　製造間接費予算　　　　　　 1,000,000円　　　　　　？　円　　　　1,160,000円

(a)　直接作業時間12,000時間のとき，製造間接費予算はいくらか。

　　　　　　　　　　　　　　　　　　　(a)＝　　　　　　　円

(b)　年間の正常製造直接作業時間が12,000時間であるとして，直接作業時間1時間あたりの予定配賦率を計算しなさい。

　　　　　　　　　　　　　　　　　　　(b)＝　　　　　　　円／時

(2)　当月の実際直接作業時間は900時間，製造間接費実際発生額は¥81,700であった。上記(b)の予定配賦率を使用し，下記の製造間接費勘定のうち(c)と(d)を計算し，記入しなさい。

製 造 間 接 費

実際発生額	81,700円	予定配賦額	(c) 円
		配賦差異	(d) 円

(3) (d)の配賦差異を,(e)予算差異と(f)操業度差異に区分して計算しなさい。なお,不利・借方と有利・貸方の区別も明らかにしなさい。

(e)= ____ 円　(f)= ____ 円

計算過程：

(a)

(b)

(c)

(d)

(e)

(f)

STEP 3　チャレンジ問題

A社は,製造間接費の予定配賦を行っている。下記の資料に基づき,問題に答えなさい。なお,原価差異は不利・借方と有利・貸方の区別も明らかにしなさい。

〔資　料〕
1．製造間接費の配賦基準は直接作業時間である。
2．製造間接費の年間予算額は,次のとおりである。
　　変動製造間接費予算額　¥126,000,000
　　固定製造間接費予算額　　 90,000,000
　　合　計　　　　　　　　¥216,000,000
3．当社の年間の理論的生産能力は,375,000時間である。
4．機械のメンテナンスや工員の欠勤・休憩等の避けられない作業休止時間は,年間で15,000時間である。
5．当月の実際直接作業時間は,28,500時間であった。
6．当月の実際製造間接費は,¥17,087,000であった。

問1　理論的生産能力のもとでの,予定配賦率を求めなさい。

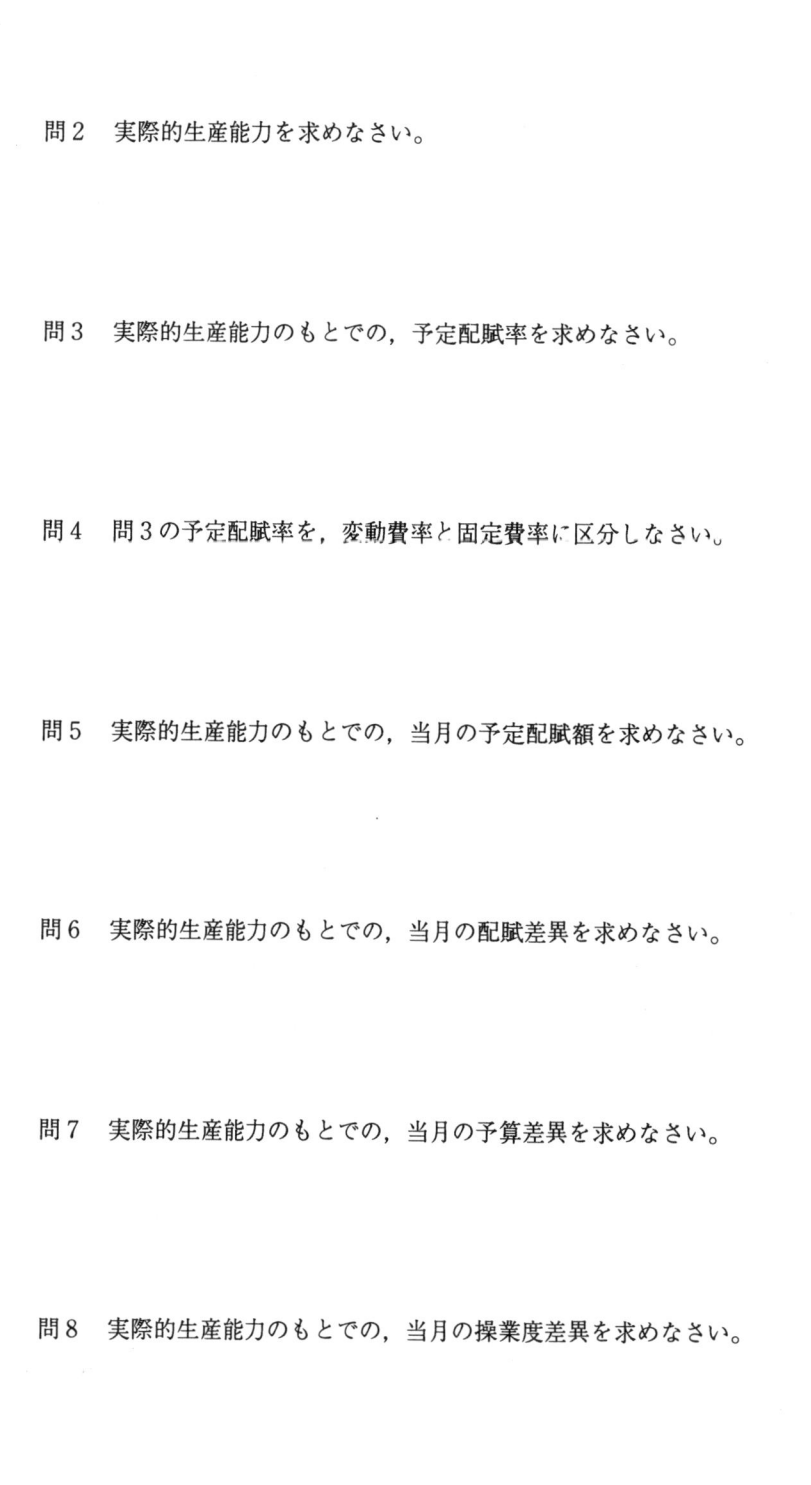

問2　実際的生産能力を求めなさい。

問3　実際的生産能力のもとでの，予定配賦率を求めなさい。

問4　問3の予定配賦率を，変動費率と固定費率に区分しなさい。

問5　実際的生産能力のもとでの，当月の予定配賦額を求めなさい。

問6　実際的生産能力のもとでの，当月の配賦差異を求めなさい。

問7　実際的生産能力のもとでの，当月の予算差異を求めなさい。

問8　実際的生産能力のもとでの，当月の操業度差異を求めなさい。

第8章 部門別計算(1) ——部門別計算の意義と部門費の第1次集計——

ポイント

1．部門別計算の意義・必要性…原価計算の手続きは，まず材料費・労務費・経費という費目別計算が行われる。そこでは，製品との関連別にそれぞれ直接費と間接費に分類される。直接費は製品に対して賦課できるため問題はないが，製造にかかる間接費(製造間接費)をどの製品にいくら配賦するかは容易でなく，大きな問題となる。工場の多くは，製品の完成までにいくつかの部門が設定されている。そこで，最終的な製品原価の正確な算定と原価管理の徹底のために，部門ごとに製造間接費を集計し，配賦する部門別計算が必要になるのである。

2．原価計算の手続での部門別計算のポジション（製造間接費に限定）

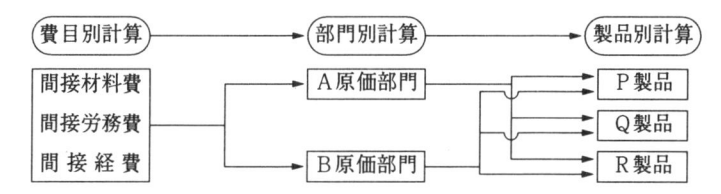

```
費目別計算    →    部門別計算    →    製品別計算

間接材料費 ┐
間接労務費 ┼──→ A原価部門 ┬──→ P製品
間接経費  ┘              ├──→ Q製品
           ──→ B原価部門 ┴──→ R製品
```

3．部門別計算の計算プロセス

(1) 計算の前段階として，部門費を集計するための原価部門を設定する(基本的には製造部門と補助部門に大別される)。
(2) 製造間接費を部門個別費と部門共通費に分類する(部門個別費とは，特定部門で発生することが分かるものであり，部門共通費とは2つ以上の部門に共通に発生するものである)。
(3) 部門個別費と部門共通費を，各原価部門に集計する→部門費配分表を用いる(第1次集計ともよばれる)。
(4) 補助部門費を，製造部門費に配賦する→部門費振替表を用いる(第2次集計ともよばれる)。
(5) 製造部門費を，適当な配賦基準に基づいて各製品に配賦する→製造間接費配賦表を用いる。

なお，本章では，上記計算プロセスのうち，(3)までを取り扱う。

4．製造間接費（部門個別費・部門共通費）の各原価部門への集計…製造間接費を各原価部門に配賦する場合，上記(3)のプロセスの仕訳および勘定体系は以下のとおりである。

配賦する場合の仕訳

	第1製造部門費	×××	製造間接費	×××
	第2製造部門費	×××		
	動力部門費	×××		
	修繕部門費	×××		
	工場事務部門費	×××		

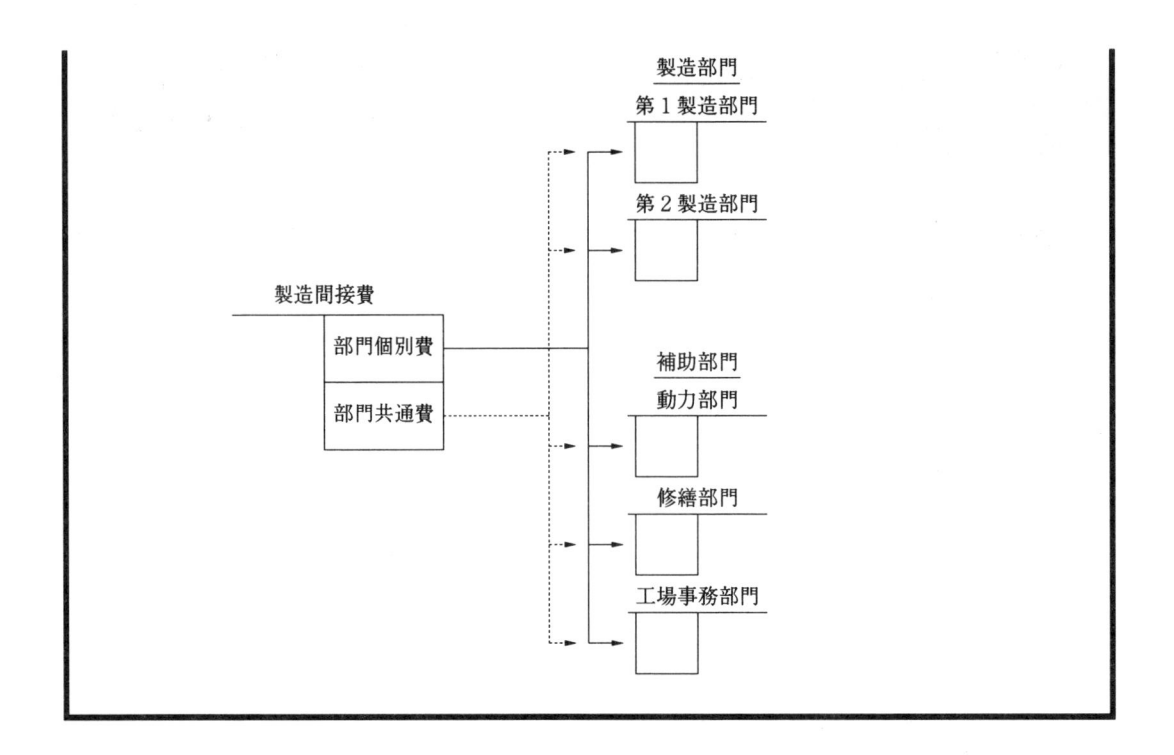

```
                                    製造部門
                                    第1製造部門
                                    ┌──────┐
                                    │      │
                                    └──────┘
                                    第2製造部門
                                    ┌──────┐
                                    │      │
                                    └──────┘
製造間接費
┌────────────┐
│  部門個別費 │───────┐
├────────────┤
│  部門共通費 │┈┈┈┈┈┐
└────────────┘      補助部門
                                    動力部門
                                    ┌──────┐
                                    │      │
                                    └──────┘

                                    修繕部門
                                    ┌──────┐
                                    │      │
                                    └──────┘

                                    工場事務部門
                                    ┌──────┐
                                    │      │
                                    └──────┘
```

例題

次の( )の中にあてはまる語句を入れて，文章を完成させなさい。

　部門別計算のプロセスは，まず(ⓐ)を設定することに始まる。通常それは，(ⓑ)部門と(ⓒ)部門に大別される。次に製造間接費を特定の部門に発生したとわかる(ⓓ)費と2つ以上の部門に共通して発生した(ⓔ)費に分けて，各部門に集計する。これは，第1次集計ともよばれ，(ⓕ)という表に集約される。
　次に第2次集計として(ⓖ)費を(ⓗ)に配賦することが必要であり，(ⓘ)という表によって行われる。部門別計算の最後は，(ⓙ)費を製品に配賦することであり，これは(ⓚ)という表で行われる。

解答

ⓐ原価部門　ⓑ製造　ⓒ補助　ⓓ部門個別　ⓔ部門共通　ⓕ部門費配分表または部門費集計表
ⓖ補助部門　ⓗ製造部門　ⓘ部門費振替表　ⓙ製造部門　ⓚ製造間接費配賦表

STEP 1 ベーシック問題

次の部門費配分表を完成させなさい。さらに以下の仕訳と総勘定元帳をも完成させなさい。なお，％は各部門への配分割合を示している。

部門費配分表
（単位：円）

費　目	金　額	製造部門 第1製造部門	％	第2製造部門	％	補助部門 動力部門	％	修繕部門	％	工場事務部門	％
部門個別費											
〈細目省略〉											
部門個別費合計	54,800	19,000		19,600		8,000		5,800		2,400	
部門共通費											
間接材料費	11,600	4,060	35	4,060	35	1,740	15	1,740	15	0	0
間接賃金	13,000	3,900	30	2,600	20	2,600	20	2,600	20	1,300	10
電力料	7,200	2,880	40	2,520	35	720	10	720	10	360	5
減価償却費	9,000	2,700	30	2,700	30	900	10	900	10	1,800	20
支払保険料	4,000	1,000	25	1,000	25	600	15	600	15	800	20
部門共通費合計	44,800	14,540		12,880		6,560		6,560		4,260	
部門費合計	99,600	33,540		32,480		14,560		12,360		6,660	

〈仕　訳〉

借　方	金　額	貸　方	金　額
第1製造部門費	33,540	製造間接費	99,600
第2製造部門費	32,480		
動力部門費	14,560		
修繕部門費	12,360		
工場事務部門費	6,660		

〈総勘定元帳〉〜締切不要

製造間接費
(第1製造部門費)(33,540)
(第2製造部門費)(32,480)
(動力部門費)(14,560)
(修繕部門費)(12,360)
(工場事務部門費)(6,660)

第1製造部門費
(製造間接費)(33,540)

動力部門費
(製造間接費)(14,560)

第2製造部門費
(製造間接費)(32,480)

修繕部門費
(製造間接費)(12,360)

工場事務部門費
(製造間接費)(6,660)

STEP 2　トレーニング問題

次の資料と部門費配分表の一部より部門費配分表を完成させなさい。

(部門共通費の配賦基準の資料)

	第1製造部門	第2製造部門	動力部門	修繕部門	工場事務部門
従業員数	120人	180人	30人	45人	15人
占有面積	416m²	468m²	78m²	52m²	26m²

部門費配分表　　　　　　　　　　　　　　　(単位：円)

費　目	配賦基準	金　額	製造部門		補助部門		
			第1製造部門	第2製造部門	動力部門	修繕部門	工場事務部門
部門個別費							
間接材料費		39,600	12,950	16,000	4,500	4,000	2,150
間接労務費		21,000	10,000	6,000	2,100	2,000	900
間接経費		3,950	1,200	1,200	600	650	300
部門個別費合計		64,550	24,150	23,200	7,200	6,650	3,350
部門共通費							
給　料	従業員数	13,000					
間接賃金	従業員数	19,500					
建物減価償却費	占有面積	10,000					
建物火災保険料	占有面積	16,000					
部門共通費合計							
部門費合計							

STEP 3　チャレンジ問題

次の資料に基づいて，部門費配分表を作成しなさい。

〔資　料1〕部門個別費の実際発生額　　　　　　　　　　　　(単位：円)

費　目	第1製造部門	第2製造部門	動力部門	修繕部門	工場事務部門
間接材料費	3,200	2,200	1,100	800	200
間接労務費	7,000	6,200	4,400	3,600	1,800
間接経費	5,200	3,800	2,000	1,780	900

〔資　料2〕部門共通費の配賦基準に関する資料

費　目	第1製造部門	第2製造部門	動力部門	修繕部門	工場事務部門
電力量	70kW	50kW	80kW	30kW	10kW
修繕時間	30時間	22.5時間	15時間	7.5時間	---
機械価額	1,600,000円	1,200,000円	600,000円	200,000円	---
占有面積	472.5m²	420m²	157.5m²	105m²	70m²
従業員数	38人	30人	14人	10人	8人

〔資料3〕部門共通費の実際発生額　　　　　　　　（単位：円）

電力料	機械修繕費	機械保険料	建物減価償却費	福利施設負担額
7,200	2,000	1,800	4,900	8,000

部門費配分表　　　　　　　　　　　　　　　　　　　　（単位：円）

費　目	配賦基準	金　額	製造部門		補助部門		
			第1製造部門	第2製造部門	動力部門	修繕部門	工場事務部門
部門個別費							
間接材料費							
間接労務費							
間接経費							
部門個別費合計							
部門共通費							
電力料	電力量						
機械修繕費	修繕時間						
機械保険料	機械価額						
建物減価償却費	占有面積						
福利施設負担額	従業員数						
部門共通費合計							
部門費合計							

第9章 部門別計算(2) ―部門費の第2次集計と製品への配賦計算―

ポイント

1. **部門費の第2次集計**…部門費の第2次集計とは，補助部門費を適当な配賦基準によって各製造部門に配賦し，製造間接費を計算する手続きのことをいう。

   (1) 各勘定の振替関係と仕訳

   第2次配賦における各勘定の振替関係を図示すれば，次のようになる。

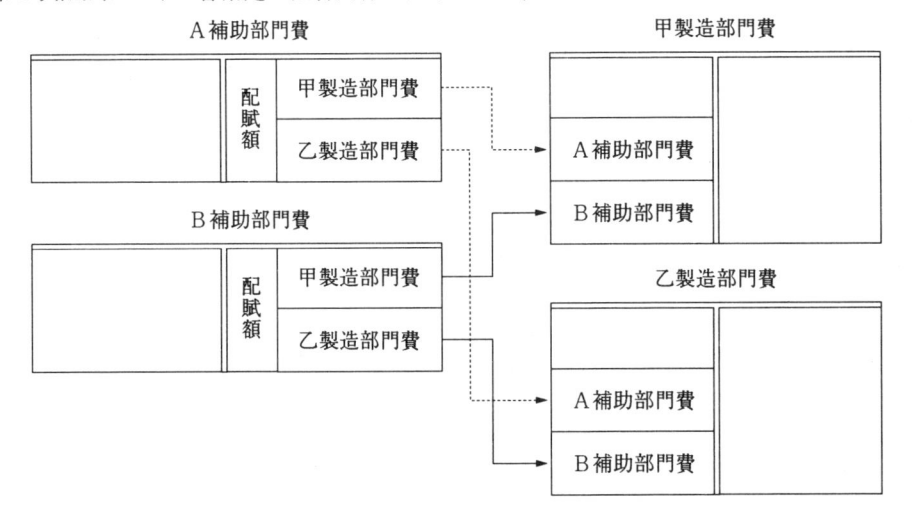

   ```
   A補助部門費                    甲製造部門費
   ┌─────┬─配賦─┬甲製造部門費┐    ┌──────┬──────┐
   │     │ 額  ├乙製造部門費┤    │A補助部門費│      │
   │     │    │      │    ├──────┤      │
   └─────┴────┴──────┘    │B補助部門費│      │
                                └──────┴──────┘
   B補助部門費                    
   ┌─────┬─配賦─┬甲製造部門費┐    乙製造部門費
   │     │ 額  ├乙製造部門費┤    ┌──────┬──────┐
   │     │    │      │    │A補助部門費│      │
   └─────┴────┴──────┘    ├──────┤      │
                                │B補助部門費│      │
                                └──────┴──────┘
   ```

   上記の振替関係（実線と破線の関係）を仕訳で示せば，次のようになる。

   （借方）甲製造部門費　×××　　（貸方）A補助部門費　×××
   　　　　乙製造部門費　×××　　　　　　B補助部門費　×××

   (2) 部門費振替表と配賦方法

   補助部門費の配賦に際しては，通常，(補助)部門費振替表を作成する。補助部門費の配賦方法には，①直接配賦法，②相互配賦法などがある。

   ① 直接配賦法

   　　直接配賦法とは，補助部門費を製造部門のみに直接配賦する方法のことをいう。配賦に際しては，補助部門間相互の用役の授受は無視する。

   ② 相互配賦法

   　　相互配賦法とは，補助部門間相互の用役の授受も考慮し，補助部門費を他の補助部門と製造部門とに配賦する方法のことをいう。相互配賦法の簡便法として，直接配賦法を組み合わせた方法も用いられる。

2. **第3次集計（製造部門費の製品への配賦計算）**…第1次集計および第2次集計を通じて集計された製造部門費は，最終的に各製造指図書に対して配賦される。この手続きのことを第3次集計という。

(1) 各勘定の振替関係と仕訳

第3次集計における各勘定の振替関係を図示すれば，次のようになる。

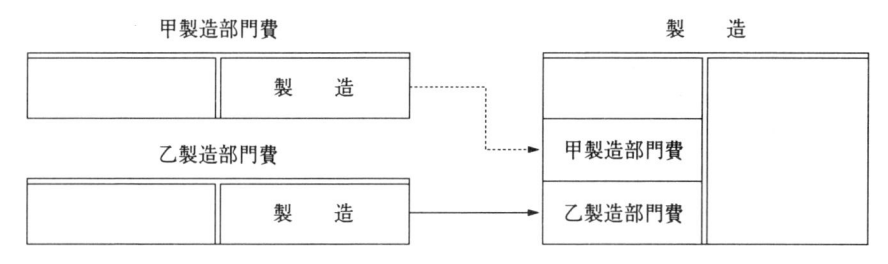

```
    甲製造部門費                        製    造
┌─────┬─────┐              ┌─────┬─────┐
│     │ 製  造 │┄┄┄┄┐     │甲製造部門費│     │
│     │     │    ┊     ├─────┤     │
└─────┴─────┘    ┊     │乙製造部門費│     │
    乙製造部門費         ┊     └─────┴─────┘
┌─────┬─────┐    ┊
│     │ 製  造 │────┘
│     │     │
└─────┴─────┘
```

上記の振替関係(実線および破線の関係)を仕訳で示せば，次のようになる。

　　　　(借方) 製　造　×××　(貸方) 甲製造部門費　×××
　　　　　　　　　　　　　　　　　　乙製造部門費　×××

(2) 製造部門費の予定配賦

製造部門費は，実際額または予定額で各製品に配賦する。予定額で配賦する場合には，各製造部門ごとに予定配賦率を計算し，その予定配賦率に基づいて配賦を行う。予定配賦率は，一定期間における各部門の間接費予定額(または固定間接費予定額および変動間接費予定額)を，各部門の予定配賦基準で除して計算する。

$$予定配賦率 = \frac{各部門の間接費予定額}{各部門の予定配賦基準}$$

製造部門費の予定配賦額と実際発生額との差額は，それぞれの製造部門費勘定から製造部門費配賦差異勘定に振り替える。製造部門費配賦差異に係わる勘定の振替関係と仕訳を示せば，次のとおりである。なお，製造部門費配賦差異勘定の残高は，会計期末において売上原価勘定に振り替える。

①実際配賦額＞予定配賦額(不利差異)の場合

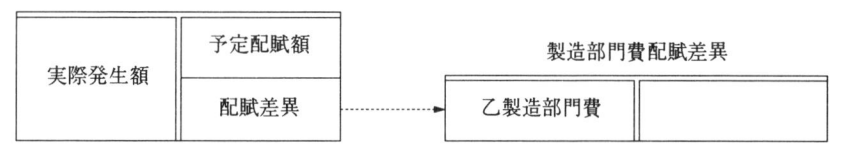

```
       乙製造部門費                   製造部門費配賦差異
┌─────┬─────┐              ┌─────┬─────┐
│     │ 予定配賦額│              │乙製造部門費│     │
│実際発生額├─────┤              │     │     │
│     │ 配賦差異 │┄┄┄┄→      └─────┴─────┘
└─────┴─────┘
```

〈仕　訳〉　(借方) 製造部門費配賦差異　×××　(貸方) 乙製造部門費　×××

②実際発生額＜予定配賦額(有利差異)の場合

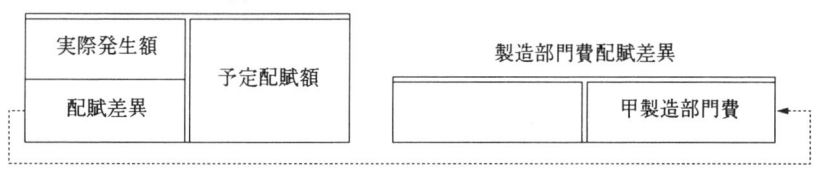

```
       甲製造部門費                   製造部門費配賦差異
┌─────┬─────┐              ┌─────┬─────┐
│実際発生額│     │              │     │甲製造部門費│←┐
├─────┤ 予定配賦額│              │     │     │  ┊
│ 配賦差異 │     │              └─────┴─────┘  ┊
└─────┴─────┘                                ┊
      ┊                                           ┊
      └┄┄┄┄┄┄┄┄┄┄┄┄┄┄┄┄┄┄┄┄┄┄┄┄┄┄┘
```

〈仕　訳〉　(借方) 甲製造部門費　×××　(貸方) 製造部門費配賦差異　×××

例　題

次の一連の取引を仕訳しなさい。なお，勘定科目は次の指定されたものから選ぶこと。

(全経1級・第123回修正)

(製造，製造間接費，第1製造部門費，第2製造部門費，A補助部門費
B補助部門費，製造間接費配賦差異)

1．各製造部門費の予定配賦額を計上した。
　　　　　　　　　　予定配賦率(1時間あたり)　実際配賦基準
　第1製造部門費　　　　　@¥1,670　　　　　　1,800時間
　第2製造部門費　　　　　@¥2,350　　　　　　1,600時間

2．実際製造間接費を各原価部門に集計した。
　第1製造部門　　¥2,239,000
　第2製造部門　　¥2,590,000
　A補助部門　　　¥1,160,000
　B補助部門　　　¥800,000

3．補助部門費を下記の割合で製造部門へ振り替えた。
　　　　　　　第1製造部門　　第2製造部門
　A補助部門　　　40%　　　　　60%
　B補助部門　　　45%　　　　　55%

4．第1製造部門・第2製造部門の製造部門費配賦差異を計上した。

〈仕　訳〉
(1)　(借方)　　　　　　　　　　　　　　(貸方)

(2)　(借方)　　　　　　　　　　　　　　(貸方)

(3)　(借方)　　　　　　　　　　　　　　(貸方)

(4)　(借方)　　　　　　　　　　　　　　(貸方)

解　答

(1) (借方) 製　　　　　造　　6,766,000　(貸方) 第1製造部門費　3,006,000
　　　　　　　　　　　　　　　　　　　　　　　 第2製造部門費　3,760,000
(2) (借方) 第1製造部門費　　2,239,000　(貸方) 製造間接費　　　6,789,000
　　　　　 第2製造部門費　　2,590,000
　　　　　 A補助部門費　　　1,160,000
　　　　　 B補助部門費　　　　800,000

(3) (借方) 第 1 製 造 部 門 費　　　824,000　　(貸方) A 補 助 部 門 費　　1,160,000
　　　　　 第 2 製 造 部 門 費　　1,136,000　　　　　 B 補 助 部 門 費　　　800,000
(4) (借方) 製造部門費配賦差異　　　 57,000　　(貸方) 第 1 製 造 部 門 費　　　 57,000
　　　　　 第 2 製 造 部 門 費　　　 34,000　　　　　 製造部門費配賦差異　　　 34,000

STEP 1　ベーシック問題

付属資料に基づき，第1次集計は相互配賦法，第2次集計は直接配賦法によって，下記の補助部門費配賦表を完成するとともに，補助部門費を配賦する仕訳を示しなさい。(日商2級・第62回修正)

補助部門費配賦表　　　　　　　　　　　　(単位：円)

	合計	製造部門		補助部門		
		切削部	組立部	材料倉庫部	動力部	工場事務部
部　門　費	1,700,000	656,689	677,736	118,375	199,680	47,520
第1次集計						
工場事務部費						
動 力 部 費						
材料倉庫部費						
第2次集計						
動 力 部 費						
材料倉庫部費						
製造部門費						

〈仕　訳〉

(借方)	(貸方)

〔付属資料〕資料のデータは比率に直さず，このまま分数の形で利用すること。

	合計	切削部	組立部	材料倉庫部	動力部	工場事務部
動力供給量（kw-h）	1,000	700	250	50	—	—
材料出庫額（万円）	50	30	18	—	2	—
従 業 員 数（人）	100	44	50	2	3	1

STEP 2　トレーニング問題

当社では製造間接費を組立と仕上の2部門を通して製品に配賦している。下記の資料に基づき，部門費計算表を完成させ，組立，仕上両部門の予定配賦率を計算しなさい。両部門とも間接費は稼動時間数を基準として製品に配賦する。(日商2級・第67回修正)

〔資 料〕
1．向う1年間の稼動予定時間数…組立部門10,000時間，仕上部門15,000時間
2．上記操業度(稼動予定時間数)において予想される部門個別費および共通費は下記の通りであり，直接労務費は組立部門10,000千円，仕上部門20,000千円，補助部門10,000千円と見込まれる。
3．部門共通費(固定費のみ)の各部門への配賦は直接労務費基準による。
4．補助部門費の配賦は直接配賦法により，稼働時間数を基準とする。
5．両部門費の予定配賦率は，固定費率と変動費率を別々に計算してのち合算する。

部門費計算表
(単位：千円)

費　　目	合　計		組立部門		仕上部門		補助部門	
	変動費	固定費	変動費	固定費	変動費	固定費	変動費	固定費
部門個別費	9,000	26,000	2,200	15,000	4,800	8,000	2,000	3,000
部門共通費	－	8,000	－	(　)	－	(　)	－	(　)
補助部門費配賦額			(　)	(　)	(　)	(　)	(　)	(　)
計	(　)	(　)	(　)	(　)	(　)	(　)		
変動費配賦率			(　)		(　)			
固定費配賦率			(　)		(　)			
合　計			(　)		(　)			

STEP 3 チャレンジ問題

本年4月中に実際に発生したA工場の製造間接費等に関する数値は下記のとおりである。これらの数値を用いて必要な計算を行い，各部門費勘定の(　)内に正しい金額を記入しなさい。この工場では，月間に発生した製造間接費はこれをいったん製造間接費勘定に集計し，次にこれを各部門費勘定に振替え，そこから製造勘定に予定配賦をしている。なお，補助部門費の製造部門への配賦は直接配賦法により行う。年度始に決定した製造部門費の仕掛品への予定配賦率は，機械時間1時間あたり，組立部門が4千円で，仕上部門が6千円である。(日商2級・第74回修正)

〔資　料1〕

部門費集計表・補助部門費配賦表
(単位：円)

部　　門	配賦基準	合計	製造部門		補助部門		
			組立	仕上	動力	修繕	工場事務
個別費・共通費合計	－	1,354	630	620	80	8	16
動　力　部	電力消費量						
修　繕　部	修繕時間数						
工場事務部	従業員数						
計							

(注) この表は未完成である。あとは各自で記入しなさい。この表への記入にあたっては，単位未満を四捨五入しなさい。

〔資 料2〕本年4月中の実際数値

費　目	合　計	製造部門		補助部門		
		組立	仕上	動力	修繕	工場事務
電力消費量(kw/h)	867	340	500	－	10	17
修繕時間数(h)	95	40	45	10	－	0
従業員数(人)	47	20	21	2	1	3
機械稼働時間数(h)	280	170	110	－	－	－

組立部門費　　　　　　　　　　　　　　　　　(単位：千円)

製 造 間 接 費	(　　　　)	製　　　　造	(　　　　)
動 力 部 門 費	(　　　　)		
修 繕 部 門 費	(　　　　)		
工 場 事 務 部 門 費	(　　　　)		
原 価 差 異	(　　　　)		
	(　　　　)		(　　　　)

仕上部門費　　　　　　　　　　　　　　　　　(単位：千円)

製 造 間 接 費	(　　　　)	製　　　　造	(　　　　)
動 力 部 門 費	(　　　　)	原 価 差 異	(　　　　)
修 繕 部 門 費	(　　　　)		
工 場 事 務 部 門 費	(　　　　)		
	(　　　　)		(　　　　)

動力部門費　　　　　　　　　　　　　　　　　(単位：千円)

製 造 間 接 費	(　　　　)	諸　　　　口	(　　　　)

修繕部門費　　　　　　　　　　　　　　　　　(単位：千円)

製 造 間 接 費	(　　　　)	諸　　　　口	(　　　　)

工場事務部門費　　　　　　　　　　　　　　　(単位：千円)

製 造 間 接 費	(　　　　)	諸　　　　口	(　　　　)

第10章 個別原価計算(1) —個別原価計算の方法と記帳—

> **ポイント**
>
> **1．個別原価計算の意義**…個別原価計算とは，種類を異にする製品を，個別的に受注生産する生産形態に適用される原価の製品別計算の方式のことをいう。
>
> 　受注生産を行う企業は，通常，注文を受けた製品(群)ごとに特定製造指図書を発行する。個別原価計算にあっては，製造指図書ごとに製造直接費と製造間接費を集計し，生産の完了時点で製造原価が確定される。
>
> **2．製造直接費と製造間接費**…個別原価計算では，製造原価を製造直接費と製造間接費とに分けて計算する。
> (1)　製造直接費の賦課
>
> 　製造直接費は発生のつど，または定期的に整理分類して，これを負担する各製造指図書に賦課(直課)する。
> (2)　製造間接費の配賦
>
> 　製造間接費は，実際額または予定額により，各製造指図書に配賦する。原価計算基準では，予定配賦率による配賦を原則とする。
>
> **3．単純個別原価計算と部門別個別原価計算**…個別原価計算は，製造間接費を部門別に集計するか否かにより，単純個別原価計算と部門別個別原価計算とに分類することができる。
> (1)　単純個別原価計算
>
> 　単純個別原価計算とは，製造間接費を部門別に集計せずに，製造間接費をそのまま各製造指図書に配賦する個別原価計算のことをいう。
> (2)　部門別個別原価計算
>
> 　部門別個別原価計算とは，製造間接費を部門別に集計し，部門間接費として，これを各製造指図書に配賦する個別原価計算のことをいう。原価計算基準では，部門別個別原価計算を原則とする。
>
> **4．原価計算表**…特定製品の製造直接費と製造間接費は，総勘定元帳の製造勘定に集計されるだけでなく，製造指図書ごとに作成される原価計算表にも記録される。原価計算表とは，直接材料費・直接労務費・直接経費・製造間接費を製造指図書ごとに集計した表のことであり，製造勘定の内訳明細を示す補助元帳のことをいう。この原価計算表をまとめた帳簿を原価元帳という。原価計算表と製造勘定との関係を示せば，次のようになる。

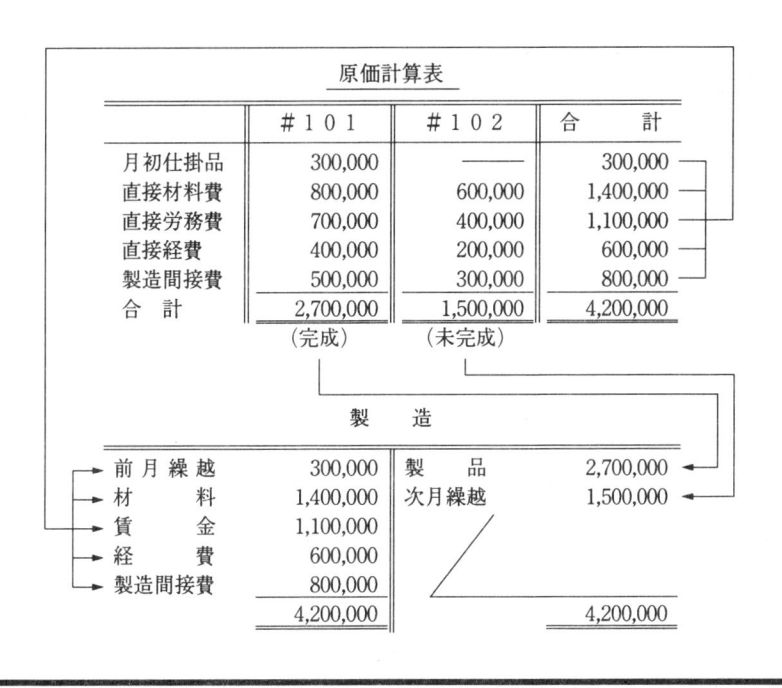

原 価 計 算 表

	＃101	＃102	合　　計
月初仕掛品	300,000	―	300,000
直接材料費	800,000	600,000	1,400,000
直接労務費	700,000	400,000	1,100,000
直接経費	400,000	200,000	600,000
製造間接費	500,000	300,000	800,000
合　　計	2,700,000	1,500,000	4,200,000
	（完成）	（未完成）	

製　　造

前月繰越	300,000	製　品	2,700,000
材　料	1,400,000	次月繰越	1,500,000
賃　金	1,100,000		
経　費	600,000		
製造間接費	800,000		
	4,200,000		4,200,000

例　題

当社では，実際個別原価計算を採用している。次に示した資料に基づき，製造勘定と製品勘定の（　）に適当な金額を記入しなさい。（日商2級・第86回）

〔資　料〕1．各製造指図書に関するデータは，次のとおりである。

製造指図書	直接材料費	直接労務費	直接作業時間	備　　　考
No.101	750,000円	350,000円	250時間	4月着手・完成，5月引渡
No.102				4月着手，5月完成・引渡
4月中	450,000円	140,000円	100時間	
5月中	200,000円	210,000円	150時間	
No.103	850,000円	420,000円	300時間	5月着手・完成，5月末未引渡
No.104	700,000円	210,000円	150時間	5月着手，5月末未引渡

2．製造間接費は予定配賦している。予定配賦率は，直接作業時間あたり1,600円である。

製　　造

月初有高	（　　　）	当月完成高	（　　　）
当月製造費用：		月末有高	（　　　）
直接材料費	（　　　）		
直接労務費	（　　　）		
製造間接費	（　　　）		
	（　　　）		（　　　）

	製 品		
月初有高	( )	売上原価	( )
当月完成高	( )	月末有高	( )
( )		( )	

解 答

	製 造		
月初有高	750,000	当月完成高	3,150,000
当月製造費用：		月末有高	1,150,000
直接材料費	1,750,000		
直接労務費	840,000		
製造間接費	960,000		
	4,300,000		4,300,000

	製 品		
月初有高	1,500,000	売上原価	2,900,000
当月完成高	3,150,000	月末有高	1,750,000
	4,650,000		4,650,000

STEP 1　ベーシック問題

次の(　)の中にあてはまる語句を記入し，文章を完成させなさい。

1．個別原価計算とは，(　ア　)を異にする製品を(　イ　)的に受注生産する生産形態に適用される原価の(　ウ　)別計算の方式をいう。
2．個別原価計算にあっては，(　エ　)ごとに製造直接費と製造間接費を集計し，生産が完了した時点で(　オ　)を計算する。
3．(　カ　)は，発生のつど，または定期的に整理分類して，これを負担する各製造指図書に賦課する。一方，(　キ　)は，実際額または予定額により，各製造指図書に配賦する。原価計算基準では，(　ク　)による配賦を原則とする。
4．製造間接費を部門別に集計せずに，(　ケ　)勘定からそのまま各製造指図書に配賦する個別原価計算のことを(　コ　)原価計算という。一方，製造間接費を部門別に集計し，(　サ　)として，これを各製造指図書に配賦する個別原価計算のことを(　シ　)原価計算という。原価計算基準では，(　ス　)原価計算を原則とする。
5．(　セ　)とは，直接材料費・直接労務費・直接経費・製造間接費を製造指図書ごとに集計した表のことであり，製造勘定の内訳明細を示す(　ソ　)のことをいう。

ア	イ	ウ	エ	オ
カ	キ	ク	ケ	コ
サ	シ	ス	セ	ソ

STEP 2　トレーニング問題

当社では実際個別原価計算を採用している。下記の原価記録に基づき，製造勘定および製品勘定の（　　）内に適当な金額を記入しなさい。なお，仕訳と元帳転記は月末にまとめて行っている。

(日商2級・第79回)

```
            原価計算表              製造指図書　No.101
直接材料費    9/6               ¥230,000
直接労務費    9/6～9/28          ¥200,000
製造間接費    9/6～9/28          ¥370,000
合　計                          ¥800,000
    製造着手    9/6      完成・入庫    9/28
    注文主引渡  10/4
```

```
            原価計算表              製造指図書　No.102
直接材料費    9/13              ¥500,000
直接労務費    9/13～9/30         ¥250,000
             10/1～10/8         ¥187,500
製造間接費    9/13～9/30         ¥500,000
             10/1～10/8         ¥375,000
合　計                          ¥1,812,500
    製造着手    9/13     完成・入庫    10/8
    注文主引渡  10/12
```

```
            原価計算表              製造指図書　No.103
直接材料費    10/8              ¥250,000
直接労務費    10/8～10/29        ¥237,500
製造間接費    10/8～10/29        ¥400,000
合　計                          ¥887,500
    製造着手    10/8     完成・入庫    10/29
    注文主引渡  （10月末現在未引渡）
```

```
            原価計算表              製造指図書　No.104
直接材料費    10/25             ¥640,000
直接労務費    10/25～10/31       ¥80,000
製造間接費    10/25～10/31       ¥160,000
合　計                          ¥880,000
    製造着手    10/25    完成・入庫
    注文主引渡  （10月末現在未完成）
```

製　造

10/ 1	期首有高	(1,250,000)	10/31	期中完成高	(2,700,000)
10/31	直接材料費	(890,000)	〃	期末有高	(880,000)
〃	直接労務費	(505,000)			
〃	製造間接費	(935,000)			
		(3,580,000)			(3,580,000)

製　品

10/ 1	期首有高	(800,000)	10/31	売上原価	(2,612,500)
10/31	期中完成品	(2,700,000)	〃	期末有高	(887,500)
		(3,500,000)			(3,500,000)

STEP 3 チャレンジ問題

当社では実際個別原価計算を採用している。次の資料(A), (B), (C)および(D)に基づいて, (1)製造指図書別原価計算表を完成させ, (2)製造勘定への記入を行い, さらに(3)完成品の原価を製品勘定に振り替える仕訳を示しなさい。(日商2級・第76回修正)

(A)月初仕掛品に関する資料

製造指図書	No.403	No.501	No.502
月初仕掛品有高	¥225,000	—	—

(B)直接材料費に関する資料

製造指図書	No.403	No.501	No.502
当月直接材料費	¥50,000	¥25,000	¥30,000

(C)直接作業時間に関する資料

製造指図書	No.403	No.501	No.502
第1製造部門	500h	235h	355h
第2製造部門	120h	80h	80h
第3製造部門	100h	220h	170h
計	720h	535h	605h

(D)予定平均賃率および製造間接費配賦率に関する資料

製造部門	予定平均賃率（時間あたり）	製造間接費配賦率（直接労務費基準）
第1製造部門	¥100	100%
第2製造部門	¥200	150%
第3製造部門	¥300	200%

(1)製造指図書別原価計算表
（単位：円）

製造指図書		No.403	No.501	No.502	計
月初仕掛品		225,000	—	—	225,000
直接材料費		50,000	25,000	30,000	105,000
直接労務費	第1製造部門	50,000	23,500	35,500	109,000
	第2製造部門	24,000	16,000	16,000	56,000
	第3製造部門	30,000	66,000	51,000	147,000
製造間接費	第1製造部門	50,000	23,500	35,500	109,000
	第2製造部門	36,000	24,000	24,000	84,000
	第3製造部門	60,000	132,000	102,000	294,000
製造原価計		525,000	310,000	294,000	1,129,000
備考		完成	完成	未完成	

(2)製造勘定

製　　造

月初有高	(225,000)	当月完成高	(835,000)
当月製造費用：		月末有高	(294,000)
直接材料費	(105,000)		
直接労務費	(312,000)		
製造間接費	(487,000)		
	(1,129,000)		(1,129,000)

(3)完成品の原価を製品勘定へ振り替える仕訳

(借方)	(貸方)
製　品　835,000	製　造　835,000

第11章 個別原価計算(2) —仕損と作業屑の処理—

ポイント

1．仕損の処理
(1) 仕損…製造のプロセスで，材料不良，機械の故障，工具の不注意等のため，品質基準や規格に適合せず，不合格品となったもの。
(2) 仕損費の計算…個別原価計算では，原則として次のように計算する。
　① 補修により回復可能→補修指図書を発行する場合
　　　仕損費＝補修指図書に集計された製造原価
　② 補修により回復不能で新たに代品製造→新製造指図書を発行する場合
　　(a)旧製造指図書の全部が仕損
　　　仕損費＝旧製造指図書に集計された製造原価
　　(b)旧製造指図書の一部が仕損
　　　仕損費＝新製造指図書に集計された製造原価
　③ 上記の①または②のケースで，新たに製造指図書を発行しない場合
　　　仕損費＝補修または代品製造に要する製造原価の見積額
　④ 代品を製造する場合で，仕損品が売却価値または利用価値を有する場合は，その見積額を上記②または③の額から差し引いた金額を仕損費とする。
　⑤ 軽微な仕損…仕損費を計上しないで，仕損品の見積売却価額または見積価額を評価計上し，当該製造指図書から控除するにとどめることができる。
　⑥ 異常な原因によって発生した仕損費…非原価項目とする。
(3) 仕損費の処理…次のいずれかの方法による。
　① 実際発生額または見積額を，当該製造指図書に賦課する(直接経費)。
　② 製造間接費として，発生部門に賦課する。この場合，その予定額を予定配賦率算定の際の製造間接費予算額に算入する。

2．作業屑の処理
(1) 作業屑…製造のプロセスで生じた，材料の切り屑や残り屑などをいう。
(2) 作業屑の処理…これが売却価値または利用価値をもつ場合には，その見積評価額を次のように処理する。
　① 発生額が各製造指図書ごとに区分計算できる場合
　　→当該製造指図書の直接材料費または製造原価から差し引く。
　② 発生額が各製造指図書ごとに区分計算できない場合
　　→発生部門の部門費または製造間接費から差し引く。
　③ 発生額が軽微で，そのつど，これを計上する必要がない場合
　　→売却したときに，その売却額を雑益として処理できる。
　④ 見積評価額の算定にあたっては，総合原価計算における副産物の処理(第13章)に準ずる。

例　題

次の取引を仕訳しなさい。

1. 製造指図書No.510の製品5台が仕損となったので，補修指図書を発行して補修した。補修に要した費用は，材料費¥5,000，労務費¥2,000，経費¥300であった。この仕損費は，製造指図書No.510に直課する。
2. 製造指図書No.511の全部が仕損となり，代品を製造した。旧製造指図書に集計された製造原価は¥25,000であり，仕損品の見積評価額は¥4,700であった。仕損費は製造間接費として処理する。
3. 製造指図書No.512の製造途中で作業屑が生じ，その評価額¥20,000を製造勘定から控除した。
4. 作業屑を売却し，その代金¥3,000を現金で受け取った。この作業屑は少額であったため，製造原価から控除していなかった。

〈仕　訳〉
1. (借方)　　　　　　　　　　　　　(貸方)

   (借方)　　　　　　　　　　　　　(貸方)
2. (借方)　　　　　　　　　　　　　(貸方)

   (借方)　　　　　　　　　　　　　(貸方)
3. (借方)　　　　　　　　　　　　　(貸方)
4. (借方)　　　　　　　　　　　　　(貸方)

解　答

1. (借方)	仕　損　費	7,300	(貸方)	材　料　費	5,000
				労　務　費	2,000
				経　　　費	300
(借方)	製　　　造	7,300	(貸方)	仕　損　費	7,300
2. (借方)	仕　損　品	4,700	(貸方)	製　　　造	25,000
	仕　損　費	20,300			
(借方)	製造間接費	20,300	(貸方)	仕　損　費	20,300
3. (借方)	作　業　屑	20,000	(貸方)	製　　　造	20,000
4. (借方)	現　　　金	3,000	(貸方)	雑　　　益	3,000

STEP 1　ベーシック問題

次の取引を仕訳しなさい。

1．製造指図書＃8の製品のうち10個が仕損となったので，補修指図書＃2を発行して，これを補修した。このため，素材￥18,000と賃金￥19,000とを消費した。なお，この補修に要した費用は＃8に直課した。　　　　　　　　　　　　　　　　　　　　　　　　（全商1級・第27回一部修正）
2．製造指図書＃7の製品が製造の途中で全部が仕損となり，新たに製造指図書を発行して，代品を製造することになった。これまでの製造原価は￥120,000であり，仕損品の見積売却価額を￥50,000と評価し，残額は仕損費とした。なお，この仕損費は，新製造指図書にあらかじめ直課する処理をした。　　　　　　　　　　　　　　　　　　　　　　（全商1級・第24回一部修正）
3．作業屑が第1製造部門で発生したので，これを￥10,000と評価し，倉庫に保管した。
　　　　　　　　　　　　　　　　　　　　　　　　　　　　　　　　　（全経1級・第83回）

〈仕　訳〉
　1．(借方)　　　　　　　　　　　　　　　　(貸方)

　2．(借方)　　　　　　　　　　　　　　　　(貸方)

　3．(借方)　　　　　　　　　　　　　　　　(貸方)

STEP 2　トレーニング問題

次の取引を仕訳しなさい。

1．製造指図書No.610の一部が仕損となり，代品を製造した。この代品のために新たに発行した製造指図書No.610-1に集計された費用は，材料費￥20,000　労務費￥8,000　経費￥3,000であり，仕損品の評価額は￥5,000と見積られた。この仕損費は製造指図書No.610に直課する。
2．上記の仕損品をそのまま売却し，代金￥5,500を現金で受け取った。
3．作業屑が発生し，その売却見積価額は￥15,000，売却に要する費用は￥3,000と見積られた。どの製造指図書のために発生したかわからなかったので，それが発生した第1製造部門の原価からこの評価額を差し引いた。

〈仕　訳〉
　1．(借方)　　　　　　　　　　　　　　　　(貸方)

　2．(借方)　　　　　　　　　　　　　　　　(貸方)

　3．(借方)　　　　　　　　　　　　　　　　(貸方)

STEP 3 チャレンジ問題

東京工業㈱の平成11年1月における次の資料によって，(a)製造指図書別原価計算表を作成し，(b)製造部門別の配賦差異を計算しなさい。(全経上級・第89回一部修正)

〔資　料〕

1．直接材料消費量および直接作業時間

摘要 \ 指図書	#303	#304	#305	#304-2	#305-2	#306
直接材料消費量（kg） 　第1製造部門	56	47	38	8	40	29
直接作業時間（時間） 　第1製造部門 　第2製造部門	60 26	52 28	48 22	11 7	50 31	34 -

ただし，#303は前月末に第1製造部門までの作業を終了している。

2．直接材料の予定消費価格は1kg当たり800円。前月も同額である。なお，指図書#306から作業屑4kgが把握され，その評価額は1kgあたり200円である。作業屑評価額については，当該指図書の製造原価から控除する。

3．直接工の予定賃率は次のとおり。前月も同じである。
　　第1製造部門　700円／時　　第2製造部門　600円／時

4．製造間接費は，製造部門直接作業時間を配賦基準として予定配賦している。

	年間予定直接作業時間	製造間接費年間予算額
第1製造部門	2,400時間	724,000円
第2製造部門	1,440時間	370,800円
修　繕　部　門		128,000円
工場事務部門		102,000円

修繕部門費は第1製造部門1，第2製造部門0.6の割合で，また，工場事務部門費は，第1製造部門1，第2製造部門0.7の割合で配賦する。

5．当月の製造間接費実際発生額
　　第1製造部門　59,200円　　　修繕部門　　10,560円
　　第2製造部門　28,300円　　　工場事務部門　9,350円

6．製造指図書のうち，#306は月末において未完成であり，他はすべて完成した。製造指図書のうち，#304-2，#305-2はいずれも仕損品の発生に伴うものであり，#304-2は#304の一部を補修するために，#305-2は，#305の全部の代品を製作するために発行されたものである。

7．製造指図書#305の仕損品の評価額は40,000円と見積もられている。

(a) 製造指図書別原価計算表

(単位:円)

項目＼指図書	＃303	＃304	＃305	＃304-2	＃305-2	＃306	合計

(b) 製造部門別配賦差異の計算

第1製造部門費配賦差異＝

第2製造部門費配賦差異＝

第12章 総合原価計算(1) ―単純総合原価計算―

ポイント

1. **総合原価計算の意義と分類**…総合原価計算とは，市場見込大量生産を行う生産形態に適用される原価計算をいう。総合原価計算は，生産する製品の種類や製造工程の有無などによって，次のように分類することができる。

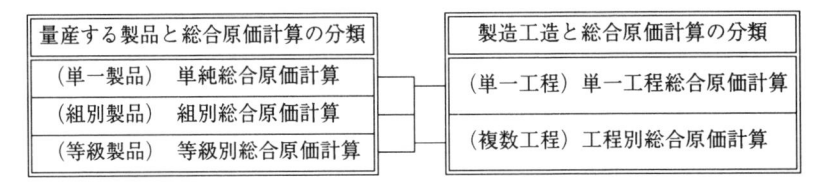

量産する製品と総合原価計算の分類
（単一製品） 単純総合原価計算
（組別製品） 組別総合原価計算
（等級製品） 等級別総合原価計算

製造工造と総合原価計算の分類
（単一工程）単一工程総合原価計算
（複数工程）工程別総合原価計算

2. **単純総合原価計算**…単純総合原価計算とは，同種製品を反復連続的に生産する生産形態に適用される原価計算のことをいう。単純総合原価計算は，製造工程の有無により，単一工程単純総合原価計算と工程別単純総合原価計算に分類できる。ここではとくに単一工程単純総合原価計算について取り上げるが，総合原価計算による完成品原価および完成品単位原価（1単位あたりの製造原価）の計算では，総じて次の点がポイントになる。

   (1) 原価要素の分類

   　　完成品原価および完成品単位原価を計算する際には，製造原価を原料費（直接材料費）と加工費（原料費以外の原価要素）に分類する。

   (2) 完成品原価と完成品単位原価の計算

   　　完成品原価および完成品単位原価は，次のように計算する。

   　① 完成品原価＝月初仕掛品原価＋当月製造費用－月末仕掛品原価

   　② 完成品単位原価＝完成品原価÷完成品数量

   (3) 月末仕掛品原価の計算

   　　完成品原価および完成品単位原価を計算する際には，月末仕掛品原価の計算が必要になる。月末仕掛品原価の計算は，原則に原料費と加工費とに分けて行う。また，その計算方法には，平均法，先入先出法，後入先出法などがある。

3. **月末仕掛品原価の計算方法**

   (1) 平均法

   $$月末仕掛品原料費＝(月初仕掛品原料費＋当月原料費)\times \frac{月末仕掛品数量}{完成品数量＋月末仕掛品数量}$$

   $$月末仕掛品加工費＝(月初仕掛品加工費＋当月加工費)\times \frac{月末仕掛品換算量}{完成品数量＋月末仕掛品換算量}$$

   （注）加工費の計算では，仕掛品換算量を用いる。仕掛品換算量は，仕掛品数量に加工進捗度を乗じて計算する。すなわち，仕掛品換算量＝仕掛品数量×加工進捗度

(2) 先入先出法

$$月末仕掛品原料費 = 当月原料費 \times \frac{月末仕掛品数量}{完成品数量 - 月初仕掛品数量 + 月末仕掛品数量}$$

$$月末仕掛品加工費 = 当月加工費 \times \frac{月末仕掛品換算量}{完成品数量 - 月初仕掛品換算量 + 月末仕掛品換算量}$$

(3) 後入先出法

　後入先出法によって月末仕掛品原価を計算する際には，月初仕掛品数量と月末仕掛品数量の関係および月初仕掛品換算量と月末仕掛品換算量の関係に注意する。

① 月末仕掛品原料費の計算
(a) 月初仕掛品数量＝月末仕掛品数量の場合

　　月末仕掛品原料費＝月初仕掛品原料費

(b) 月初仕掛品数量＞月末仕掛品数量の場合

$$月末仕掛品原料費 = 月初仕掛品原料費 \times \frac{月末仕掛品数量}{月初仕掛品数量}$$

(c) 月初仕掛品数量＜月末仕掛品数量の場合

　　月末仕掛品原料費＝

$$月初仕掛品原料費 + \frac{当月原料費}{月末完成品数量 + (月末仕掛品数量 - 月初仕掛品数量)} \times (月末仕掛品数量 - 月初仕掛品数量)$$

② 月末仕掛品加工費の計算
(a) 月初仕掛品換算量＝月末仕掛品換算量の場合

　　月末仕掛品加工費＝月初仕掛品加工費

(b) 月初仕掛品換算量＞月末仕掛品換算量の場合

$$月末仕掛品加工費 = 月初仕掛品加工費 \times \frac{月末仕掛品換算量}{月初仕掛品換算量}$$

(c) 月初仕掛品換算量＜月末仕掛品換算量の場合

　　月末仕掛品加工費＝

$$月初仕掛品加工費 + \frac{当月加工費}{月末完成品数量 + (月末仕掛品換算量 - 月初仕掛品換算量)} \times (月末仕掛品換算量 - 月初仕掛品換算量)$$

例題

次の資料から，平均法により総合原価計算表を完成しなさい。(日商2級・第60回修正)

[資 料] 生産データ
月初仕掛品 200kg (25%)
当月投入 4,000kg
　計　　 4,200kg
月末仕掛品 400kg (50%)
完 成 品 3,800kg
　(注) 原料は工程の始点で投入される。
　　　( )内は，加工進捗度を示す。

総合原価計算表　　　　(単位：円)

	原料費	加工費	合計
月初仕掛品原価	10,200	1,805	
当月製造費用	220,800	174,195	
合　計			
月末仕掛品原価			
完成品総原価			
完成品単位原価			

解答

総合原価計算表　　　　(単位：円)

	原料費	加工費	合計
月初仕掛品原価	10,200	1,805	12,005
当月製造費用	220,800	174,195	394,995
合　計	231,000	176,000	407,000
月末仕掛品原価	22,000	8,800	30,800
完成品総原価	209,000	167,200	376,200
完成品単位原価	55	44	99

STEP 1　ベーシック問題

次の( )の中にあてはまる語句を記入しなさい。

1．総合原価計算は，(ア)生産を行う生産形態に適用する原価の(イ)別計算の方式のことをいう。
2．原価の製品別計算とは，原価要素を一定の(ウ)に集計し，単位製品の(エ)を算定する手続きをいい，原価計算における(オ)の計算段階である。
3．総合原価計算は，生産する製品の(カ)や(キ)の有無により分類できる。
4．単純総合原価計算は，(ク)製品を(ケ)的に生産する生産形態に適用する。
5．組別総合原価計算は，(コ)製品を(サ)に連続生産する生産形態に適用する。
6．等級別総合原価計算は，(シ)工程において，同種製品を連続生産するが，その製品を形状，大きさ，品質等によって(ス)に区別する場合に適用する。

ア	イ	ウ	エ	オ
カ	キ	ク	ケ	コ
サ	シ	ス		

STEP 2 トレーニング問題

次の資料から，(1)平均法，(2)先入先出法および(3)後入先出法により総合原価計算表を完成しなさい。なお，(3)については，さらに生産データの月末仕掛品が(a)7,000kgの場合，(b)2,800kgの場合の月末仕掛品原価の金額も計算しなさい。なお，端数が生じたときには，円未満を四捨五入すること。

〔資料1〕生産データ
月初仕掛品　7,000kg　(1/2)
当月投入　　28,000kg
　　計　　　35,000kg
月末仕掛品　14,000kg　(1/4)
完成品　　　21,000kg

〔資料2〕原価データ
① 月初仕掛品：
　原料費¥700,000　　加工費¥504,000
② 当月製造費用
　原料費¥4,200,000　加工費¥3,906,000

(注) 原料は工程の始点で投入され，(　)内の数字は加工進捗度を示す。

(1) 平均法による総合原価計算表

	原料費	加工費	合計
月初仕掛品原価			
当月製造費用			
合　　計			
月末仕掛品原価			
完成品総原価			
完成品単位原価			

(2) 先入先出法による総合原価計算表

	原料費	加工費	合計
月初仕掛品原価			
当月製造費用			
合　　計			
月末仕掛品原価			
完成品総原価			
完成品単位原価			

(3) 後入先出法による総合原価計算表

	原料費	加工費	合計
月初仕掛品原価			
当月製造費用			
合　　計			
月末仕掛品原価			
完成品総原価			
完成品単位原価			

(a) 月末仕掛品が7,000kgの場合

	原料費	加工費	合計
月初仕掛品原価			

(b)月末仕掛品が2,800kgの場合

	原料費	加工費	合計
月初仕掛品原価			

STEP 3 チャレンジ問題

当社では実際単純総合原価計算を採用している。下記の資料に基づき，総合原価計算表と月次損益計算書を完成しなさい。(日商2級・第71回修正)

〔資　料〕
1．月初仕掛品の材料費は¥3,500，加工費は¥2,000である。
2．当月投入の材料費は¥74,200，加工費は¥40,900である。
3．直接材料は工程の始点ですべて投入された。
4．完成品と月末仕掛品への原価配分は平均法による。
5．総合原価計算表の数量欄に付した(　)は，加工進捗度を示す。
6．月初の製品有高は100個＠¥60で，月末の製品有高は100個であった。
7．当月の製品の1個あたりの売価は¥80，販売量は1,800個であるが，売上原価の計算は先入先出法による。
8．変動販売費は製品の販売手数料と発送運賃であり，1個あたり¥2である。
9．固定販売費・一般管理費は¥5,000である。

総合原価計算表
(単位：円)

	数　量	材　料　費	加　工　費	合　計
月初仕掛品	100個 (1/2)	(　　)	(　　)	(　　)
当月投入	2,000個	(　　)	(　　)	(　　)
計	2,100個	(　　)	(　　)	(　　)
月末仕掛品	300個 (1/2)	(　　)	(　　)	(　　)
差引：完成品	1,800個	(　　)	(　　)	(　　)
単価		(　　)	(　　)	(　　)

月次損益計算書
(単位：円)

Ⅰ　売　上　高			(　　)
Ⅱ　売　上　原　価			
月初製品棚卸高	(　　)		
当月製品製造原価	(　　)		
計	(　　)		
月末製品棚卸高	(　　)	(　　)	
売　上　総　利　益		(　　)	
Ⅲ　販売費及び一般管理費			
変　動　販　売　費	(　　)		
固定販売費・一般管理費	(　　)	(　　)	
営　業　利　益		(　　)	

—58—

第13章 総合原価計算(2) —仕損・減損と副産物の処理—

ポイント

1. **仕損**…第11章でもふれたが，仕損とは，製品の加工中において材料の不良などが原因のため一定の品質や規格に合格しないことをいい，その不合格品を仕損品という。また，その発生までにかかった原価(仕損品原価)から仕損品の評価額を控除した金額を仕損費という。総合原価計算でも，仕損費について考慮する必要がある。ただし，その処理方法については，以下の減損の処理に準じればよい。

2. **減損**…減損とは，製品を製造する過程で，原材料が蒸発・粉散・ガス化・煙化などによって，投入された原材料の当初の数量が製造できないか，あるいは製品化をしない価値のない原材料部分が発生することをいう。また，減損の発生までにかかった費用を減損費という。減損費には，正常減損費と異常減損費とがある。

3. **減損の処理**…正常減損費の処理には，度外視法と非度外視法とがある。度外視法は，計算の簡便性のため，とくに正常減損費を抜き出し計算せず，結果として自動的に良品にその費用を負担させる方法である。非度外視法は，まず正常減損費を抜き出し計算し，正常減損の発生点を通過した良品に負担させる方法である。良品への負担のさせ方は，主に正常減損の発生が，①工程の始点の場合，②工程途中のある一時点の場合，③工程の終点の場合，④工程を通じて平均的に発生する場合で異なる。

    ① 工程の始点の場合…月末仕掛品と完成品に負担させる。
    ② 工程途中のある一時点の場合
        (a)月末仕掛品加工進捗度≧減損発生点ならば…月末仕掛品と完成品に負担させる。
        (b)月末仕掛品加工進捗度＜減損発生点ならば…完成品のみに負担させる。
    ③ 工程の終点の場合…完成品のみに負担させる。
    ④ 工程を通じて平均的に発生する場合…減損に含まれる加工費については減損量に50%を乗じた数量分だけ計算した後，減損に含まれる原料費とともに，加工進捗度に応じて月末仕掛品と完成品に負担させる。

    (注) 異常減損…非原価項目とする。

4. **副産物**…副産物とは，主産物の製造プロセスから必然的に派生する物品で主産物ほど価値をもたないものをいう。たとえば，石けん製造業のグリセリン等である。副産物の原価計算は，結合原価を計算し，この結合原価から副産物の評価額を控除する方法で，主産物の製造原価を計算する。なお，連産品と異なり，比例あん分計算は行わない。

    副産物の評価額の決定について
    ① そのまま外部に売却できるとき…評価額＝見積売却価額－(販管費見積額＋利益の見積額)
    ② 加工後売却できるとき……………評価額＝見積売却価額－(加工費見積額＋販管費見積額＋利益の見積額)
    ③ そのまま自家消費するとき………評価額＝自家消費によって節約される物品の見積購入額
    ④ 加工後自家消費するとき…………評価額＝自家消費によって節約される物品の見積購入額－加工費見積額

例　題

次の文章は『原価計算基準』のうち，仕損および減損，副産物等の処理・評価に関する記述の一部である。（　）の中にあてはまる語句を記入しなさい。

1. （ⓐ）において，仕損の費用は，原則として，特別に（ⓑ）の費目を設けることをしないで，これをその期の（ⓒ）と（ⓓ）とに負担させる。加工中に蒸発，粉散，ガス化，煙化等によって生ずる原料の（ⓔ）の処理は，仕損に準ずる。
2. 総合原価計算において，副産物が生ずる場合には，その価額を算定して，これを（ⓕ）の製造原価から控除する。副産物とは，（ⓖ）の製造過程から必然に派生する物品をいう。（ⓗ），（ⓘ）等の処理および評価は，副産物に準ずる。

解　答

ⓐ総合原価計算　ⓑ仕損費　ⓒ完成品　ⓓ期末仕掛品　ⓔ減損　ⓕ主産物　ⓖ主産物
ⓗ作業くず　ⓘ仕損品

STEP 1　ベーシック問題

当工場は，単一工程単純総合原価計算を採用している。当期の工程における以下の資料に基づいて，(1)直接材料費と加工費の完成品換算量単位原価，(2)仕損品原価および(3)仕損費を計算しなさい。

〔資　料〕

1. 生産データ
    当期投入量　1,000個
    当期完成品　　800個
    仕　損　品　　200個

2. 原価データ
    直接材料費　640,000円
    加　工　費　576,000円

3. 生産データの補足事項
    仕損品は工程の始点で発生しており，良品に回復不可能である。仕損品の評価額は1個あたり120円である。なお，原材料は工程の始点ですべて投入されている。また，期首仕掛品，期末仕掛品は存在していない。

(1)　直接材料費完成品換算量単位原価　　　＿＿＿＿＿＿＿＿＿＿円
　　　加　工　費完成品換算量単位原価　　　＿＿＿＿＿＿＿＿＿＿円
(2)　仕損品原価　　　　　　　　　　　　　＿＿＿＿＿＿＿＿＿＿円
(3)　仕　損　費　　　　　　　　　　　　　＿＿＿＿＿＿＿＿＿＿円

STEP 2　トレーニング問題

次の資料に基づいて，原価計算表を作成しなさい。

〔資　料〕1．生産データ　　　　　　　　　2．原価データ

月初仕掛品	500個	(1/2)	月初仕掛品原価		
当月投入	1,250		直接材料費		656,000円
合　計	1,750個		加　工　費		424,000円
月末仕掛品	500	(1/4)	当月製造費用		
差　引	1,250個		直接材料費		2,144,000円
正常減損	250		加　工　費		3,096,000円
完成品	1,000個				

なお，(　)は，加工費進捗度を示している。

3．月末仕掛品の評価は，平均法による。直接材料については，すべて工程の始点で投入されている。なお，減損については，通常その発生が避けられないと認められるものであり，工程の終点にて発生している。また，減損の処理については正常減損度外視法を採用している。

原価計算表　　　　　　　　　　　　　　　(単位：円)

	直接材料費	加　工　費	合　　計
月初仕掛品原価			
当期製造費用			
合　　計			
月末仕掛品原価			
差　　引			
正　常　減　損			
完成品総合原価			
完成品単位原価	@	@	@

STEP 3　チャレンジ問題

当社工場は，単一工程単純総合原価計算を採用している。以下の資料に基づいて，(1)期末仕掛品の加工費の額，(2)完成品の正常仕損費，(3)完成品総合原価，(4)期末仕掛品原価を各問のケースについてそれぞれ答えなさい。

〔資　料〕1．生産データ　　　　　　　　　2．原価データ

期首仕掛品	0個		直接材料費	2,160,000円
当期投入量	900個		加　工　費	2,952,600円
当期完成品	600個			
正常仕損品	100個			
期末仕掛品	200個	(1/2)		

(注)　直接材料は工程の始点ですべて投入されている。正常仕損品の評価額はゼロである。なお，(　)は進捗度を示している。

— 61 —

問1　工程の始点で正常仕損品が発生したケース
(1)　　　　　　　　(2)　　　　　　　　(3)　　　　　　　　(4)

問2　加工費進捗度40％で正常仕損品が発生したケース
(1)　　　　　　　　(2)　　　　　　　　(3)　　　　　　　　(4)

問3　加工費進捗度60％で正常仕損品が発生したケース
(1)　　　　　　　　(2)　　　　　　　　(3)　　　　　　　　(4)

第14章 総合原価計算(3) ―工程別総合原価計算―

ポイント

1. **工程別総合原価計算の意義**…工程別総合原価計算とは，製造工程が2つ以上の連続する工程に分けられた生産形態に適用される原価計算をいう。

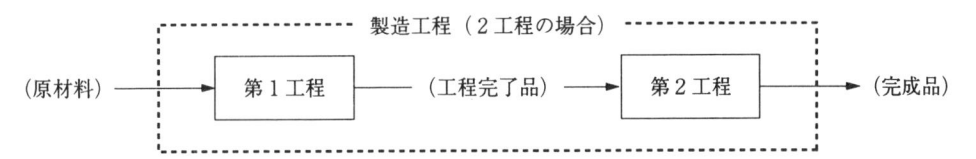

```
                 製造工程（2工程の場合）
        ┌─────────────────────────────────────────┐
(原材料)→│ 第1工程 │─(工程完了品)→│ 第2工程 │→│(完成品)
        └─────────────────────────────────────────┘
```

2. **工程別計算の方法**…原価を工程別に計算する方法には，累加法と非累加法がある。
  (1) **累加法**…累加法とは，一工程から次工程に振り替えられた工程完了品原価を，前工程費として，次工程の製造費用に加算して工程別計算を行う方法のことをいう。

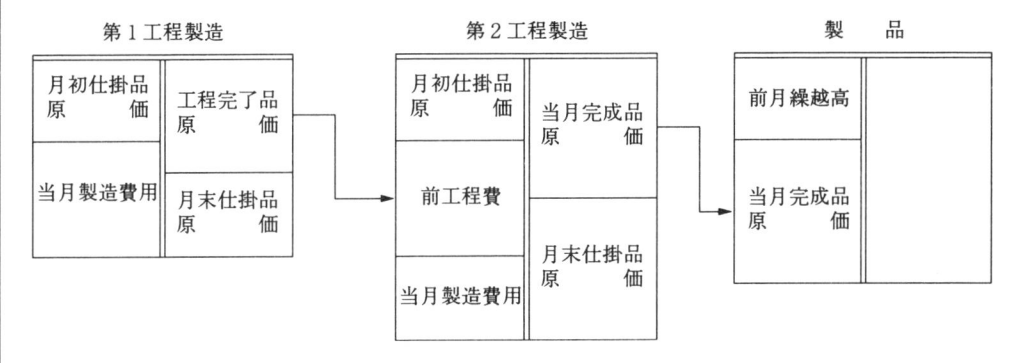

第1工程製造		第2工程製造		製　品	
月初仕掛品原価	工程完了品原価	月初仕掛品原価	当月完成品原価	前月繰越高	
当月製造費用	月末仕掛品原価	前工程費			当月完成品原価
		当月製造費用	月末仕掛品原価		

  (2) **非累加法**…非累加法とは，最終完成品の負担する各工程費を直接計算し，これらの工程費を合計して完成品原価を計算する方法のことをいう。

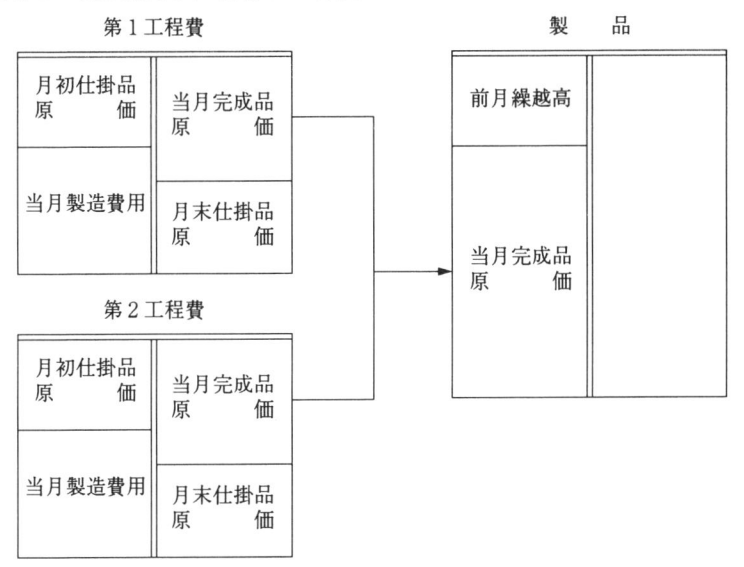

第1工程費		製　品	
月初仕掛品原価	当月完成品原価	前月繰越高	
当月製造費用	月末仕掛品原価		当月完成品原価

第2工程費	
月初仕掛品原価	当月完成品原価
当月製造費用	月末仕掛品原価

3．加工費工程別総合原価計算…加工費工程別総合原価計算(加工費法)とは，加工費のみを工程別に計算し，それに原料費を加算することによって，完成品原価および完成品単位原価を計算する方式のことをいう。この方式は，原材料がすべて最初の工程の始点で投入され，その後の工程ではこれを単に加工するだけといった生産形態(製紙業や紡績業など)に適用される。

例題

次の資料から工程別総合原価計算表を完成しなさい。なお，製品原価の計算は累加法により，期末仕掛品の評価は工程ごとの先入先出法による。(日商2級・第73回修正)

〔資料〕 生産データ

	第1工程	第2工程
月初仕掛品	10kg (50%)	10kg (50%)
当月投入	90kg	90kg
月末仕掛品	10kg (50%)	12kg (50%)
完成品	90kg	88kg

(注) 原料は第1工程の始点で投入される。(　)内は加工進捗度を示す。

工程別総合原価計算表　　　　　　　　　　(単位：千円)

	第1工程			第2工程		
	原料費	加工費	合　計	前工程費	加工費	
月初仕掛品原価	30	25		80	50	
当月製造費用	270	450			890	
合　計						
月末仕掛品原価						
完成品総原価						
完成品単位原価						

解答

工程別総合原価計算表　　　　　　　　　　(単位：千円)

	第1工程			第2工程		
	原料費	加工費	合　計	前工程費	加工費	合　計
月初仕掛品原価	30	25	55	80	50	130
当月製造費用	270	450	720	720	890	1,610
合　計	300	475	775	800	940	1,740
月末仕掛品原価	30	25	55	96	60	156
完成品総原価	270	450	720	704	880	1,584
完成品単位原価	3	5	8	8	10	18

STEP 1　ベーシック問題

次の資料から工程別総合原価計算表を完成しなさい。なお，製品原価の計算は累加法により，期末仕掛品評価は第1工程は平均法，第2工程は先入先出法による。(日商2級・第78回修正)

〔資　料〕　生産データ

	第1工程	第2工程
月初仕掛品	1,000kg (50%)	2,000kg (50%)
当月投入	19,000kg	18,000kg
合　　計	20,000kg	20,000kg
月末仕掛品	2,000kg (50%)	4,000kg (75%)
完 成 品	18,000kg	16,000kg

(注)　原料は第1工程の始点で投入される。(　)内は加工進捗度を示す。

工程別総合原価計算表　　　　　　　　　　　(単位：円)

	第1工程			第2工程		
	原料費	加工費	合　計	前工程費	加工費	合　計
月初仕掛品原価	115,000	39,000		560,000	115,000	
当月製造費用	2,285,000	1,481,000			1,782,000	
合　　計						
月末仕掛品原価						
完成品総原価						
完成品単位原価						

STEP 2　トレーニング問題

次の資料から，工程別の製造勘定の(　)内に適当な金額を記入しなさい。なお，製品原価の計算は累加法による。また，原価投入合計額を完成品総合原価と月末仕掛品原価とに配分する過程において，第1工程では平均法，第2工程では先入先出法を用いる。(日商2級・第84回修正)

〔資　料〕　生産データ

	第1工程	第2工程
月初仕掛品	200kg (1/2)	300kg (1/3)
当月投入	800kg	700kg
合　　計	1,000kg	1,000kg
月末仕掛品	300kg (1/3)	200kg (1/2)
減　　損	―	100kg
完 成 品	700kg	700kg
合　　計	1,000kg	1,000kg

(注1)　原料はすべて第1工程の始点で投入される。
(注2)　第2工程の終点で減損が発生している。それは通常発生する程度のもの(正常減損)であるので，減損費はすべて完成品に負担させる。
(注3)　(　)内は加工進捗度を示す。

製造-第1工程

月初有高:		次工程振替高:	
原　料　費	20,000	原　料　費	(　　　　　)
加　工　費	25,000	加　工　費	(　　　　　)
小　　　計	(　　　　　)	小　　　計	(　　　　　)
当月製造費用:		月末有高:	
原　料　費	88,000	原　料　費	(　　　　　)
加　工　費	161,000	加　工　費	(　　　　　)
小　　　計	(　　　　　)	小　　　計	(　　　　　)
	(　　　　　)		(　　　　　)

製造-第2工程

月初有高:		当月完成高	
前 工 程 費	104,750	前 工 程 費	(　　　　　)
加　工　費	43,000	加　工　費	(　　　　　)
小　　　計	(　　　　　)	小　　　計	(　　　　　)
当月製造費用:		月末有高:	
前 工 程 費	(　　　　　)	前 工 程 費	(　　　　　)
加　工　費	328,000	加　工　費	(　　　　　)
小　　　計	(　　　　　)	小　　　計	(　　　　　)
	(　　　　　)		(　　　　　)

STEP 3 チャレンジ問題

次の資料に基づいて，全工程を単一工程とみなす非累加法により，工程別総合原価計算表を完成しなさい。

(全経上級・第98回修正)

〔資　料1〕　生産データ

	第1工程	第2工程	第3工程
月初仕掛品	150kg (50%)	210kg (50%)	180kg (50%)
当 月 投 入	1,575kg	1,500kg	1,470kg
合　　計	1,725kg	1,710kg	1,650kg
月末仕掛品	225kg (60%)	240kg (75%)	150kg (40%)
仕　損　品	－	－	100kg
完　成　品	1,500kg	1,470kg	1,400kg

(注)　(　)内は加工進捗度を示す。

〔資 料 2〕 原価データ

(単位：円)

	第1工程	第2工程		第3工程		
	自工程費	第1工程費	自工程費	第1工程費	第2工程費	自工程費
月初仕掛品						
原 料 費	1,425	1,950	—	1,575	—	—
加 工 費	300	750	735	675	1,005	585
当月製造費用						
原 料 費	16,200	—	—	—	—	—
加 工 費	8,400	—	12,900	—	—	10,335

〔資 料 3〕 その他
① 原料はすべて第1工程の始点で投入される。
② 仕損品は第3工程の終点で発生し，その評価額はゼロとする。仕損費は加工費については，工程完成品に，原料費については完成品に負担させる。
③ 期末仕掛品の評価は平均法による。
④ 計算上端数が生じる場合，金額については円未満，単位原価については少数点第2位(銭位)を四捨五入する。

工程別総合原価計算表

	原料費		第1工程加工費		第2工程加工費		第3工程加工費	
	数量	金額	数量	金額	数量	金額	数量	金額
月初仕掛品	kg	円	kg	円	kg	円	kg	円
第1工程								
第2工程								
第3工程								
当月投入								
計								
月末仕掛品								
第1工程								
第2工程								
第3工程								
仕 損 品								
完 成 品								
単位原価	@	円	@	円	@	円	@	円

第15章 総合原価計算(4) —組別総合原価計算—

ポイント

1. **組別総合原価計算**…組別総合原価計算とは，規格や品質の異なる異種の製品を組別に連続して生産する方法に適用される。たとえば，化学品，食品，自動車，光学機器そして家電メーカーなどの製造業で広く用いられる。

2. **組別総合原価計算の計算プロセス**
   (1) 1原価計算期間の製造費用を，各組の製品の製造に直接発生した費用と各組の製品の製造に共通に発生した費用とに分類する。各組の製品の製造に直接発生した費用はとくに組直接費といい，各組の製品の製造に共通に発生した費用を組間接費という。
   (2) 組直接費は各組に賦課する。また，組間接費は一定の適切な配賦基準によって各組に配賦する。
   (3) 各組別に集計したのち，材料費・加工費ごと製造費用に月初仕掛品原価を加え，月末仕掛品原価を計算する。
   (4) 当月総製造費用から月末仕掛品原価を差し引いて，組別完成品原価を算定する。
   (5) 完成品原価を完成品数量で除して，完成品単位原価を算定する。

3. **組別総合原価計算の記帳方法**…組別総合原価計算では，各組ごとに製造勘定と製品勘定を設定する。組直接費は各原価要素の各勘定から各組別の製造勘定に振り替える。組間接費は，まず組間接費勘定に集計し，その後配賦額を各組別の製造勘定に振り替える。勘定図を示せば，以下のようになる。

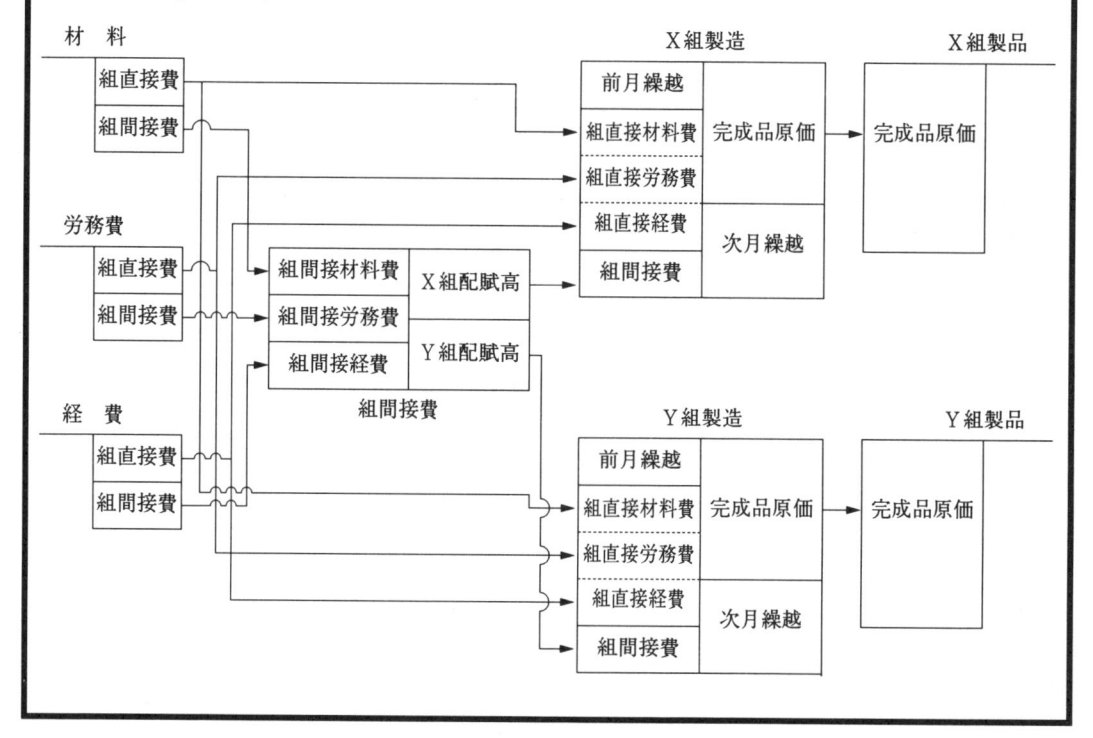

例題

次の文章は『原価計算基準』のうち，組別総合原価計算に関する記述の一部である。
（　）の中にあてはまる語句を記入しなさい。

組別総合原価計算は，（ⓐ）製品を（ⓑ）に連続生産する生産形態に適用する。組別総合原価計算にあっては，一定期間の製造費用を（ⓒ）と（ⓓ）または（ⓔ）と（ⓕ）とに分け，（ⓖ）に準じ，賦課あるいは配賦する。次いで一定期間における組別の製造費用と期首仕掛品原価とを，当期における組別の（ⓗ）とその（ⓘ）とに分割することにより，当期における組別の（ⓙ）を計算し，これを製品単位に均分して（ⓚ）を計算する。

解答

ⓐ異種　ⓑ組別　ⓒ組直接費　ⓓ組間接費　ⓔ原料費　ⓕ加工費　ⓖ個別原価計算　ⓗ完成品
ⓘ期末仕掛品　ⓙ完成品総合原価　ⓚ単位原価

STEP 1　ベーシック問題

次の資料に基づいて，組別総合原価計算表を完成させなさい。

1．各組の製品に関する原価データは，以下のとおりである。

X組製品		Y組製品	
月初仕掛品	60個（1/2）	月初仕掛品	20個（1/2）
当月投入量	240	当月投入量	210
合　計	300個	合　計	230個
月末仕掛品	50　（2/5）	月末仕掛品	40　（1/2）
当月完成品	250個	当月完成品	190個

なお，（　）は，加工費進捗度を示している。

2．組間接費は150,000円で，加工費を基準として配賦すること。
3．直接材料は，すべて工程の始点で投入されている。
4．月末仕掛品の計算は，先入先出法を採用している。

組別総合原価計算表　　　　　　　　　　（単位：円）

	X組製品	Y組製品
月初仕掛品	40,000	16,800
組直接費		
材　料　費	72,000	84,000
加　工　費	60,000	40,000
組間接費		
合　計		
月末仕掛品原価		
完成品総合原価		
完成品数量	個	個
完成品単位原価	@	@

STEP 2 トレーニング問題

次の資料に基づいて，組別総合原価計算表を作成しなさい。なお，組間接費は，直接材料費を基準として配賦する。

〔資　料〕

	A組製品	B組製品
1．月初仕掛品原価		
材　料　費	26,000円	66,000円
加　工　費	96,400円	88,000円
2．月末仕掛品原価	120kg (1/2)	60kg (1/2)
3．当月完成品数量	480kg	300kg

4．材料は，工程の始点ですべて投入されたものとする。なお，月末仕掛品の評価は平均法による。
　なお，（　）は加工費進捗度を示している。

組別総合原価計算表　　　　　　　　　　　　　　　（単位：円）

	A組製品	B組製品	合　計
月初仕掛品原価			
材　料　費			
加　工　費			
組　直　接　費			
材　料　費	158,000	222,000	
労　務　費	199,600	144,400	
経　　　費	60,000	118,000	
組間接費配賦額			304,000
当月製造費用			
合　　　計			
月末仕掛品原価			
材　料　費			
加　工　費			
完成品総合原価			
完成品数量	kg	kg	
完成品単位原価	@	@	

STEP 3 チャレンジ問題

次の資料に基づいて，組別総合原価計算表を完成させなさい。

〔資　料1〕　P組製品に関する事項

(1) 生産データ　　　　　　　　　(2) 原価データ

月初仕掛品	300個 (1/2)	月初仕掛品原価	
当月投入量	1,875	直接材料費	950,000円
合　計	2,175個	加　工　費	506,000円
月末仕掛品	375　(3/5)	当月製造費用	

当月完成品	1,800個	直接材料費	5,430,000円
		加工費	4,600,000円
( )は，加工費進捗度を示している		組間接費	各自計算

〔資料2〕　Q組製品に関する事項

(1) 生産データ

月初仕掛品	225個 (3/5)
当月投入量	1,500
合　計	1,725個
月末仕掛品	350 (2/5)
当月完成品	1,375個

( )は，加工費進捗度を示している

(2) 原価データ

月初仕掛品原価		
直接材料費	675,000円	
加工費	540,000円	
当月製造費用		
直接材料費	4,500,000円	
加工費	4,080,000円	
組間接費	各自計算	

〔資料3〕　P組製品・Q組製品にかかわる事項

(1) 各組の直接作業時間

P組製品	Q組製品
33,000時間	36,000時間

(2) 直接材料については，すべて工程の始点で投入されている。
(3) 組間接費2,760,000円の組別配賦は，直接作業時間を基準として行う。
(4) 月末仕掛品の評価は，P組製品については平均法により，Q組製品については先入先出法による。

組別総合原価計算表　　　　　　　　　　　　　　　（単位：円）

	P組製品	Q組製品	合　計
月初仕掛品原価			
直接材料費			
加工費			
組　直　接　費			
直接材料費			
加工費			
組間接費配賦額			
当期製造費用			
合　計			
月末仕掛品原価			
直接材料費			
加工費			
完成品総合原価			
完成品単位原価	@	@	

第16章 総合原価計算(5) ―等級別総合原価計算と連産品の原価計算―

ポイント

1. **等級別総合原価計算**…同一工程において，同種製品を連続生産するが，その製品形状，大きさ，品位などによって等級に区別する場合に適用する。たとえば，衣類製造業，製材業，食料油製造業などに適用される。等級別原価計算では，同一工程で発生している原価(結合原価)を各等級品に按分するため，等価係数と呼ばれる原価負担の割合を示すデータを用いる必要がある。

   (1) 等価係数…重量，長さ，面積，純分度，熱量，硬度，品質，型など，原価の発生と関連のある等級品間の諸性質を比で表現したもの。
   (2) 等価係数の決め方…次の方法が考えられる。
      ① 各原価要素ごとに，その発生と関連のある等価係数を決定する。
      ② 等級品との関連で共通の発生性質をもつ原価要素群ごとに，等価係数を決定する。
      ③ 上記の①，②のように個別的に適用することはせず，各原価要素(群)の重要性を加味し，総括的に等価係数を決定する。
   (3) 等級別製品原価の計算方法…次の2つの方法が考えられる。
      ① 第1法…製品の完成に到達する前段階では，等級別に総製造費用を区分計算せずに，あたかも単一製品であるかのごとく計算し，完成後に結合原価を等級別に積数比で按分計算する方法。
      ② 第2法…月末仕掛品と完成品に按分する前段階の投入原価(総製造費用)を，積数比であらかじめ等級品別に按分しておき，ついで各等級品ごとに月末仕掛品原価と完成品原価を求める方法。
   (4) 記帳方法…たとえば，上記(3)の①の第1法のみを示すと次のとおりである。

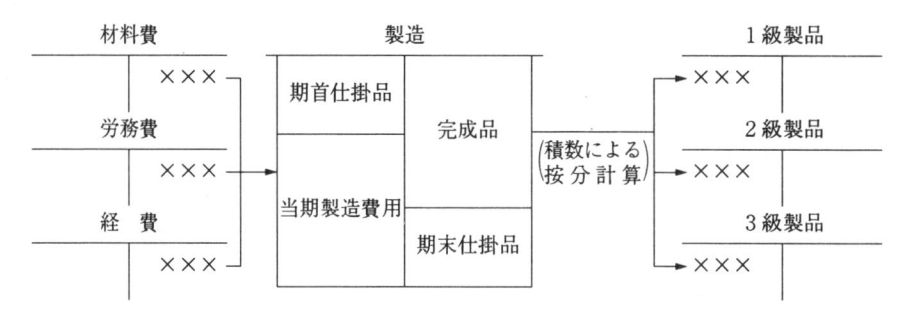

```
材料費              製造                        1級製品
    ×××      期首仕掛品                        →×××
労務費                   完成品                2級製品
    ×××                        (積数による
                                按分計算 )    →×××
経 費          当期製造費用                    3級製品
    ×××          期末仕掛品                  →×××
```

2. **連産品の原価計算**
   (1) 連産品…同一工程において同一原料から生産される異種の製品であって，相互に主副を明確に区別できないものをいう。たとえば，石炭から製造されるガス，コークス，タールなどがあげられる。
   (2) 等級品との違い…互いに異種製品なので，原価の発生と関係のある等価係数を見いだすことができない。そのため，たとえば次に示すような金額で表現される正常市価等を等価係数算定の基礎とする。

① そのまま売却できるもの…見積売却価額
　　② 加工のうえ売却できるもの…見積売却価額－加工費見積額
(3) 連産品原価の計算方法…上記(2)で求めた等価係数に基づき，一期間の総合原価を連産品に按分して計算する。ただし，必要ある場合には，連産品の一種または数種の価額を副産物に準じて計算し，これを一期間の総合原価から控除した額をもって，他の連産品の価額とすることができる。
(4) 記帳方法…等級別総合原価計算に準ずる。

例題

次の資料によって，製造原価報告書および原価計算表を作成し，結合原価を按分したときの仕訳を示しなさい。(日商2級・第44回一部追記)

1．期首および期末有高

	期首	期末
材料棚卸高	¥65,000	¥70,000
労務費未払高	30,000	80,000
経費前払高	5,000	7,000
仕掛品棚卸高	22,000	15,000

2．材料仕入高　　　　　　　　　　¥500,000
3．労務費支払高　　　　　　　　　 350,000
4．経費支払高　　　　　　　　　　 150,000
5．支払経費以外の経費発生高　　　　50,000

製造原価報告書

(1) 材　料　費	¥
(2) 労　務　費	
(3) 経　　　費	
当期総製造費用	¥
（　　　　）	
合　　　計	
（　　　　）	
当期製品製造原価	¥

原　価　計　算　表

項目＼製品名	甲製品	乙製品	合　計
等　価　係　数	3	1	
完　成　数　量	100個	250個	350個
積　　　　　数			
製　造　原　価	¥	¥	¥
単位原価（1個当たり）	¥	¥	

〈仕　訳〉
(借方)　　　　　　　　　　　　　　(貸方)

解　答

製造原価報告書

(1)　材　料　費　　　　¥495,000　← ¥500,000＋¥65,000－¥70,000
(2)　労　務　費　　　　 400,000　← ¥350,000－¥30,000＋¥80,000
(3)　経　　　費　　　　 198,000　← ¥150,000＋¥5,000－¥7,000＋¥50,000
　　当期総製造費用　　¥1,093,000　← ¥495,000＋¥400,000＋¥198,000
　（期首仕掛品棚卸高）　 22,000
　　合　　　計　　　　1,115,000　← ¥1,093,000＋¥22,000
　（期末仕掛品棚卸高）　 15,000
　　当期製品製造原価　¥1,100,000　← ¥1,115,000－¥15,000

原　価　計　算　表

項目＼製品名	甲製品	乙製品	合　計
等　価　係　数	3	1	
完　成　数　量	100個	250個	350個
積　　　　　数	300	250	550
製　造　原　価	¥600,000	¥500,000	¥1,100,000
単位原価（1個当たり）	¥6,000	¥2,000	

甲製品の積数＝3×100個＝300
乙製品の積数＝1×250個＝250
甲製品の製造原価＝¥1,100,000×300÷550＝¥600,000
乙製品の製造原価＝¥1,100,000×250÷550＝¥500,000
甲製品の単位原価＝¥600,000÷100個＝＠¥6,000
乙製品の単位原価＝¥500,000÷250個＝＠¥2,000

〈仕　訳〉
　（借方）　甲製品　　600,000　　（貸方）　製　造　　1,100,000
　　　　　　乙製品　　500,000

STEP 1　ベーシック問題

次の資料によって，下記の連産品の原価按分に関する計算表を作成して，製造勘定とA製品勘定の記入を完成しなさい。(全商1級・第10回)

(1)　完成品製造原価　　¥860,000

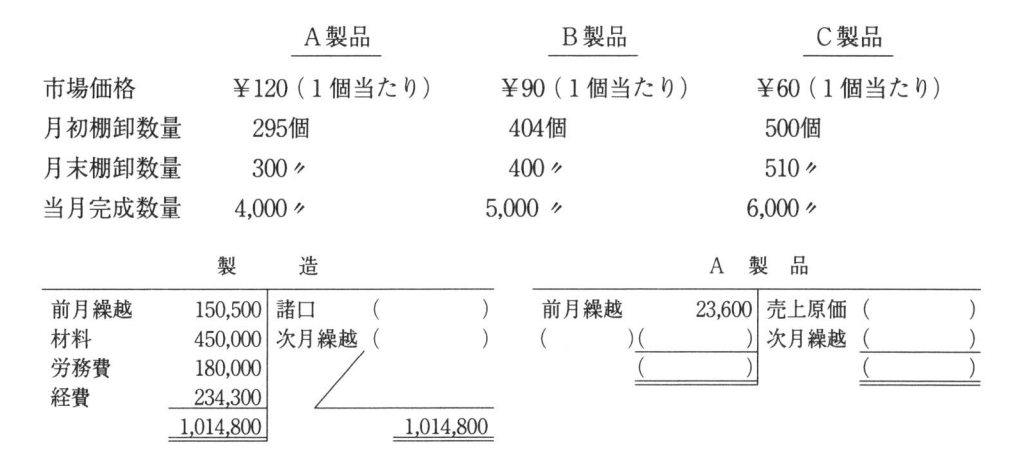

(2)

	A製品	B製品	C製品
市場価格	¥120（1個当たり）	¥90（1個当たり）	¥60（1個当たり）
月初棚卸数量	295個	404個	500個
月末棚卸数量	300〃	400〃	510〃
当月完成数量	4,000〃	5,000〃	6,000〃

製　　造

前月繰越	150,500	諸口	（　　　）
材料	450,000	次月繰越	（　　　）
労務費	180,000		
経費	234,300		
	1,014,800		1,014,800

A　製　品

前月繰越	23,600	売上原価	（　　　）
（　　　）	（　　　）	次月繰越	（　　　）
（　　　）			（　　　）

連産品計算表

製品種類	単位市価	等価係数	完成量	積数	按分原価	単位原価
A製品	¥				¥	¥
B製品						
C製品						

STEP 2　トレーニング問題

次の取引の仕訳をしなさい。（全経上級・第85回）

原料Aを加工して連産品X 75kg, Y 60kgを生産した。他に作業屑が15kg生じた（評価額は1kg当たり¥20,000である）。この生産に要した原料費は¥6,450,000, 分離点までの加工費は¥3,740,000である。分離後の個別加工費は, X製品が1kgあたり¥30,000, Y製品が1kgあたり¥25,000であった。また売価は, X製品が1kgあたり¥90,000, Y製品が1kgあたり¥65,000と見積もられる。

（借方）　　　　　　　　　　　　　　（貸方）

STEP 3　チャレンジ問題

K工場は, 単一工程において, 同種類の製品ではあるが, 大きさの相違によって区別される甲品および乙品を平行的に連続生産している。この工場では, 等級別総合原価計算を採用し, 先入先出法によって各製品の完成品原価と期末仕掛品原価を計算している。等価係数は, 直接材料費と加工費の各別に算定し, 個別的に適用する。当年度の6月における生産および原価関係の資料ならびに当年度に適用される等価係数は次のとおりである。

1．生産関係

製品区分			甲品	乙品
期首仕掛品	数量		400個	300個
	完成品換算率	直接材料費	100%	100%
		加工費	50%	40%
当期完成品数量			2,800個	2,200個
期末仕掛品	数量		300個	200個
	完成品換算率	直接材料費	100%	100%
		加工費	60%	50%

2．原価関係

(1) 期首仕掛品原価

製品区分	甲品	乙品
直接材料費	400,000円	150,000円
加工費	240,000円	108,000円

(2) 当期製造費用

　　直接材料費　4,500,000円
　　加　工　費　7,064,000円

3．等価係数

(1) 直接材料費等価係数
　　　甲品　1.00
　　　乙品　0.50

(2) 加工費等価係数
　　　甲品　1.00
　　　乙品　0.75

問1　甲品，乙品の各別に，直接材料費について，当月における完成品換算生産量(equivalent units of production)を計算し，指定の箇所に記入しなさい。また，余白に計算過程を明記しなさい。

当月完成品換算生産量(直接材料費)	
甲品	個
乙品	個

問2　甲品，乙品の各別に，加工費について，当月における完成品換算生産量を計算し，指定の箇所に記入しなさい。また，余白に計算過程を明記しなさい。

当月完成品換算生産量(加工費)	
甲品	個
乙品	個

問3　甲品，乙品の各別に，当月における完成品の総合原価及び単位原価ならびに期末仕掛品原価を計算しなさい。それぞれの原価は，直接材料費，加工費，合計の別に指定の箇所に記入しなさい。また，余白に計算過程を明記しなさい。(計算上，生ずる円未満の端数は四捨五入すること。)

	甲品			乙品		
	直接材料費	加工費	合　計	直接材料費	加工費	合　計
当期完成品総合原価						
当期完成品単位原価						
期末仕掛品原価						

（会計士2次・昭和50年度）

第17章 標準原価計算(1) —標準原価計算の基礎—

ポイント

1. 標準原価計算の意味と目的

標準原価計算は，達成目的としての「原価の標準」をあらかじめ算定しておき，これをもとに製品原価を予定計算する。そして，後に明らかになる実際原価との差額を計算し，その原価差異の原因分析を行うことによって，主に原価管理に役立てようとするものである。標準原価計算の目的には，次のようなものがある。

標準原価計算の目的

①原価管理目的
　原価能率の尺度を与え，また，原価差異の原因分析を行うことによって，原価管理を効果的に行うための資料を提供すること。
②財務諸表作成目的
　特に，制度としてこれを用い，財務会計の主要帳簿に組み入れることによって，仕掛品，製品などの棚卸資産価額や売上原価の算定の基礎データを提供すること。
③予算管理目的
　予算，特に見積財務諸表の作成に必要な信頼しうる基礎資料を提供すること。
④計算・記帳の簡略化，迅速化目的
　原価要素の投入量や，製品の完成量がわかれば，すぐに製品の標準原価が計算でき，スムーズな記帳ができるようにすること。

---

2. 標準原価の種類

標準原価の種類

①現実的標準原価
　良好な能率のもとにおいて，その達成が期待されうる標準原価をいい，通常の余裕率を含む原価であり，かつ，比較的短期間における経営活動の能率を測定するために設定される。現実的標準原価は，原価管理に最適であり，棚卸資産価額の算定および予算の編成のためにも用いられる。
②正常原価
　経営における異常な状態を排除し，経営活動に関する比較的長期にわたる過去の実際数値を統計的に平準化し，これに将来のすう勢をも加味して決定される。正常原価は，過去の平常値を用いるので，経済状態が安定している場合には，棚卸資産価額や売上原価の算定に最適であり，原価管理にも適する。
③理想標準原価
　技術的には達成可能な最大操業度のもとにおいて，最高能率を表す最低の原価である。　理想標準原価は，余りに厳しすぎるため，動機づけをかえって低下させ妥当な能率尺度にはなりえず，原価管理には適さない。また，棚卸資産価額や売上原価の算定などにも妥当性を欠く。

(注)原価計算基準では，これ以外に「予定原価」をあげているが，これは理論上，上述の標準原価とは区別される。

3. 標準原価計算の基本的な流れ

(1)原価標準の設定…会計期間が始まる前に，原価の目標値である原価標準を設定する。
(2)標準原価と実際原価の計算…1ヶ月の製造活動が終れば，原価標準に1ヶ月の実際生産量を乗じて標準原価を計算する。また，実際にかかった原価である実際原価を計算する。
(3)原価差異の把握…標準原価と実際原価の差額として原価差異を把握する。(総額としての原価差異の把握)
(4)原価差異の原因分析…原価差異が発生した原因を，材料費，労務費，製造間接費ごとにさらに分析し，次期以降の製造活動に役立てる。(原価要素別の詳細な原価差異の原因分析，第18章)

標準原価計算の基本的な流れ

原価標準の設定 → 標準原価と実際原価の計算 → 原価差異の把握 → 原価差異の原因分析

4．原価標準の設定と標準原価カードの作成

(1)原価標準…原価標準とは，「製品1単位当たりの標準原価」である。言い換えれば，製品1単位を生産するために消費されるべき原価の目標値であり，直接材料費，直接労務費，製造間接費のそれぞれについて設定される。なお，原価標準(事前原価)×実際生産量＝標準原価(事後原価)の関係にある。

(2)標準原価カード…原価標準の原価要素別の内訳明細を表示するために，標準原価カードが作成される。

標準原価カード				
直接材料費標準	標準価格 ￥100	標準消費数量	20kg	￥2,000
直接労務費標準	標準賃率 120	標準直接作業時間	15時間	1,800
製造間接費標準	標準配賦率 200	標準配賦基準量	15時間	3,000
製品1単位当たり標準原価				￥6,800

①直接材料費標準(製品1単位当たりの標準直接材料費)
標準価格：材料の予定購入価格で，市場の変動を考慮して設定される。
標準消費数量：効率的な生産を行った場合の製品1単位当たりの消費量。
②直接労務費標準(製品1単位当たりの標準直接労務費)
標準賃率：作業の予定賃率で，賃金の変動を考慮して設定される。
標準直接作業時間：効率的な生産を行った場合の製品1単位当たりの直接作業時間。
③製造間接費標準(製品1単位当たりの標準製造間接費)
製造間接費の設定には，通常，「予算」が用いられる。予算とは原価発生の上限を意味する。
標準配賦率：製造間接費は，通常，予算を用いて設定するが，その場合，まず標準配賦率を求める。

$$標準配賦率＝(年間)製造間接費予算額÷(年間)基準操業度$$

また，製造間接費予算を変動費と固定費に分けて設定する場合には，次のようになる。(変動予算)

$$標準配賦率＝\frac{(年間)変動間接費予算額}{(年間)基準操業度}＋\frac{(年間)固定間接費予算額}{(年間)基準操業度}＝変動費率＋固定費率$$

標準配賦基準量：効率的な生産を行った場合の製品1単位当たりの基準操業度の利用度を意味する。ここでは，効率的な生産を行えば，15時間の基準操業度の利用で抑えられることを意味している。なお，ここでは，基準操業度として直接作業時間を採用しているので，直接労務費の基準に合わせている。

5．標準原価の算定

(1) 当月分(投入分または加工分)の標準原価
① 標準直接材料費 ＝ 製品1単位当たりの標準直接材料費 × 実際投入数量
② 標準直接労務費 ＝ 製品1単位当たりの標準直接労務費 × 完成品に換算した実際加工量
③ 標準製造間接費 ＝ 製品1単位当たりの標準製造間接費 × 完成品に換算した実際加工量

(注)完成品に換算した実際加工量＝実際完成品数量＋実際月末仕掛品完成品換算数量－実際月初仕掛品完成品換算数量

(2)仕掛品の標準原価(月初，月末ともに同じ)
① 標準直接材料費 ＝ 製品1単位当たりの標準直接材料費 × 実際仕掛品数量
② 標準直接労務費 ＝ 製品1単位当たりの標準直接労務費 × 実際仕掛品完成品換算数量
③ 標準製造間接費 ＝ 製品1単位当たりの標準製造間接費 × 実際仕掛品完成品換算数量

(注) 実際仕掛品完成品換算数量＝実際仕掛品数量×加工進捗度(仕上がりの程度)

(3)完成品の標準原価

$\boxed{完成品の標準原価}=\boxed{原価標準合計額}\times\boxed{実際完成品数量}$

例 題

次の原価管理目的に関する原価計算基準の文章の( )の中にあてはまる語を，下の語群から選び，その番号を書き入れなさい。(全経検定)

経営管理者の(ア)に対して，原価管理に必要な(イ)を提供すること。ここに原価管理とは，原価の標準を(ウ)してこれを指示し，原価の(エ)の発生額を計算記録しこれを標準と(オ)して，その差異の(カ)を分析し，これに関する(キ)を経営管理者に報告し，(ク)を増進する措置を講ずることをいう。

1	標準	2	原価能率	3	編成	4	資料	5	財務諸表	6	原因
7	責任者	8	比較	9	実際	10	経営目的	11	設定	12	過程
13	原価資料	14	結果	15	各階層	16	計算				

解 答

ア－15　イ－13　ウ－11　エ－9　オ－8　カ－6　キ－4　ク－2

STEP 1　ベーシック問題

次の資料をもとに(1)標準直接材料費，(2)標準直接労務費，(3)標準製造間接費，標準原価による(4)月初仕掛品原価，(5)月末仕掛品原価，(6)完成品原価を求めよ。

製品A標準原価カード	
直接材料費	¥100／kg×10kg……… ¥1,000
直接労務費	¥300／時×2時間……… ¥ 600
製造間接費	¥150／時×2時間……… ¥ 300

〔当月生産実績〕	
月初仕掛品量	300個 (0.6)
当月投入量	4,500個
投入量合計	4,800個
月末仕掛品量	100個 (0.8)
完成品量	4,700個

・仕掛品の( )内は，加工進捗度を表す。・直接材料は工程始点で全量投入されている。

解答
(1)標準直接材料費＝
(2)標準直接労務費＝
(3)標準製造間接費＝
(4)月初仕掛品原価＝
(5)月末仕掛品原価＝
(6)完成品原価　　＝

STEP 2　トレーニング問題

当社では，X製品を連続生産しており，標準原価計算を採用している。工程始点でA材料を投入し，これに加工を施すが，工程終点においてB材料を取り付けて完成品としている。

以下の資料に基づいて問に答えなさい。

〔資料1：原価標準〕

製品X標準原価カード			
直接材料費			
A材料	¥ 120/kg ×5kg	………	¥ 600/個
B材料	¥ 80/kg ×1kg	………	¥ 80/個
直接労務費	¥ 650/時 ×3時間	………	¥1,950/個
製造間接費	¥ ①/時 × ②時間	………	¥ ③/個
製品1単位当たり標準原価			¥ ④

製造間接費は，各年度ごとに公式法により変動予算を設定して管理している。

変動費率は，¥250/時，年間固定予算は，¥30,000,000であり，直接作業時間を配賦基準としている。なお，基準操業度としては短期予定操業度を採用しており，当年度の見積生産販売量は20,000個であった。また，月間予算及び月間基準操業度は年間の1/12である。

〔資料2：当月の実績生産データ(個)〕

月初仕掛品	当月投入	月末仕掛品
200(0.5)	1,600	300(0.6)

注1：( )内は，加工進捗度を表す。
注2：仕損等は発生していない。

問1　標準原価カードの□の中にあてはまる数値を計算しなさい。
問2　完成品標準原価，月末仕掛品標準原価を求めなさい。

解答
問1　1：□, 2：□, 3：□, 4：□
問2　完成品標準原価：¥□
　　　月末仕掛品標準原価：¥□

STEP 3　チャレンジ問題

A株式会社は，単一工程の工場でX製品を製造し，1個当たり2,500円の価格で販売している。本年12月の〔生産データ〕と〔コスト・データ〕は以下の通りである。これによって標準原価計算による損益計算書を作ることとする。その場合，売上原価の計算は標準原価で行い，原価差異を売上原価に賦課しなさい。その結果，当期営業利益はいくらになるか計算し，その金額を示す番号を一つ選びなさい。

〔生産データ〕

	予算	実績
期首仕掛品・製品	なし	なし
当期着手量	100,000個	80,000個
期末仕掛品(加工進捗度)	なし	6,000個(50%)
販売量(=生産量)	100,000個	74,000個

〔コスト・データ〕

	予算	実績
変動製造直接費		
直接材料費	60,000,000円	63,400,000円
直接労務費	25,000,000円	28,000,000円
変動製造間接費	40,000,000円	38,000,000円
固定製造間接費	35,000,000円	36,400,000円
販売費・一般管理費	20,000,000円	22,000,000円

なお，直接材料は工程始点で投入されるものとする。加工処理は当工場での生産過程を通じて一様に行われるものとする。減損や仕損などによる数量減少はないものとする。

1. 3,650,000円　　2. 3,700,000円　　3. 3,740,000円　　4. 3,800,000円　　5. 3,850,000円

解答：□

(会計士2次短答式・平成14年)

第18章 標準原価計算(2) —標準原価差異分析—

ポイント

1. **標準原価差異**…標準原価差異とは，実際原価計算で算出した実際原価と，標準原価計算によって算出された標準原価との差額をいう。標準原価差異分析は，標準原価差異を原価要素別に分析することであり，それは直接材料費差異，直接労務費差異，製造間接費差異に細分して分析される必要がある。

2. **直接材料費差異分析**

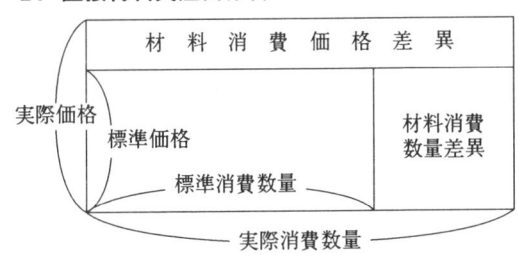

   ・材料消費価格差異
    ＝(標準価格－実際価格)×実際消費数量

   ・材料消費数量差異
    ＝(標準消費数量－実際消費数量)×標準価格

3. **直接労務費差異分析**

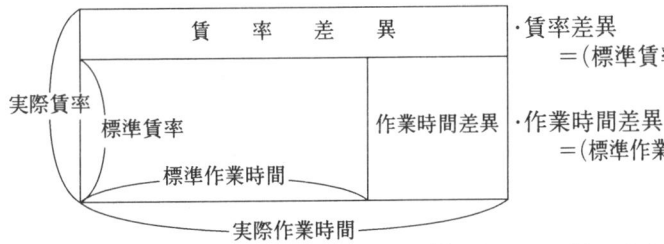

   ・賃率差異
    ＝(標準賃率－実際賃率)×実際作業時間

   ・作業時間差異
    ＝(標準作業時間－実際作業時間)×標準賃率

4. **製造間接費差異分析**…分析方法には様々あるが，以下は変動予算(公式法)を用いた４分法によるものである。

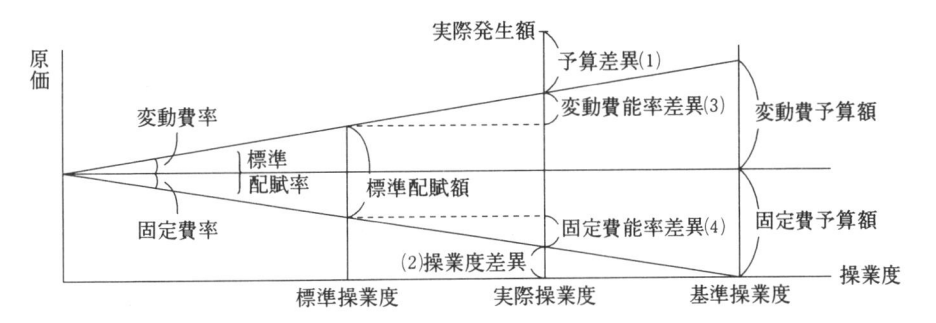

   (1) 予 算 差 異＝実際操業度における製造間接費予算額－製造間接費実際発生額
     ↳ (変動費率×実際操業度)＋固定費予算額
   (2) 操 業 度 差 異＝固定費率×(実際操業度－基準操業度)
   (3) 変動費能率差異＝変動費率×(標準操業度－実際操業度)
   (4) 固定費能率差異＝固定費率×(標準操業度－実際操業度)

5. 原価差異の有利・不利

原価差異 ─→ 実際原価＞標準原価の場合→不利差異(借方差異)
　　　　 └→ 実際原価＜標準原価の場合→有利差異(貸方差異)

6. 原価差異の会計処理

『原価計算基準』によれば，以下のように処理する。
① 原則…当年度の売上原価に賦課(ただし，材料受入価格差異は除く)。
② 材料受入価格差異…当年度の材料の払出高と期末有高に配賦。
③ 標準価格等が不適当な(多額の原価差異が生じるような)ケース
　(a)個別原価計算～当年度の売上原価と期末棚卸資産に指図書別あるいは科目別に配賦。
　(b)総合原価計算～当年度の売上原価と期末棚卸資産に科目別に配賦。
④ 数量差異・作業時間差異・能率差異等で異常なもの…非原価項目

例題

次の文章は『原価計算基準』のうち，原価差異の算定および分析に関する記述の一部である。( )の中にあてはまる語句を記入しなさい。

1．原価差異とは，実際原価計算制度において，原価の一部を(ⓐ)等をもって計算した場合における原価と(ⓑ)との間に生ずる差額，ならびに標準原価計算制度において，(ⓒ)と(ⓓ)との間に生ずる差額(これを「(ⓔ)」と名付けることがある。)をいう。原価差異が生ずる場合には，その大きさを算定記録し，これを分析する。その目的は原価差異を(ⓕ)上適正に処理して製品原価および損益を確定するとともに，その分析結果を各階層の経営管理者に提供することによって，(ⓖ)に資することにある。
2．標準原価計算制度における原価差異の処理は，次の方法による。
 (1) (ⓗ)差異，(ⓘ)差異，(ⓙ)差異等であって異常な状態に基づくと認められるものは，これを(ⓚ)として処理する。
 (2) 前期1の場合を除き，原価差異はすべて(ⓛ)における処理の方法に準じて処理する。

解答

ⓐ予定価格　ⓑ実際発生額　ⓒ標準原価　ⓓ実際発生額　ⓔ標準差異　ⓕ財務会計　ⓖ原価の管理
ⓗ数量　ⓘ作業時間　ⓙ能率　ⓚ非原価項目　ⓛ実際原価計算制度

STEP 1　ベーシック問題

当社工場は，単一種類の製品を生産し、標準原価計算制度を採用している。次の資料に基づいて，各問に答えなさい。

〔資　料〕
1．原価標準に関するデータ
　　　直接材料費…標準単価　1,800円，単位標準消費量　15kg
　　　直接労務費…標準賃率　2,200円，単位標準直接作業時間　8時間
2．当月の実績に関するデータ
　　　当月完成品…450個
　　　月末仕掛品…120個(直接材料費は工程の始点より投入，加工費進捗度　40%)
　　　直接材料費…実際価格　1,820円　実際消費量　8,600kg
　　　直接労務費…実際賃率　2,150円，実際直接作業時間　3,980時間

問1	直接材料費差異はいくらですか。	＿＿＿＿＿＿＿＿円
問2	直接材料費価格差異はいくらですか。	＿＿＿＿＿＿＿＿円
問3	直接材料費数量差異はいくらですか。	＿＿＿＿＿＿＿＿円
問4	直接労務費差異はいくらですか。	＿＿＿＿＿＿＿＿円
問5	直接労務費賃率差異はいくらですか。	＿＿＿＿＿＿＿＿円
問6	直接労務費時間差異はいくらですか。	＿＿＿＿＿＿＿＿円

STEP 2　トレーニング問題

当社工場では，原材料R，Tを用いてQ製品を生産している。次の資料に基づいて，①価格差異，②配合差異および③歩留差異を求めなさい。

〔資　料〕
1．当月の生産量は，合計2,000kgである。
2．標準製品原価に関するデータ(製品10kg当たり)

原材料	価格	数量	金額
R	6,000円	8 kg	48,000円
T	4,200円	4 kg	16,800円

3．当月の原材料実際消費価格および消費量に関するデータ

原材料	価格	数量	金額
R	5,400円	2,000kg	10,800,000円
T	4,400円	640kg	2,816,000円

①価格差異　　　　　　円　　②配合差異　　　　　　円　　③歩留差異　　　　　　円

STEP 3 チャレンジ問題

当社工場では，標準原価計算制度を採用している。次の資料に基づいて，解答欄の各差異を計算するとともに有利差異・不利差異のいずれになるかも答えなさい。

〔資 料〕
1．標準原価カード

直接材料費	標準単価	標準消費量	金額
	1,000円/kg	30kg	30,000円
直接労務費	標準賃率	標準作業時間	金額
	10,000円/時	4時間	40,000円
製造間接費	標準配賦率	標準作業時間	金額
	6,000円/時	4時間	24,000円

2．製造間接費変動予算

　　変動費率　　2,000円/時　　　　固定費(月額)　　16,800,000円
　　固定費率　　4,000円/時　　　　基準操業度(月間)　　4,200時間

3．当月の生産実績に関するデータ

　　月初仕掛品　　　　300個（1/2）
　　当月投入量　　　　900
　　　合　　計　　　1,200個
　　月末仕掛品　　　　100　（1/2）
　　当月完成品　　　1,100個

なお，直接材料はすべて工程の始点で投入している。また，（　）は，加工費進捗度を示している。

4．実際原価に関するデータ

　　直接材料費…実際単価　　980円，実際消費量　27,030kg
　　直接労務費…実際賃率　10,100円，実際作業時間　4,050時間
　　製造間接費…25,003,000円

5．製造間接費の差異は，変動予算を用いて4分法で分析している。

①予　算　差　異　　　　　　円（　　　　　）差異
②操 業 度 差 異　　　　　　円（　　　　　）差異
③変動費能率差異　　　　　　円（　　　　　）差異
④固定費能率差異　　　　　　円（　　　　　）差異

第19章 標準原価計算(3) ―パーシャル・プランとシングル・プラン―

ポイント

1. 標準原価計算の勘定記入（製造勘定への記帳）…標準原価計算では，製造勘定に記帳する方法として，(1)当月製造費用を実際原価で記帳する方法(パーシャル・プラン)と，(2)当月製造費用を標準原価で記帳する方法(シングル・プラン)の２つがある。

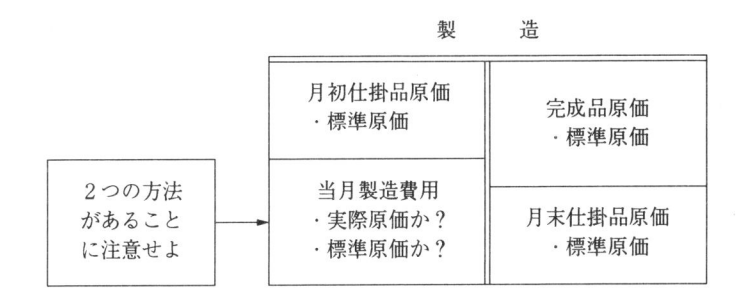

	製　造	
	月初仕掛品原価 ・標準原価	完成品原価 ・標準原価
２つの方法 があること に注意せよ →	当月製造費用 ・実際原価か？ ・標準原価か？	月末仕掛品原価 ・標準原価

2. 当月製造費用を実際原価で記帳する方法（パーシャル・プラン）…当月製造費用を実際原価で記帳する方法のことをパーシャル・プランという。パーシャル・プランでは，原価差異は製品の完成時点で認識され，有利差異の場合は製造勘定の借方，不利差異の場合は貸方に記帳される。不利差異が生じた場合を想定して，各勘定の関係を示せば，次のようになる。

材　料		製　造		製　品
実際直接 材料費	→	前月繰越(標準)	完成品原価 (標準)	→	完成品原価 (標準)
		実際直接材料費		

賃　金				原価差異
実際直接 労務費	→	実際直接労務費	直接材料費差異		不利差異 (借方差異)
			直接労務費差異	

製造間接費				
実際製造 間接費	→	実際製造間接費	製造間接費差異	
			次月繰越(標準)	

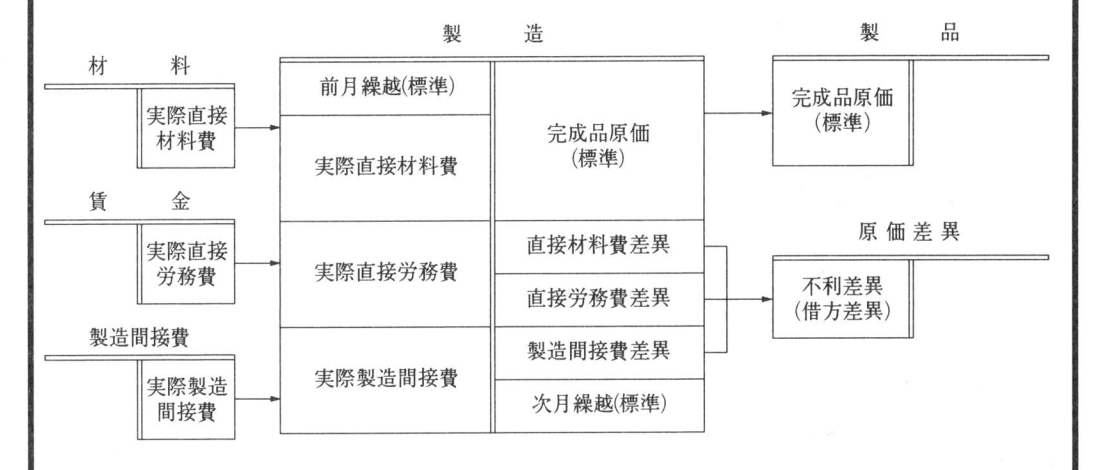

3. 当月製造費用を標準原価で記帳する方法（シングル・プラン）…当月製造費用を標準原価で記帳する方法のことをシングル・プランという。シングル・プランでは，原価差異は原材料等の投入時点で認識され，有利差異の場合は各費目別勘定の借方，不利差異の場合は貸方に記帳される。不利差異が生じた場合を想定して，各勘定の関係を示せば，次のようになる。

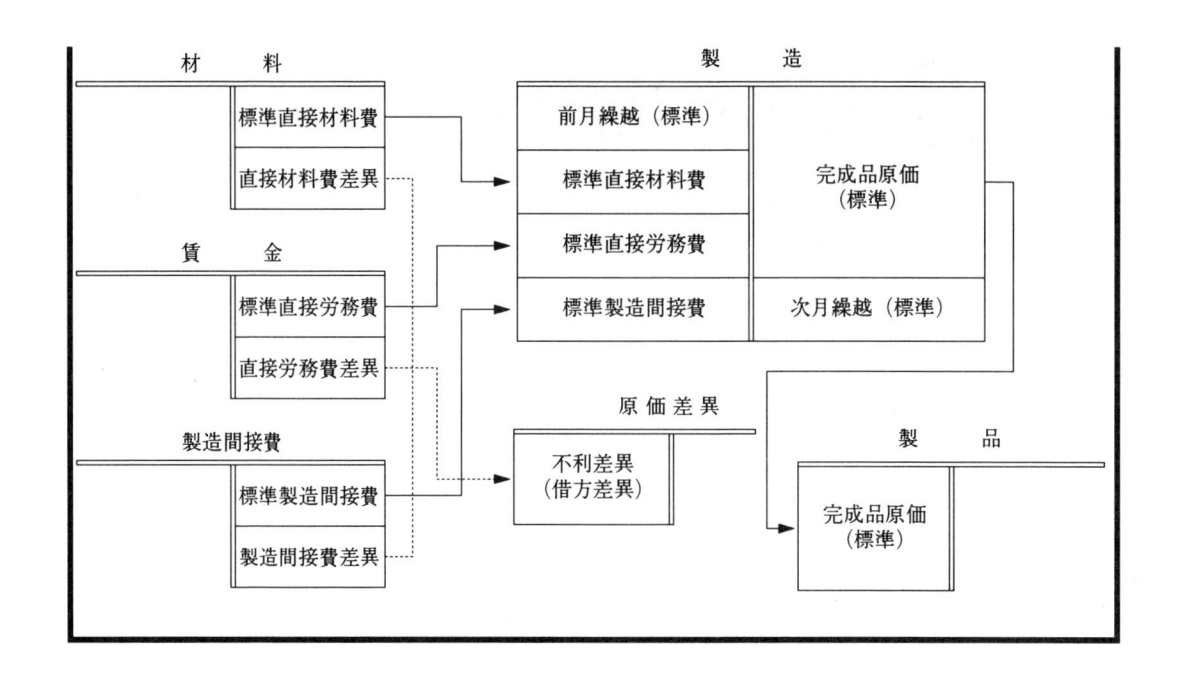

```
       材        料                              製        造
    ┌──────────────────┐              ┌──────────────────────────────┐
    │ 標準直接材料費 ──┼──────┐       │ 前月繰越(標準)  │           │
    ├──────────────────┤      │       ├────────────────┤ 完成品原価 │
    │ 直接材料費差異   │      └──────▶│ 標準直接材料費 │  (標準)    │
    └──────────────────┘              ├────────────────┤            │
       賃        金                    │ 標準直接労務費 ├────────────┤
    ┌──────────────────┐      ┌──────▶├────────────────┤ 次月繰越   │
    │ 標準直接労務費 ──┼──────┘       │ 標準製造間接費 │  (標準)    │
    ├──────────────────┤              └──────────────────────────────┘
    │ 直接労務費差異   │                        原 価 差 異
    └──────────────────┘              ┌──────────────────┐
       製造間接費                      │ 不利差異         │        製      品
    ┌──────────────────┐              │ (借方差異)       │  ┌──────────────────┐
    │ 標準製造間接費 ──┼──────┐       └──────────────────┘  │ 完成品原価       │
    ├──────────────────┤      └────────────────────────────▶│  (標準)          │
    │ 製造間接費差異   │                                    └──────────────────┘
    └──────────────────┘
```

例 題

当社の当月における標準製造間接費は¥250,000, 実際製造間接費は¥275,000である。月初仕掛品および月末仕掛品はないものとして, (1)シングル・プラン, (2)パーシャル・プランにより勘定記入を行いなさい。

(1) シングル・プラン

製造間接費		製　造	
諸　口		諸　口　1,500,000	
製造間接費配賦差異			

(2) パーシャル・プラン

製造間接費		製　造	
諸　口		諸　口　1,500,000	
製造間接費配賦差異			

解　答

(1) シングル・プラン

	製造間接費		
諸　　口	275,000	製　　造	250,000
		製造間接費配賦差異	25,000

	製　　造		
諸　　口	1,500,000	諸　　口	1,750,000
製造間接費	250,000		

	製造間接費配賦差異		
製造間接費	25,000		

(2) パーシャル・プラン

	製造間接費		
諸　　口	275,000	製　　造	275,000

	製　　造		
諸　　口	1,500,000	製　　品	1,750,000
製造間接費	275,000	製造間接費配賦差異	25,000

	製造間接費配賦差異		
製　　造	25,000		

STEP 1　ベーシック問題

下記の資料に基づいて，製造勘定への記入をパーシャル・プランで行いなさい。

(全経1級・第117回修正)

〔資　料〕
1．製品1個あたりの標準直接材料費　0.5kg×¥180＝¥90
　　材料は始点ですべて投入される
2．当月の実際直接材料費は¥713,440，実際直接材料消費量は3,920kgである。
3．生産データは次のとおりである。
　　月初仕掛品　　　　350個（仕上り程度　40％）
　　月末仕掛品　　　　480個（仕上り程度　50％）
　　完　成　品　　　7,630個

	製	造	
前月繰越	(　　　　)	製　品	(　　　　)
材　料	(　　　　)	価格差異	(　　　　)
		数量差異	(　　　　)
		次月繰越	(　　　　)
	(　　　　)		(　　　　)

STEP 2 トレーニング問題

下記の資料に基づいて，以下の設問に答えなさい。(全経1級・第123回修正)

〔資　料〕
1．製品1個あたりの標準直接作業時間　2時間
2．標準賃率　1時間あたり￥1,650
3．当月実際直接作業時間　5,220時間
4．当月実際直接労務費　￥8,633,880
5．生産データは次のとおりである。
　　月初仕掛品　なし
　　月末仕掛品　250個(仕上り程度　80%)
　　当月完成品　2,400個
6．月初・月末に未払賃金はない。

(1) 次の金額を計算しなさい。なお，差異は借方差異・貸方差異の別を(　)内に示すこと。

完成品の標準直接労務費	￥7,920,000	
月末仕掛品の標準直接労務費	￥660,000	
賃　率　差　異	￥20,880	(借方差異)
作　業　時　間　差　異	￥33,000	(借方差異)

計算
- 標準原価 @¥1,650 × 2時間 = ¥3,300/個
- 完成品：2,400個 × ¥3,300 = ¥7,920,000
- 月末仕掛品：250個 × 80% × ¥3,300 = ¥660,000
- 標準作業時間：(2,400 + 200) × 2 = 5,200時間
- 賃率差異：(¥1,650 − ¥8,633,880 ÷ 5,220時間) × 5,220時間 = −¥20,880 (借方)
- 作業時間差異：¥1,650 × (5,200 − 5,220) = −¥33,000 (借方)

(2) パーシャル・プラン

賃金・給料

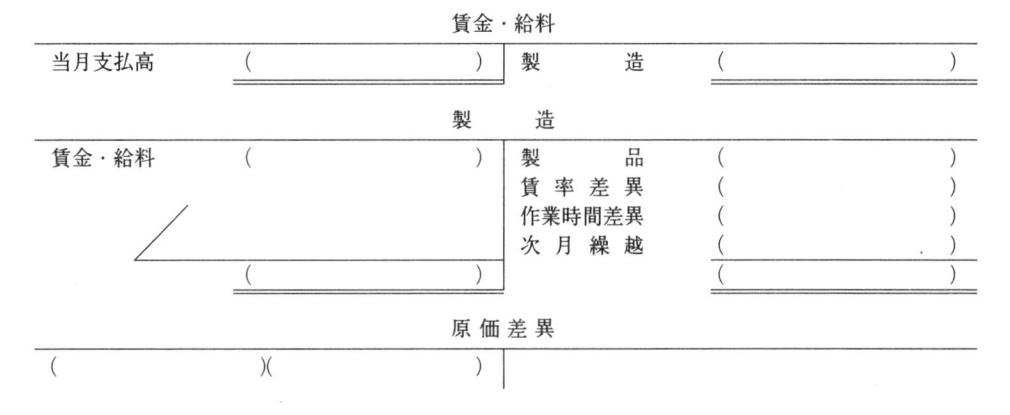

借方	金額	貸方	金額
当月支払高	8,633,880	製　造	8,633,880

製　造

借方	金額	貸方	金額
賃金・給料	8,633,880	製　品	7,920,000
		賃率差異	20,880
		作業時間差異	33,000
		次月繰越	660,000
	8,633,880		8,633,880

原価差異

借方	金額	貸方	金額
賃率差異	20,880		
作業時間差異	33,000		

(3) シングル・プラン

賃金・給料

借方	金額	貸方	金額
当月支払高	8,633,880	製　造	8,580,000
		賃率差異	20,880
		作業時間差異	33,000
	8,633,880		8,633,880

製　造

借方	金額	貸方	金額
賃金・給料	8,580,000	製　品	7,920,000
		次月繰越	660,000
	8,580,000		8,580,000

原価差異

借方	金額	貸方	金額
賃率差異	20,880		
作業時間差異	33,000		

STEP 3 チャレンジ問題

当月の製造に関するデータをもとにして，下記の勘定の(　)内に適切な科目または金額を記入しなさい。なお，勘定記入は(1)シングル・プラン，(2)パーシャル・プランで行う。(日商2級・第73回修正)

1. 製品1台あたり原価の標準

直接材料費	1キロ	@100	100円（加工の進行に伴い順次投入）
直接労務費	2時間	@100	200円
間接費配賦額	2時間	@150	300円
			600円

2. 製造に関するデータ：(　)内は加工の進捗度を示す。

　月初仕掛品　　　　10台　(1/2)
　月間完成　　　　　500台
　月末仕掛品　　　　20台　(1/2)

3. 実際原価に関するデータ：前月繰越および次月繰越はないものとする。

　直接材料投入額　　51,200円
　直接賃金消費額　　100,400円
　製造間接費実際発生額　152,000円

(1) シングル・プラン

材　料

諸　口	(51,200)	(製　造)	(50,500)
		(原価差異)	(700)

賃　金

諸　口	(100,400)	(製　造)	(101,000)
(原価差異)	(600)		

製造間接費

諸　口	(152,000)	(製　造)	(151,500)
		(原価差異)	(500)

製　造

(前月繰越)	(3,000)	(製　品)	(300,000)
(材　料)	(50,500)	(次月繰越)	(6,000)
(賃　金)	(101,000)		
(製造間接費)	(151,500)		

原価差異

(材　料)	(700)	(賃　金)	(600)
(製造間接費)	(500)		

(2) パーシャルプラン

製　造

(前月繰越)	(3,000)	(製　品)	(300,000)
(材　料)	(51,200)	(次月繰越)	(6,000)
(賃　金)	(100,400)	(原価差異)	(600)
(製造間接費)	(152,000)		

原価差異

(製　造)	(600)		

第20章 標準原価計算(4) ―配合差異と歩留差異―

ポイント

1．配合差異と歩留差異

(1) 材料消費量差異の細分化…紡績，ゴム，化学薬品などの製造業では，材料消費量差異は，たとえば次のような条件の下で，配合差異と歩留差異に細分計算される。

① 特定の製品が2種類以上の原料の配合で生産されること。
② 何らかの理由で配合される原料間に代替関係が生じていること。
③ 製品と原料との物量単位が共通の尺度で測定されていること。
④ 技術的テストによって，製品1単位当りに必要な各種原料の標準投入量とその標準配合比が，あらかじめ定められていること。
⑤ 製品品質に影響がない範囲で，実際配合割合が標準配合割合と異なること。

(2) 配合差異…上記の条件に基づき，各原料ごとに次の算式で求める。

　配合差異＝標準価格×(実際投入量合計×標準配合割合－実際投入量)

　(注) 実際投入量合計とは，すべての原料の実際投入量を合計したものである。

(3) 歩留差異…上記の条件に基づき，各原料ごとに次の算式で求める。

　歩留差異＝標準価格×標準配合割合×(標準投入量合計－実際投入量合計)

　(注) 標準投入量合計＝実際産出量÷標準歩留率

例題

次の資料により，原料の(1)価格差異，(2)配合差異，(3)歩留差異を計算しなさい。ただし，原料は工程の視点で投入される。(全経上級・第89回)

1．A製品の標準原価データ

	数量	標準価格	標準原料費
甲原料	6g	@140円	840円
乙原料	3	@160円	480円
丙原料	1	@640円	640円
計	10g		1,960円
歩減	2		
完成	8g		

2．A製品の当月生産データ

月初仕掛品		40g
当月投入		
甲原料	305g	
乙原料	165	
丙原料	50	520
計		560g
歩減		106
差引		454g
月末仕掛品		54
完成品		400g

3．当月の原料の実際価格

　甲原料　　@152円
　乙原料　　@144円
　丙原料　　@660円　　(注) 月初仕掛品は当月の歩減に関係ないものとする。

解 答

(1) 甲の価格差異＝(@140円－@152円)×305g＝△3,660円(不利)
　　乙の価格差異＝(@160円－@144円)×165g＝　2,640円(有利)
　　丙の価格差異＝(@640円－@660円)× 50g＝△1,000円(不利)
　　　　　　　　　　　　　　　　　　　　　　　△2,020円(不利)

(2) 甲の配合差異＝@140円×(520g×6g/10g－305kg)＝　　980円(有利)
　　乙の配合差異＝@160円×(520g×3g/10g－165kg)＝△1,440円(不利)
　　丙の配合差異＝@640円×(520g×1g/10g－ 50kg)＝　1,280円(有利)
　　　　　　　　　　　　　　　　　　　　　　　　　820円(有利)

(3) 甲の歩留差異＝@140円×(6g/10g)×({454g－40g}×10g/8g－520g)＝△210円(不利)
　　乙の歩留差異＝@160円×(3g/10g)×({454g－40g}×10g/8g－520g)＝△120円(不利)
　　丙の歩留差異＝@640円×(1g/10g)×({454g－40g}×10g/8g－520g)＝△160円(不利)
　　　　　　　　　　　　　　　　　　　　　　歩留差異合計　△490円(不利)

STEP 1　ベーシック問題

次の資料に基づき，原料別に配合差異と歩留差異を計算しなさい。

1．製品8kg当りの各原料の原価標準
　　A原料　6kg　@¥400　¥2,400
　　B原料　4kg　@¥300　¥1,200
2．原料は工程の始点で投入される。
3．月初および月末の仕掛品はなかった。

4．原料の実際投入量
　　A原料　　　　20,000kg
　　B原料　　　　10,000kg
5．工程の終点で6,500kgの歩減が生じた。

A原料の配合差異＝

B原料の配合差異＝

A原料の歩留差異＝

B原料の歩留差異＝

STEP 2　トレーニング問題

　製品Mを製造・販売する当社は，全部標準原価計算を採用している。当社では，原料はすべて掛で仕入れしている。原料を掛で仕入れたとき，標準単価で原料勘定に借記し，原料受入価格差異を算出している。また原料を出庫し，仕掛品－原料費勘定に借記するときに，原料配合差異を算出し，仕掛品原価－原料費勘定から製品勘定へ完成品の標準原料費を振り替えるときには，原料歩留差異を算出している。

　そこで次に示す当月の資料に基づき，当月の原料仕入額，原料受入価格差異，原料出庫額，原料配合差異，原料歩留差異，当月完成品標準原料費をそれぞれ計算し，計算した結果を解答用紙における原価計算諸勘定の(　　)内に記入しなさい。(日商1級・第72回)

〔当月の資料〕
1．製品Mの原料費標準
　製品M8kgを生産するに必要な原料の種類とそれらの標準配合割合は，下記のとおりである。これらは，先月の原料費標準と等しい。

原料種類	標準消費量	標準単価	標準原料費
P	5kg	80円／kg	400円
Q	3kg	60円／kg	180円
R	2kg	30円／kg	60円
投入原料合計	10kg		640円

2．当月の原料記録

原料種類	期首在庫量	当月購入量	期末在庫量	実際購入単価
P	360kg	25,000kg	510kg	81円／kg
Q	220kg	16,300kg	320kg	58円／kg
R	114kg	10,300kg	230kg	32円／kg

　（注）先月と当月において実際購入単価に変動はなかった。したがって先月および当月の実際購入単価はそのまま当月の実際消費単価として使用できる。

3．当月製品Mの実際生産量は，40,000kgであった。
4．当社では，月末に仕掛品は残らぬように生産しているので，月初および月末仕掛品はない。
5．解答用紙における原価計算関係諸勘定では，上記計算条件のなかで明示されて原料月初有高を除き，前月よりの繰越高の記入は，すべて省略されている。
　（注）計算過程を明示すること。

〔注　意〕
　下記の原価計算関係諸勘定の（　）内に計算した数値を円単位で記入しなさい。ただし原料受入価格差異勘定，原料配合差異勘定および原料歩留差異勘定には，（　）が借方と貸方の両方に印刷されているが，計算した数値は，借方または貸方のどちらかに判断して記入しなさい。

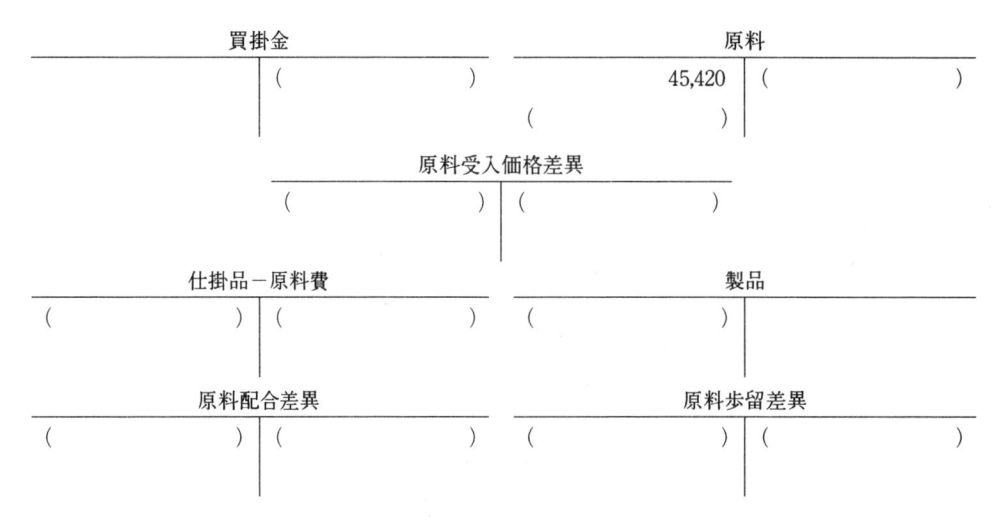

買掛金		原料	
	(　　　)	45,420	(　　　)
	(　　　)		

原料受入価格差異	
(　　　)	(　　　)

仕掛品－原料費		製品	
(　　　)	(　　　)	(　　　)	

原料配合差異		原料歩留差異	
(　　　)	(　　　)	(　　　)	(　　　)

〔計算過程〕

STEP 3 チャレンジ問題

次の(1)から(3)までの資料により，(a)原料の価格差異，(b)配合差異および(C)歩留差異を計算しなさい。原料価格差異は原料仕入時に把握されるものとする(会計士2次・昭和40年度)

(1) 甲製品標準原価カードの一部

	数　量	標準単価	標準原料費
S 原 料	8kg	@25円	200円
T 原 料	2	@40円	80
U 原 料	2	@10円	20
計	12kg		300円
歩　減	2		—
完 成 量	10kg		300円

(2) 甲製品当月生産データ

月初仕掛量(原料100%負担)		20,000kg
当月原料投入量		
S 原 料	157,000kg	
T 原 料	38,000	
U 原 料	36,000	231,000
計		251,000kg
歩　減		26,000
差　引		225,000kg
月末仕掛量(原料100%負担)		25,000
当月完成量		200,000kg

(注) 仕掛品はすでに歩減の発生する工程を経過した状態にあり，したがって月初仕掛品は当月の歩減に関係なしとして歩留差異を計算する。

(3) 当月原料仕入

	数　量	実際仕入原価
S 原 料	162,000kg	3,888,000円
T 原 料	32,000	1,344,000
U 原 料	31,000	341,000
計	225,000kg	5,573,000円

(a)　S原料の価格差異＝

　　　T原料の価格差異＝

　　　U原料の価格差異＝

(b)　S原料の配合差異＝

　　　T原料の配合差異＝

　　　U原料の配合差異＝

(c)　S原料の歩留差異＝

　　　T原料の歩留差異＝

　　　U原料の歩留差異＝

第21章 直接原価計算(1) ──直接原価計算と全部原価計算──

ポイント

1. **直接原価計算**…原価を生産量ないし販売量(これらをあわせて営業量という)との関係で変動費と固定費とに分け，製品原価を変動費だけで算定し，固定費は期間原価として，その総額を発生期間の収益に対応させる計算方法である。

   変動費は営業量(操業度)の増減に比例して増減する原価であり，固定費は営業量(操業度)が増減しても変化しない原価をいう。これらの性質の異なる原価を区分する直接原価計算方式の損益計算には，次のようなメリットがある。

   (1) 販売価格と製品単位当り変動費が一定ならば，売上高から変動費総額を差し引いた残りの利益(これを限界利益ないしは貢献利益という)も売上高に比例しており，この性質を利益計画のための有用な情報として活用できる。

   (2) (1)で計算した限界利益の固定費に対する大きさをみることによって，製品の原価回収能力や収益力を知ることができる。

   (3) 固定製造原価の占める割合が比較的大きい企業ほど，売れなくてもつくれば利益がでる制度的な(全部原価計算による)期間損益計算の矛盾を克服する。

2. **直接原価計算と全部原価計算**…直接原価計算では，固定製造原価は仕掛品や製品および売上原価には算入されず，期間費用として当期の収益から一括控除される。これに対し，全部原価計算では，固定製造原価は仕掛品や製品および売上原価にも算入される。そのため，両者の営業利益の差には次のような関係がある。

   (1) 期首仕掛品・製品に含まれる固定費＞期末仕掛品・製品に含まれる固定費のとき
      …この差だけ直接原価計算の方が営業利益が大きい。

   (2) 期首仕掛品・製品に含まれる固定費＜期末仕掛品・製品に含まれる固定費のとき
      …この差だけ全部原価計算の方が営業利益が大きい。

   (3) 期首仕掛品・製品に含まれる固定費＝期末仕掛品・製品に含まれる固定費のとき
      …両者の営業利益の金額は一致する。

3. **直接原価計算による損益計算書**…次頁の全部原価計算による損益計算書と対比すると次のとおりである。

直接原価計算による損益計算書

Ⅰ	売　上　高	×××	固定販売費および一般管理費 ×××	×××
Ⅱ	変動売上原価	×××	営　業　利　益	×××
	変動製造マージン(または限界総利益)	×××		
Ⅲ	変動販売費および一般管理費	×××		
	限　界　利　益(または貢献利益)	×××		
Ⅳ	固　定　費			
	固定製造原価	×××		

> 直接原価計算による損益計算の基本公式は，次のとおりである。
> **売上高－変動費＝限界利益**
> **限界利益－固定費＝営業利益**
> (変動費＝変動売上原価＋変動販売費及び一般管理費)
> (固定費＝固定製造原価＋固定販売費及び一般管理費)

全部原価計算による損益計算書

Ⅰ　売　上　高　　　　　×××
Ⅱ　売　上　原　価　　　×××
　　売上総利益　　　　　×××
Ⅲ　販売費および一般管理費　×××
　　営　業　利　益　　　×××

全部原価計算による損益計算の基本公式は次のとおりである。
売上高－売上原価＝売上総利益
売上総利益－販売費および一般管理費
**　＝営業利益**

例題

次の資料に基づいて，(1)全部原価計算方式と，(2)直接原価計算方式による損益計算書を作成しなさい。

1．生産に関するデータ
　　仕掛品は，月初・月末ともになかった。
　　月初製品在庫量　　　3,000個
　　当月製品完成量　　　12,000個
　　当月製品販売量　　　10,000個
ただし，製品の庫出単価の計算は後入先出法による。

2．当月製造単価
　　材料費(変動費)　　　¥1,200
　　変動加工費　　　　　　400
　　固定加工費　　　　　　160
　　合　計　　　　　　¥1,760

3．1個当りの販売価格　　　¥3,000

4．販売費および一般管理費
　　変動販売費　製品1個当り　¥100
　　固定販売費および一般管理費　月額　¥60,000

5．月初製品の中に含まれる固定加工費は
　　¥162×3,000個＝¥486,000であったとする。

(1)　全部原価計算方式
　　　　損益計算書
Ⅰ　売上高　　　　　　　（　　　）
Ⅱ　売上原価　　　　　　（　　　）
　　売上総利益　　　　　（　　　）
Ⅲ　販売費及び一般管理費（　　　）
　　営業利益　　　　　　（　　　）

(2)　直接原価計算方式
　　　　損益計算書
Ⅰ　売上高　　　　　　　（　　　）
Ⅱ　変動費　　　　　　　（　　　）
　　限界利益　　　　　　（　　　）
Ⅲ　固定費　　　　　　　（　　　）
　　営業利益　　　　　　（　　　）

解答

当月投入量(加工量)＝当月製品完成量＝12,000個
月末製品在庫量＝月初製品在庫量＋当月製品完成量－当月製品販売量＝5,000個

(1) 全部原価計算方式

損 益 計 算 書

Ⅰ 売上高　　　販売価格×販売量　　　　　　　　　¥3,000×10,000個＝¥30,000,000
Ⅱ 売上原価　　当期製造単価合計×販売量　　　　　¥1,760×10,000個＝¥17,600,000
　　売上総利益　　　　　　　　　　　　　　　　　　　　　　　　　¥12,400,000
Ⅲ 販売費および一般管理費
　　製品単位当り変動販売費×販売量＋固定販売費および一般管理費
　　　　　　　　　　　　　　　　　　　¥100×10,000個＋¥60,000＝¥1,060,000
　　営業利益　　　　　　　　　　　　　　　　　　　　　　　　　　¥11,340,000

(2) 直接原価計算方式

損 益 計 算 書

Ⅰ 売上高　　　販売価格×販売量　　　　　　　　　¥3,000×10,000個＝¥30,000,000
Ⅱ 変動費　　製品単位あたり変動費×販売量（¥1,2000＋¥400＋¥100）×10,000個＝¥17,000,000
　　限界利益　　　　　　　　　　　　　　　　　　　　　　　　　　¥13,000,000
Ⅲ 固定費
　　当月固定加工費＋固定販売費および一般管理費　¥160×12,000個＋¥60,000＝¥1,980,000
　　営業利益　　　　　　　　　　　　　　　　　　　　　　　　　　¥11,020,000
月初製品の中に含まれる固定加工費　　　　　　　　　¥162×3,000個＝¥486,000
月末製品の中に含まれる固定加工費 ¥160×(12,000個－10,000個)＋¥162×3,000個＝¥806,000
直接原価計算の営業利益（¥11,020,000）－全部原価計算の営業利益（¥11,340,000）＝△¥320,000

STEP 1　ベーシック問題

製品Xを量産するY社の次の資料に基づき，当月の損益計算書を，(1)全部原価計算方式と，(2)直接原価計算方式により作成しなさい。(日商2級・第55回)

　　1．生産量と販売量　　月初製品在庫量　100kg　　3．月初仕掛品，月末仕掛品はなかった。
　　　　　　　　　　　　当月製品生産量　900kg　　4．製品1kgあたり売価　　　　　¥500
　　　　　　　　　　　　当月製品販売量　800kg　　5．製品の倉出単価(したがって売上原価)の
　　2．製品1kgあたり実際製造原価　　　　　　　　　　計算法は，後入先出法による。
　　　　　　　原料費(変動費)　¥200　　　　　6．実際販売費および一般管理費
　　　　　　　変動加工費　　　　100　　　　　　　　変動販売費　製品1kgあたり　　　¥40
　　　　　　　固定加工費　　　　 60　　　　　　　　固定販売費および一般管理費
　　　　　　　　合　計　　　　　360　　　　　　　　　　　　　　　　月額　¥10,000

(1) 全部原価計算方式　　　　　　　　　(2) 直接原価計算方式　　　　　（単位：円）
売上高…………………………（　　　　）　売上高…………………………（　　　　）
差引：売上原価………………（　　　　）　差引：変動費(製造および販売)…（　　　　）
売上総利益……………………（　　　　）　限界利益………………………（　　　　）
差引：販売費および一般管理費…（　　　　）　差引：固定費…………………（　　　　）
営業利益………………………（　　　　）　営業利益………………………（　　　　）

STEP 2　トレーニング問題

創成工業株式会社の平成10年度に関する資料は次のとおりである。

(1) 製品単位当り標準原価
　　直接材料費(変動費)　¥3,000
　　直接労務費(変動費)　 2,000
　　製造間接費(固定費)　 2,500
　　　　　　　　　　　　 7,500

(2) 生産に関する資料(　)内は進捗度を表す。
　　期首仕掛品 2,000個 (50%)　　期首製品 2,500個
　　当期投入量 3,000個　　　　　当期完成量 4,000個
　　合計　　　 5,000個　　　　　合計　　　 6,500個
　　期末仕掛品 1,000個 (50%)　　期末製品 2,500個
　　当期完成量 4,000個　　　　　当期販売量 4,000個

(3) 当期固定製造間接費¥8,750,000 (基準操業度3,500個分)
　　当期固定販売費および一般管理費¥1,250,000 (変動販売費および一般管理費はない。)
(4) 販売価格@¥10,000

以上の資料により，直接原価計算による損益計算書と全部原価計算による損益計算書を作成し，両者の営業利益の違いを明らかにせよ。(全経上級・第65回一部修正)

(単位：円)

直接原価計算による損益計算書		全部原価計算による損益計算書	
Ⅰ　売上高	(　　)	Ⅰ　売上高	(　　)
Ⅱ　標準変動売上原価	(　　)	Ⅱ　標準売上原価	(　　)
限界利益	(　　)	売上総利益	(　　)
Ⅲ　固定費		Ⅲ　販売費および一般管理費	(　　)
製造間接費	(　　)	営業利益	(　　)
販売費および一般管理費	(　　)		
営業利益	(　　)		

STEP 3　チャレンジ問題

製品Pを製造・販売するH製作所につき，下記の条件により設問に答えなさい。

1．製品Pの製造原価は原料費と加工費からなる。原料費については，完成品と月末仕掛品への原料費の配分は先入先出法によることとし，実際総合原価計算を適用している。加工費については，製品生産量を配賦基準として，変動費と固定費とを区別し，それぞれ別個の配賦率により年間を通じて正常配賦している。製品Pの年間正常生産量は48,000kgであり，加工費の年間予算は，変動加工費が9,600,000円，固定加工費が4,800,000円である。

2．6月の生産・販売データ

　　月初仕掛品量　1,000kg (1/2)　　月初製品在庫量　1,200kg
　　当月投入量　　4,000kg　　　　　当月完成量　　　3,800kg
　　投入量合計　　5,000kg　　　　　合　計　　　　　5,000kg
　　月末仕掛品量　1,200kg (2/3)　　月末製品在庫量　　800kg
　　当月完成量　　3,800kg　　　　　当月販売量　　　4,200kg

　(注) 原料は工程の始点で投入される。上記(　)内は加工費の進捗度を示す。

3．6月の実際製造原価データ
- (1) 月初仕掛品原価
  - 原 料 費……………… 505,600 円
  - 変動加工費配賦額……… ？
  - 固定加工費配賦額……… ？
- (2) 当月製造費用
  - 原 料 費……………… 1,992,000 円
  - 変動加工費……………… 825,000 円
  - 固定加工費……………… 412,000 円

4．6月の実際販売価格および営業費のデータ
- (1) 製品販売価格…………… 1,500円/kg
- (2) 販 売 費
  - 変動販売費…………… 60円/kg
  - 固定販売費…………… 474,000 円
- (3) 一般管理費(固定費)… 979,000 円

5．月初製品有高は954,000円であり，製品の倉出単価の計算は先入先出法によること。

6．加工費の当月配賦差額は，当月の売上原価に賦課する。

以上の条件に基づき，
- (a) 6月の月末仕掛品原価総額を，(a-1)全部原価計算を採用した場合と，(a-2)直接原価計算を採用した場合に分けて計算し，次いで
- (b) 6月の損益計算書を，(b-1)全部原価計算を採用した場合と，(b-2)直接原価計算を採用した場合に分けて作成し，さらに
- (C) 上で作成した直接原価計算による損益計算書の末尾に固定費調整を行って，直接原価計算による営業利益を全部原価計算による営業利益に修正しなさい。(日商1級・第68回)

(a) 6月の月末仕掛品原価総額
(a-1)全部原価計算を採用した場合＝ [　　　　　　]円

(a-2)直接原価計算を採用した場合＝ [　　　　　　]円

(b) 月次損益計算書(単位:円)

(b-1)全部原価計算の損益計算書

売上高

全部原価計算の営業利益

(b-2)直接原価計算の損益計算書

売上高

直接原価計算の営業利益
　　固定費調整

全部原価計算の営業利益

第22章 直接原価計算(2)―CVP分析―

ポイント

1．CVP分析の意義

企業の期間損益データを利用して，原価(Cost)と営業量ないし操業度(Volume)と利益(Profit)の因果関係を捉え，これを短期利益計画に役立てるための分析をCVP分析(Cost-Volume-Profit Analysis)という。

※営業量(Volume)：営業量とは企業の活動量のことで，売上高，販売数量，生産高，生産数量，操業度などの総称である。操業度とは，生産設備を一定とした場合の，その利用度のことで，直接作業時間，機械作業時間等で測定される。

営業量(操業度)が変化した場合，それに応じて原価がどのように変化するかをコスト・ビヘイビア(原価態様)という。コスト・ビヘイビアが推定できれば，営業量から原価をマイナスして，営業利益を計画できる。

このように，CVP分析とは，コスト・ビヘイビアを推定した上で，原価・営業量・利益の関係を把握して，採算点を明らかにし，過去・現在の経営状態の把握や将来の利益計画の策定に役立てようとするものである。

> 利益P＝収益(売上高などの営業量)V－原価C

2．CVP分析の前提条件

① 総原価は変動費と固定費に分解可能。
② 販売単価は分析期間中一定。
③ 固定費および単位あたり変動費(変動費率)は分析期間中一定。
④ 生産量と販売量は等しい。(在庫は存在しない。あるいは期首と期末の在庫量は等しい)
⑤ 多品種生産をしている場合，製造販売比率(セールス・ミックス)は一定。

3．変動費・固定費・総原価

原価は，営業量との関連で変動費と固定費に分解することができる。営業量の増減に比例して増減する原価を変動費(variable costs；VC)といい，営業量の増減にかかわらず一定額が発生する原価を固定費(fixed costs；FC)という。以上の変動費と固定費を加えたものが総原価である。

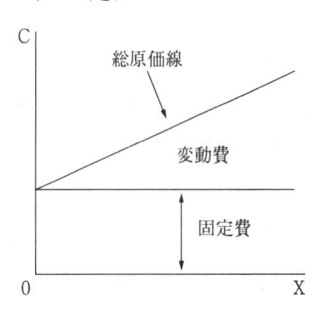

4．貢献利益(限界利益)

総原価が変動費と固定費に分解できた場合，営業量を売上高Sとすると，売上高から変動費VCをマイナスして貢献利益(Contribution Margin；CM)を算定し，貢献利益から固定費FCをマイナスして営業利益Pを算定する(直接原価計算方式の損益計算)。このように，貢献利益は，営業量(売上高など)に比例して増減する利益であり，短期利益計画にとって非常に重要な利益概念である。なお，貢献利益は，限界利益ともいう。

また，売上高に対する変動費の割合を変動費率というが，これとは逆に，売上高に対する貢献利益(限界利益)

> S － VC － FC ＝ P
> ＝貢献利益CM

の割合を貢献利益率(限界利益率)という。この値が高いほど収益性は良好であるといえる。

$$変動費率(\%) = \frac{変動費}{売上高} \times 100 \qquad 貢献利益率(\%) = 1 - \frac{変動費}{売上高} \times 100$$

$$= \frac{VC}{S} \text{ または } \frac{v}{p} \qquad\qquad = 1 - \frac{VC}{S} \text{ または } 1 - \frac{v}{p}$$

ただし、S:売上高、VC:変動費、p:販売単価、v:単位あたり変動費

5. 損益分岐点

最も基本的なCVP分析は、損益分岐点分析である。損益分岐点(Break Even Point;BEP)とは、損益の均衡点、すなわち収益(売上高などの営業量)=総原価となり、利益がゼロとなる点である。

$$損益分岐点売上高 = \frac{固定費}{貢献利益率} \qquad 損益分岐点販売数量 = \frac{固定費}{販売単価-単位あたり変動費}$$

$$S_0 = \frac{FC}{1-\frac{VC}{S}} = \frac{FC}{1-\frac{v}{p}} \qquad Q_0 = \frac{FC}{p-v}$$

ただし、S_0:損益分岐点売上高、Q_0:損益分岐点販売数量

6. CVP分析の活用

(1)損益分岐点比率

損益分岐点比率は、損益分岐点が現在の売上高の何％に位置するかを示す指標である。損益分岐点比率が低いほど、現在の売上高は損益分岐点と比べて大きいことになるので、経営は良好な状態にあるといえる。

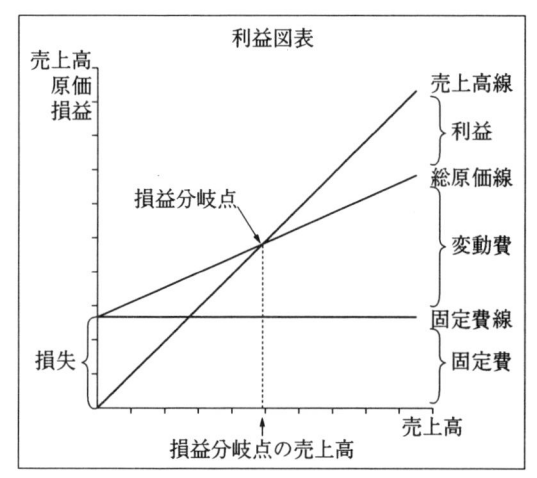

$$損益分岐点比率(\%) = \frac{損益分岐点売上高}{現在の売上高} \times 100 = \frac{S_0}{S}$$

(2)安全余裕率

安全余裕率は、現在の売上高から何％売上が落ちたら利益がゼロになるかを示す指標である。安全余裕率が高いほど、現在の売上高が減少しても赤字になりにくいことを意味している。

なお、損益分岐点比率と安全余裕率は、まったく逆の関係にある。(損益分岐点比率+安全余裕率=100％)

$$安全余裕率(\%) = \frac{現在の売上高-損益分岐点売上高}{現在の売上高} \times 100 = \frac{S-S_0}{S}$$

$$= 100\% - 損益分岐点比率$$

(3)目標利益等を達成する売上高・販売数量

目標利益を達成するためにはどれだけ売上高あるいは販売数量が必要か、貢献利益率が既知のものとして次式で求めることができる。

$$目標利益を達成する売上高 = \frac{固定費+目標利益}{貢献利益率} \qquad 目標利益を達成する販売数量 = \frac{固定費+目標利益}{販売単価-単位あたり変動費}$$

$$S_G = \frac{FC+G^*}{1-\frac{VC}{S}} \qquad Q_G = \frac{FC+G^*}{p-v}$$

ただし，S_G：目標利益を達成する売上高，Q_G：目標利益を達成する販売数量，G^*：目標利益

また，目標売上高利益率を達成するためにはどれだけ売上高が必要か，貢献利益率が既知のものとして次式で求めることができる。

$$目標売上高利益率を達成する売上高 = \frac{固定費}{貢献利益率 - 目標売上高利益率}$$

$$S_g = \frac{FC}{\left[1 - \frac{VC}{S}\right] - g^*}$$

ただし，S_g：目標売上高利益率を達成する売上高，g^*：目標売上高利益率

(4) 経営レバレッジ

売上高(営業量)が1単位変化したときに，営業利益がどれだけ変化するかを示す指標を経営レバレッジという。売上高(営業量)が増加すれば，貢献利益がプラスである限り営業利益も増加する。しかし，製造・販売コストに固定費が存在するため，営業利益は売上高(営業量)に比例して増加せず，売上高(営業量)の変化以上に変動する。この経営レバレッジ効果は，経営レバレッジ係数(Degree of Operating Leverage ; DOL)によって測定される。

$$DOL = \frac{CM}{P}$$ ただし，CM：貢献利益，P：営業利益

(5) 感度分析

これまでは，販売価格や原価は分析期間中一定であると仮定してきた。しかし，企業環境が不確実な状況においては，営業量以外の諸要因も変化する。

CVP分析に関わる諸要因(販売価格，変動費，固定費，営業量など)が変化した場合に，利益がどう変化するかを分析することを感度分析(Sensitivity Analysis, What-if Analysis)という。

例題

メーカB社では，来期の見積り損益計算書を以下のように予想している。これをもとに次の問に答えなさい。

<u>見積り損益計算書</u>　　　　　　　(単位：万円)

売上高		22,500
売上原価		
直接材料費	3,800	
直接労務費	3,200	
製造間接費	5,500	12,500
売上総利益		10,000
販売費及び一般管理費		4,000
営業利益		6,000

※直接材料費は，すべて変動費である。

直接労務費を原価分解した結果，変動費2,200，固定費1,000と判明した。
製造間接費を原価分解した結果，変動費1,500，固定費4,000と判明した。
販売費及び一般管理費を原価分解した結果，変動費1,500，固定費2,500と判明した。

問1　来期の損益分岐点売上高を求めなさい。
問2　来期の損益分岐点比率を求めなさい。
問3　来期の安全余裕率を求めなさい。
問4　来期の目標利益を7,500万円とした場合，この目標利益を達成する売上高を求めなさい。

問5　来期の目標売上高利益率35%を達成する売上高を求めなさい。
問6　来期の経営レバレッジ係数(DOL)を求めなさい。

解　答

変動費合計：3,800＋2,200＋1,500＋1,500＝9,000

固定費合計：1,000＋4,000＋2,500＝7,500

貢献利益：22,500－9,000＝13,500

変動費率＝9,000÷22,500＝0.4

問1　損益分岐点売上高＝$\dfrac{7,500}{1-0.4}$＝12,500

問2　損益分岐点比率(%)＝$\dfrac{12,500}{22,500}$×100≒55.6%

問3　安全余裕率(%)＝$\dfrac{22,500-12,500}{22,500}$×100≒44.4%

問4　目標利益を達成する売上高＝$\dfrac{7,500+7,500}{1-0.4}$＝25,000

問5　目標売上高利益率を達成する売上高＝$\dfrac{7,500}{(1-0.4)-0.35}$＝30,000

問6　DOL＝$\dfrac{13,500}{6,000}$＝2.25

STEP 1　ベーシック問題

次の(　)にあてはまる語句または数字を記入しなさい。(日商2級・第90回)

1．原価は原価態様に基づいて，(ア)と(イ)に分類される。(ア)は操業度の増減に比例して増減する原価であり，(イ)は操業度が増減しても変化しない原価である。
2．売上高から(ア)を差引いて(ウ)，(ウ)から(イ)を差引いて営業利益が計算される。このような損益計算を(エ)方式の損益計算という。
3．甲社は，製品X(販売単価@2,000円)を製造・販売している。製品Xの単価あたり変動費は1,200円，固定費は月に400,000円である。したがって，甲社の損益分岐点における月間の販売数量は(オ)個，同じく売上高は(カ)円である。月に100,000円の営業利益を上げるためには，製品Xを月に(キ)個販売しなければならない。
4．乙社は，製品Yを製造・販売している。乙社の変動費率(売上高に占める変動費の割合)は75%，固定費は月に500,000円である。したがって，乙社の損益分岐点における月間の売上高は(ク)円である。製品Yの販売単価が@5,000円であれば，そのとき販売数量は(ケ)個である。また，製品Yの月間販売数量が500個であるなら，月間営業利益は(コ)円となる。

ア		カ	
イ		キ	
ウ		ク	
エ		ケ	
オ		コ	

STEP 2　トレーニング問題

製品Aを量産するK社は，直接標準原価計算を実施している。製品Aの販売単価に占める変動製造原価の割合は52％で，変動販売費の割合は3％である。月間の固定費は，製造固定費が2,457万円，販売・一般管理固定費が693万円である。また法人税率は40％である。

上記の条件に基づき，以下の問いに答えなさい。(日商1級・第78回)

問1　K社の月間の損益分岐点の売上高を答えなさい。
問2　税引前の営業利益が，売上高の10％になる売上高を求めなさい。
問3　月間の目標営業利益が税引後で，1,443.15万円であるとして，この目標利益を達成する売上高を求めなさい。

解答
K社の月間の損益分岐点の売上高	＝	万円
税引前の営業利益が，売上高の10％になる売上高	＝	万円
目標利益を達成する売上高	＝	万円

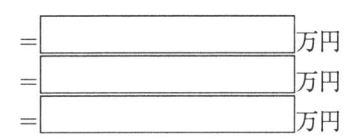

STEP 3　チャレンジ問題

A社が市場に投入した新製品は，当期に単位当たり26千円の価格で販売され，50,000単位の売上数量を達成することが確実となった。その新製品に関する当期の損益計算書は，次のとおりである。

売　上　高		1,300,000
売　上　原　価		900,000
売上総利益		400,000
販　売　費	230,000	
一般管理費	160,000	390,000
営　業　利　益		100,000

次期の予算編成に際して，予算委員会は以下のようなシナリオを策定した。
(1)価格は据え置くが，売上数量は当期よりも20％の増加を見込む。
(2)当期の売上原価の構成割合は，直接材料費：直接労務費：製造間接費＝3：4：3であるが，次期には以下の変化が予想される。
(3)単位当たり直接材料費は，当期よりも10％高騰する。
(4)単位当たり直接労務費の上昇は，2％にとどまる。
(5)単位当たりの変動製造間接費は，4％上昇する。
(6)当期の固定製造間接費は，80,000千円であるが，次期にはそれが5％増加する。
(7)販売費は変動費と固定費とから成り，単位当たり変動費と固定費は当期と同額である。次期に売上数量の20％増加が達成される場合に，販売費は当期の6％増加となる。
(8)一般管理費は売上数量の変化の影響を受けないが，次期には3％増加する。

在庫はなく，生産された製品はすべて販売されることを仮定するとき，上記のシナリオの下で計算される損益分岐点はいくらか。最も適切な解答を示す番号を1つ選びなさい。ただし，ここでの損益分岐点は営業利益をゼロとする売上数量とし，少数点未満四捨五入して求めること。また，計算の過程で端数が生じる場合には，円未満を四捨五入すること。

1．53,792　　2．54,219　　3．54,696　　4．55,146　　5．55,498

解答：☐

(会計士2次短答式・平成14年)

第23章 直接原価計算(3)—原価予測—

ポイント

短期利益計画を立てるためには，変動費と固定費の情報が非常に重要であるが，ここで，総原価をどのようにして変動費と固定費に分解するかという問題が生じる。この原価予測の方法には次のようなものがある。

1．勘定科目精査法（費目別精査法）

損益計算書の個々の勘定科目(費目)について1つ1つ精査して固定費と変動費に分解する方法。最も簡便な方法なので，実務的には有用であるが，多少粗さがあるのが問題点である。この方法で原価を分解する場合，次の点に特に注意を要する。
(1) 準変動費や準固定費といった分解する上で曖昧な勘定科目(費目)についての分解。
(2) 販売業などにおいては，売上原価(仕入原価)は全て変動費としてもあまり問題はないが，製造業においては，売上原価(製造原価)においても変動費と固定費が含まれていること。

2．高低点法

一定期間における原価の実績データのうち，営業量(操業度)の最高点と最低点からその推移を直線として求めて変動費と固定費に分解する方法。この方法は比較的簡単な計算で客観的に原価を分解できるが，最高点と最低点の2点だけに注目し，その他のデータを無視しているという問題点がある。

xを営業量(操業度)，yを原価実績として，最低点(x_1, y_1)，最高点(x_2, y_2)とする。ここで，求める総原価線をY＝a＋bXとすると，固定費額aと変動費率bは次の計算式で求められる。

＜計算式＞

$$b = \frac{y_2 - y_1}{x_2 - x_1}$$

$a = y_1 - b*x_1 = y_2 - b*x_2$

3．散布図法（スキャッターチャート法）

原価の実績データをグラフ上にとり，各実績データに最もよく平均的に通る直線を目分量で引くことにより，変動費と固定費に分解する方法。この方法は簡単であるが，視覚的な方法なので，分析者の主観が入りやすく客観性に欠けるという問題点がある。

4．最小二乗法（回帰分析法）

統計分析における最小二乗法により，一定期間における営業量(操業度)と原価の実績値の相関関係を直線的な回帰式として捉え，変動費と固定費に分解する方法。

Xを営業量(操業度)，Yを原価，求めたい原価関数を回帰式Y＝a＋bXとすると，次の連立方程式を解くことによって固定費額(a)と変動費率(b)を求めることができる。

<計算式4-1>

$$\begin{cases} \Sigma Y = na + b\Sigma X \\ \Sigma XY = a\Sigma X + b\Sigma X^2 \end{cases}$$

ただし，XとYには実績値を代入する。n：サンプル数

また，(計算式4-1)から導かれる以下の公式(計算式4-2)に数値を代入して求めることもできる。

<計算式4-2>

$$b = \frac{n*\Sigma XY - \Sigma X\Sigma Y}{n*\Sigma X^2 - (\Sigma X)^2}$$

$$a = \frac{\Sigma Y - b*\Sigma X}{n}$$

$\hat{Y} = a + bX$

ところで，最小二乗法で固定費額(a)と変動費率(b)を求めた場合，それがどの程度信頼できるかが問題となる。一般に，回帰式の信頼度を知るためには決定係数R^2が用いられる。この値は1に近いほど，回帰式の信頼度が高いことを示している。

<計算式4-3>

$$R^2 = \frac{[n*\Sigma XY - (\Sigma X)(\Sigma Y)]^2}{[n*\Sigma X^2 - (\Sigma X)^2][n*\Sigma Y^2 - (\Sigma Y)^2]}$$

なお，この固定費額(a)と変動費率(b)は，Excelなどのアプリケーションソフトを用いて統計的に求めることができる。ExcelのINTERCEPT関数やSLOPE関数は，最小二乗法を用いて，観察されたXとYの実績データに最もよく適合する推定値を計算する。また，決定係数R^2も，ExcelのRSQ関数を用いて計算することができる。

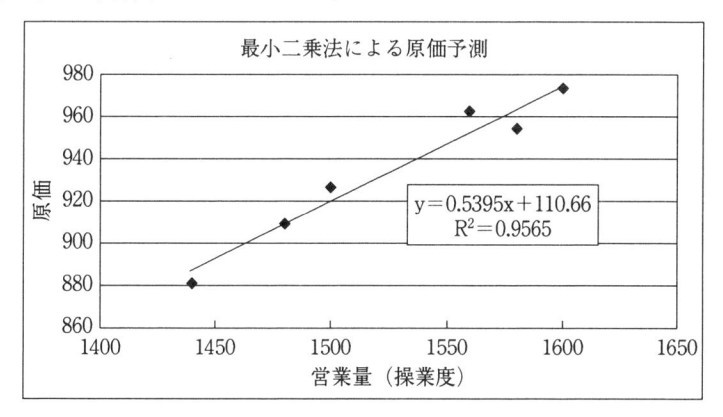

最小二乗法による原価予測

$y = 0.5395x + 110.66$
$R^2 = 0.9565$

5．工学的分析法（IE法）

動作研究，時間研究等の工学的方法を用いて，製造工程における原材料のインプット量と製品のアウトプット量の技術的関係に基づいて，発生する原価を予測する方法。この方法は，直接材料費や直接労務費に関しては，効果的に適用できるが，製造間接費や販管費などに関しては，適用が難しいとされている。

※以上の5つの原価予測方法のうち，特に重要なものは，高低点法と最小二乗法(回帰分析法)である。各種試験でも出題頻度が高い。

例題

大阪工場の直接作業時間(X)と補助材料費(Y)の実績記録は，下記のとおりである。これらはすべて正常なデータである。

月	直接作業時間 (X)	補助材料費 (Y)
1	80 時間	46 万円
2	40	24
3	120	54
4	160	76
合計	400 時間	200 時間

問1　補助材料費の原価線は，Y＝a＋bXで表されるものとして，上記のデータに基づき高低点法によって(a)固定費と(b)変動費率を計算しなさい。ただし変動費率の計算は割り切れないので，(a)も(b)も分数で答えなさい。(例：$13 \div 3 = 4\frac{1}{3}$)。

問2　同じデータに基づき，最小二乗法によって，(a)固定費と(b)変動費率を求めなさい。計算にあたっては，下記の表を利用するのが便利である。なお，この場合には，変動費率の計算は割り切れるので，分数で答える必要はない。(日商1級・第83回)

月	X	Y	X・Y	X^2
1	80	46		
2	40	24		
3	120	54		
4	160	76		
合計	400	200		

問1　a＝□ 万円　　b＝□ 万円／時
問2　a＝□ 万円　　b＝□ 万円／時

解答

問1　b＝(76万円－24万円)／(160時間－40時間)＝13/30万円／時間
　　　a＝76万円－13/30万円×160時間＝20/3万円

問2　まず，表を完成させる。

月	X	Y	X・Y	X^2
1	80	46	3,680	6,400
2	40	24	960	1,600
3	120	54	6,480	14,400
4	160	76	12,160	25,600
合計	400	200	23,280	48,000

上記の表から，$\Sigma X=400$，$\Sigma Y=200$，$\Sigma XY=23,280$，$\Sigma X^2=48,000$と判明するから，これらを下記の最小二乗法の計算式に代入する。

$$\begin{cases} \Sigma Y = na + b\Sigma X \\ \Sigma XY = a\Sigma X + b\Sigma X^2 \end{cases}$$

すると，

$$\begin{cases} 200 = 4a + 400b \\ 23{,}280 = 400a + 48{,}000b \end{cases}$$

となり，この連立方程式を解くと，a＝9，b＝0.41が得られる。

STEP 1　ベーシック問題

　A社の最近6ヶ月間の生産量と実際製造原価のデータに基づいて，高低点法によって製品1個あたりの変動費と月間固定費を求めなさい。

　また，来月(10月)の生産量が2,700個と予想された場合の製造原価の発生額を予測しなさい。なお，正常操業圏は，月間生産量2,000個から3,000個である。

月	生産量(個)	製造原価(円)	月	生産量(個)	製造原価(円)
4	2,508	7,522,800	7	2,652	7,548,960
5	1,527	5,577,000	8	2,835	7,914,900
6	2,265	6,980,100	9	2,776	7,757,100

解答
- 製品1個あたりの変動費(b)：　　　　
- 月間固定費(a)　　　　　　　：　　　　
- 10月の予測製造原価　　　　：　　　　

STEP 2　トレーニング問題

　B社の最近6ヶ月間の売上高と総原価のデータに基づいて，次の各問に答えなさい。

(単位：万円)

月	X(売上高)	Y(総原価)	XY	X^2	Y^2
1月	1000	750			
2月	800	650			
3月	650	450			
4月	700	550			
5月	850	700			
6月	1200	800			
合計					

問1　まず，上記の表を完成させ，最小二乗法の公式(計算式4-2)を用いて，月間固定費(a)と変動費率(b)を求め，回帰式を示しなさい。計算にあたっては，小数点以下もそのまま表示すること。
　　また，上記の表をExcelのワークシートに入力した上で，INTERCEPT関数とSLOPE関数を用いて，それぞれ月間固定費と変動費率を計算し，公式を用いた計算結果と一致することを確認しなさい。

問2　決定係数の公式(計算式4-3)を用いて，決定係数R^2の値を求めなさい。計算にあたっては，小数点以下第3位を四捨五入し少数点第2位まで求めること。
　　また，問1と同様に，ExcelのRSQ関数を用いて，決定係数を計算し，公式を用いた計算結果と一致することを確認しなさい。

解答
問1　月間固定費(a)＝ _____ 万円　　変動費率(b)＝ _____ ％
　　　回帰式 _____
問2　決定係数R^2＝ _____ ％

STEP 3　チャレンジ問題

当社では，現在，来年度の短期利益計画を策定中であるが，今年度の短期利益計画では，売上高，総費用はそれぞれ次のように計画されていた。

　売　　上　　高　　　　1,000,000千円
　製　　造　　費　　用　　600,000千円
　販売費及び一般管理費　　200,000千円

来年度は，製造費用が，100,000千円上昇することが見込まれているが，原価低減策をとらないかぎり，製造費用の変動費率(対売上高，以下同様)および販売費及び一般管理費の変動費率・固定費には，変化がないものと考えられている。

この前提にたって作成された第1次案は次のとおりである。

　売　　上　　高　　　　1,200,000千円
　製　　造　　費　　用　　780,000千円
　販売費及び一般管理費　　220,000千円

しかし，来年度の利益目標は210,000千円であるため，様々な改善策を検討中である。

以上の資料に基づいて，次の各問に答えなさい。
問1　来年度における製造費用の変動費率，固定費を求めなさい。
問2　来年度における販売費及び一般管理費の変動費率，固定費を求めなさい。

(会計士2次短答式・平成12年改)

解答
問1　来年度における製造費用の変動費率＝ _____ ％
　　　来年度における製造費用の固定費　＝ _____ 千円

問2　来年度における販売費及び一般管理費の変動費率＝ _____ ％
　　　来年度における販売費及び一般管理費の固定費　＝ _____ 千円

第24章 直接原価計算(4) —最適セールス・ミックス—

ポイント

1. 最適セールス・ミックス

セールス・ミックスとは，貢献利益(限界利益)の異なる複数の製品を生産・販売する場合の生産・販売量の組合せをいい，プロダクト・ミックスともいう。企業は，一般に，生産・販売上の様々な制約条件の下で活動を行っている。これまでは，セールス・ミックスは一定と仮定していたが，こうした制約条件のもとでいかなるセールス・ミックスが最適であるかという意思決定も重要となる。このように，企業が複数製品を生産・販売する場合，様々な制約条件の下で，いずれの製品をどれだけ生産・販売することが最も有利かを意思決定することを最適セールス・ミックスの決定という。以下では，制約条件の違いによるセールス・ミックスの決定について整理する。

2. セールス・ミックスの決定

(1)共通する制約条件がない場合

…共通する制約条件がなく，個々の製品にのみ制約条件がある場合には，各製品ごとに，それぞれの制約条件を満たす中で最大の生産販売量を求めることにより決定される。

(2)共通する制約条件が1つの場合

…各製品の制約条件1単位当たりの貢献利益を計算し，その金額が大きい順に経営資源を割り当てることにより決定される。以下，例を示す。

制約条件	意思決定の基準
売上高	貢献利益率
販売数量	製品1個当たり貢献利益
直接作業時間	直接作業時間1時間当たりの貢献利益
機械作業時間	機械作業時間1時間当たりの貢献利益

(3)共通する制約条件が複数の場合

…制約条件が複数の場合には，線形計画法(LP)を用いて解く必要がある。線形計画法とは，複数の制約条件のもとで，希少資源の最適配分問題を解く数理的手法である。(→3．線形計画法)

3. 線形計画法

(1)線形計画法による解法

線形計画法(LP)とは，n個の変数を含む，m個の一次不等式制約条件の下で，目的関数Zを最大化(あるいは最小化)する変数の組合せを選択する数理的手法である。線形計画法により解を求めるためには，以下の3つの要素を明らかにする必要がある。

・目的関数：利益の最大化を目的関数Zとするならば，以下のように表される。ただし，C_n：製品nの1単位当たり貢献利益，X_n：製品nの生産数量

$$Max.Z=Max(C_1X_1+C_2X_2+\cdots C_nX_n)$$

・制約条件：企業にとっての種々の制約条件を，LPが適用可能なように定式化する。ただし，r_{mn}：制約条件式の係数，S_m：制約条件式の上限値

$$r_{11}X_1+r_{12}X_2+\cdots+r_{1n}X_n \leq S_1$$

$$r_{21}X_1 + r_{22}X_2 + \cdots + r_{2n}X_n \leq S_2$$
$$\vdots$$
$$r_{m1}X_1 + r_{m2}X_2 + \cdots + r_{mn}X_n \leq S_m$$

・非負条件：各製品の生産量は0はあり得るが，マイナスになることはあり得ない。したがって，常にこの条件を不等式で明示する。

$$X_n \geq 0$$

(2) 線形計画法の種類

LPの種類	条件	説明
グラフ法	変数が2つ以内	変数が2つの場合，不等式の領域の知識でグラフを用いて解を求めることができる。
シンプレックス法	変数が3つ以上	変数が3つ以上の場合，立体図が必要となる。これはコンピュータなどを用いない限り解を求めることは困難なので，シンプレックス法が適用される。

(3) グラフ法(図解法)

例えば，利益を最大化する製品XとYの生産数量を決定する場合には，以下の手順で行う。

① 目的関数(ここでは，利益の最大化)，制約条件，非負条件の定式化
② グラフの作成
③ 制約条件を満たしながら利益を最大化する生産量の決定

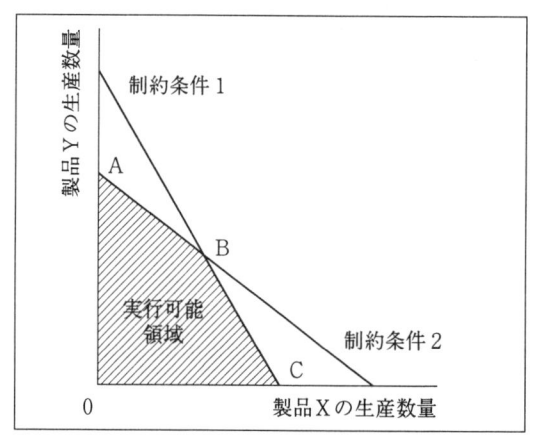

上図において，0ABCに囲まれた範囲が実行可能領域である。この中で，利益を最大化する可能性がある生産量の組合せの点はA，B，Cの3点である。これを端点という。一方，目的関数の式を変形して得られる傾きの直線と実行可能領域が交わる点で，目的関数を最大にする点がB点であるとすれば，B点が最適解となり，この点のx座標とy座標を求めればよい。

(4) シンプレックス法

シンプレックス法では，一般に，以下のような手続きで最適解を求める。

① まず，基底可能解を1つ見つける。
② 見つけた基底可能解が最適解であるかどうかを判定する。
③ もし最適解でなければ，目的関数をより大きく(最大化問題の場合)あるいはより小さく(最小化問題の場合)するように，その基底可能解を改め，別の基底可能解を求める。
④ 新たな基底可能解が最適解であるかどうかを判定する。以下，同様の手続きを繰り返し，最適解を求める。

例題

Y社では，製品A，製品Bを製造販売している。以下の条件に基づいて，最適セールス・ミックスを求めなさい。なお，当社の年間最大操業度は18,000時間である。解答は，グラフ法によって求めること。

	製品A	製品B
製品1単位当たり貢献利益	200円	100円
製品1単位当たり直接作業時間	3時間	2時間
年間需要量	5,000個	3,000個

解答

①目的関数Z，制約条件，非負条件の定式化

製品Aの生産量をX_A，製品Bの生産量をX_Bとすると，目的関数，制約条件は以下のように定式化できる。

目的関数：$Max.Z = Max(200X_A + 100X_B)$

制約条件：$3X_A + 2X_B \leq 18,000$ （生産能力の制約条件）

$X_A \leq 5,000$ （製品Aの需要量の制約条件）

$X_B \leq 3,000$ （製品Bの需要量の制約条件）

$X_A \geq 0,\ X_B \geq 0$

②グラフの作成

定式化したものをもとにグラフを作成し，制約条件を満たす実行可能領域を求める。

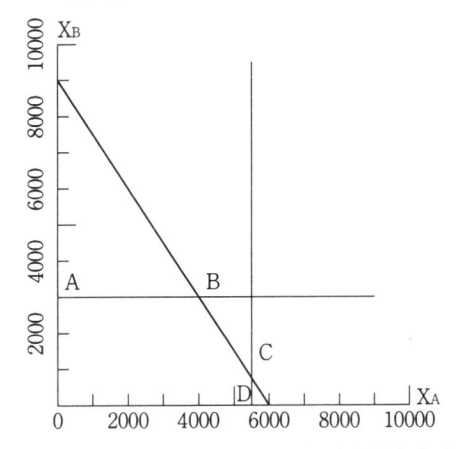

③制約条件を満たしながら利益を最大化する生産量の決定

端点	$200X_A + 100X_B$
0	200円×0個＋100円×0個＝0円
A	200円×0個＋100円×3,000個＝300,000円
B	200円×4,000個＋100円×3,000個＝1,100,000円
C	200円×5,000個＋100円×1,500個＝1,150,000円
D	200円×5,000個＋100円×0個＝1,000,000円

以上から，最適セールス・ミックスは，製品Aを5,000個，製品Bを1,500個生産するC点である。

STEP 1　ベーシック問題

A社では，製品X，製品Yを生産・販売しており，直接原価計算を採用している。A社では，次年度の予算を編成している。なお，本年度の直接原価計算方式による実績損益計算書は以下の通りである。

なお，来年度の予想需要量は，それぞれ製品X4,000個，製品Y5,000個である。

実績損益計算書　　　　単位：万円

	製品X(6,000個)	製品Y(4,000個)	合計
売上高	6,000	4,000	10,000
変動費	3,000	1,900	4,900
貢献利益	3,000	2,100	5,100
固定費			2,150
営業利益			2,950

問1　以上の条件に基づいて，来年度の最適セールス・ミックスを計算し，予想損益計算書を作成しなさい。

最適セールス・ミックス：製品X[　　　]個，製品Y[　　　]個

予想損益計算書　　　　単位：万円

	製品X	製品Y	合計
売上高			
変動費			
貢献利益			
固定費			
営業利益			

問2　以上の条件に加えて，来年度の両製品の生産に使用する機械設備の最大操業度は10,000時間であり，製品1個当たりの生産に必要な機械作業時間は，それぞれ1時間，2.5時間であることが明らかになった。

この条件に基づいて，改めて来年度の最適セールス・ミックスを計算し，予想損益計算書を作成しなさい。

最適セールス・ミックス：製品X[　　　]個，製品Y[　　　]個

予想損益計算書　　　　単位：万円

	製品X	製品Y	合計
売上高			
変動費			
貢献利益			
固定費			
営業利益			

STEP 2　トレーニング問題

製品X_1およびX_2を量産するD社では，直接標準原価計算を採用している。

(1) 両製品とも，材料を機械加工部で加工し，次いで組立部で組み立てて完成する。これらの製造部門における各製品1個当たりの標準作業時間と月間の生産能力は，次のとおりである。

	機械加工部	組立部
X_1　1個当たりの標準作業時間	2.0時間	1.5時間
X_2　1個当たりの標準作業時間	4.0時間	1.0時間
月間生産能力	12,000時間	6,000時間

(2) D社の市場占有率の関係から，X_1 に対する需要限度は3,500個，X_2 に対する需要限度は4,000個であって，それを超えて製造・販売することは出来ない。

(3) 両製品に関する財務データは，次のとおりである。

製　　　　品	X_1	X_2
販　売　単　価	3,000円	4,500円
製品単位当たり標準変動費	1,800円	2,500円

なお，両製品の月間共通固定費予算は，460万円

以上の条件に基づき，次の問いに答えなさい。

問1　X_1 および X_2 を月間何個ずつ生産・販売すれば，最大の営業利益が得られるか，すなわち月間の最適セールス・ミックスを求めなさい。(なお，この問題は，簡単なグラフを描いて考えると，容易に解けるであろう。)

問2　最適セールス・ミックスの時の，税引前の月間営業利益はいくらか。

問3　製品 X_2 については，将来さらに競争が激化し，値下げをする可能性が予想される。そこで他の条件に変化はないものとして，この製品1個当たりの貢献利益が，いくらより少なくなれば，上で求めた最適セールス・ミックスが変化するであろうか。

(日商1級・第78回)

解答
問1　月間の最適セールス・ミックスは，
　　　X_1 を [　3,000　] 個，X_2 を [　1,500　] 個生産・販売する組合せである。
問2　税引前の月間営業利益＝[　200　] 万円
問3　X_2 1個当たりの貢献利益が [　800　] 円より少なければ，最適セールス・ミックスは変化する。

問1の解答のためのグラフ(目分量で簡略に書き，問題を解くための参考にして下さい。)

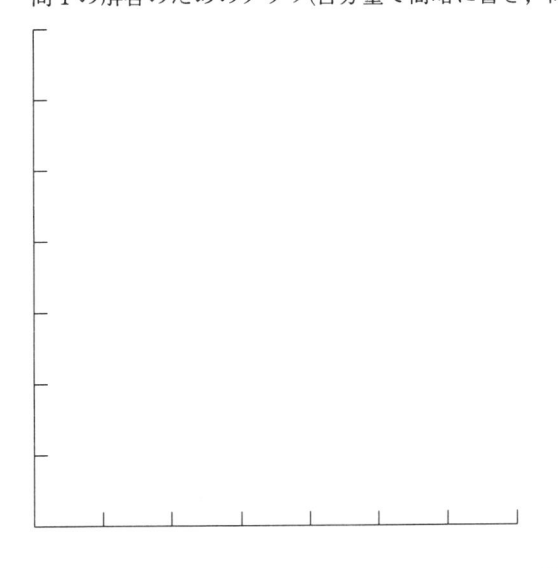

STEP 3　チャレンジ問題

I社は，標準直接原価計算を採用しており，製品 α および β を量産している。

(1) 製品 α，β は，ともに第1製造部門で加工し，次いで第2製造部門で加工して完成する。これらの製造部門における各製品1個当たりの標準作業時間と月間生産能力の上限は，次のとおりである。

	第1製造部門	第2製造部門
α　1個当たりの標準作業時間	2.0時間	1.0時間
β　1個当たりの標準作業時間	2.0時間	2.0時間
月間生産能力の上限	15,000時間	14,000時間

(2) 製品 α，β 両に関する生産・販売データは，次のとおりである。

	製品 α	製品 β
販　売　単　価	2,500円	3,000円
製品1個当たり標準変動費	1,300円	1,200円
月間共通固定予算額	550万円	

以上の条件に基づき，次の問いに答えなさい。

問　製品 α および β を月間何個ずつ生産・販売すれば，最大の営業利益が得られるか，すなわち月間の最適セールス・ミックスを求めなさい。この問題は，シンプレックス法を用いるほど複雑な問題ではないが，以下のシンプレックス表を完成させて，シンプレックス法により解答すること。

解答

シンプレックス表

ステップ	基底変数の係数	基底変数	基底可能解	係数／変数					θ
1									
	シンプレックス基準								
2									
	シンプレックス基準								
3									
	シンプレックス基準								

問1　月間の最適セールス・ミックスは，
　　　α を [　　　　　] 個，β を [　　　　　] 個生産・販売する組合せである。
　　　そのときの貢献利益の大きさは，[　　　　　] 円である。

第25章 営業費の計算と財務諸表の作成

ポイント

1. 営業費…営業費は，販売費および一般管理費の総称である。販売費は，製品を販売するために要する費用をいい，広告宣伝費，発送費などである。一般管理費は，企業の経営全般にわたる管理のために要する費用をいい，支払地代，通信費，租税公課などがこれにあたる。

2. 営業費の分類
(1) 形態別分類…営業費を発生形態に基づいて分類する(材料費・労務費・経費)。
(2) 機能別分類…営業費をその働きによって分類する(注文獲得費・注文履行費など)。
(3) 製品との関連による分類…営業費を特定の製品(あるいは顧客や地域別のセグメント)との係わりによって分類する(販売直接費・販売間接費など)。
(4) 営業量との関連による分類…営業量の変動との関係において分類する(変動営業費・変動固定費)。→利益計画に役立つ。
(5) 原価責任をもとにした分類…原価担当者の管理責任によって分類する(管理可能費・管理不能費)。

3. 財務諸表の作成…商業・製造業を営む企業(商業簿記・工業簿記)は，いずれも期末に損益計算書や貸借対照表などを作成するが，製造業(工業簿記)ではそのほかに製造原価報告書を作成する。

製造原価報告書は，1会計期間に製造された製品の製造原価の内訳を示すものである。総勘定元帳，損益計算書・貸借対照表との関連を把握することが重要となる。勘定図を示せば以下のようになる。なお，図表中の○で示したものは，対応関係を示している。

総勘定元帳→製造原価報告書→損益計算書・貸借対照表

総 勘 定 元 帳

材 料 費
① 前期繰越高　|　当期消費高　④
② 当期仕入高　|　次期繰越高　③

労 務 費
当期支払高　|　前期未払高
当期未払高　|　当期消費高　⑤

経 費
支 払 高　|　当期消費高　⑥
発 生 高　|

製 造
⑧ 前期繰越高　|　当期完成品原価　⑩
⑦ 当期製造費用　|　次期繰越高　⑨

```
               製造原価報告書
    Ⅰ 材 料 費
  ①1．期首材料棚卸高    ×××
  ②2．当期材料仕入高    ×××
         合　計       ×××
  ③3．期末材料棚卸高    ×××
       ④当期材料費              ×××
    Ⅱ 労 務 費
              ：      ：
       ⑤当期労務費              ×××
    Ⅲ 経　　　費
              ：      ：
       ⑥当期経費                ×××
       ⑦当期製造費用            ××××
       ⑧期首仕掛品棚卸高        ××××
         合　計                ××××
       ⑨期末仕掛品棚卸高        ××××
       ⑩当期製品製造原価        ××××
```

```
   総勘定元帳
       製　　品
ⓐ│前期繰越高│売上原価│
 │当期完成品│        │
⑩│  原 　価 │次期繰越高│ⓑ
```

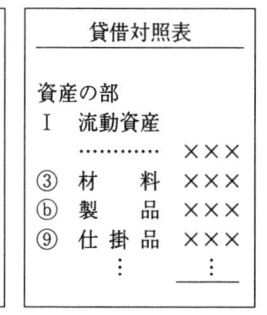

```
          損益計算書
  Ⅰ 売上高                ×××
  Ⅱ 売上原価
  ⓐ1．期首製品棚卸高  ××
  ⑩2．当期製品製造原価 ××
         合　計        ××
  ⓑ3．期末製品棚卸高  ××  ×××
       売 上 総 利 益       ×××
```

```
       貸借対照表
  資産の部
    Ⅰ 流動資産
       …………       ×××
    ③ 材　　料  ×××
    ⓑ 製　　品  ×××
    ⑨ 仕 掛 品  ×××
       ：           ：
```

例　題

次の文章の(　)の中にあてはまる語句を記入しなさい。

1．販売費および一般管理費は，原則として，(ⓐ)分類を基礎とし，これを(ⓑ)と(ⓒ)とに大別し，さらに必要に応じ，(ⓓ)分類を加味して分類し，一定期間の発生額を計算する。その計算は，製造原価の(ⓔ)計算に準ずる。

2．製造業の損益計算書では，(ⓕ)に(ⓖ)を加算し，これから(ⓗ)を差し引いて売上原価を表示する。

3．製造原価報告書は，当期に発生した原価を(ⓘ)，(ⓙ)，(ⓚ)の各要素に区分して記載し，この合計に(ⓛ)を加え，これから(ⓜ)を差し引いて(ⓝ)を示す。

解 答

ⓐ形態別　ⓑ直接費　ⓒ間接費　ⓓ機能別　ⓔ費目別　ⓕ期首製品棚卸高　ⓖ当期製品製造原価
ⓗ期末製品棚卸高　ⓘ材料費　ⓙ労務費　ⓚ経費　ⓛ期首仕掛品棚卸高　ⓜ期末仕掛品棚卸高
ⓝ当期製品製造原価

STEP 1　ベーシック問題

当社は，全部原価計算を採用している。以下の資料に基づいて，地域別(地域セグメント)損益計算書を貢献利益法によって作成しなさい。

〔資 料〕

1．損益計算書(一部)

損益計算書　　　　　　　　　　　　　　　(単位：円)

	X 地域	Y 地域	合 計
Ⅰ 売上高	40,000	35,000	75,000
Ⅱ 売上原価	30,500	20,500	51,000
売上総利益	9,500	14,500	24,000
Ⅲ 販売費および一般管理費			
販 売 費	4,500	6,000	10,500
一般管理費	1,000	1,500	2,500
営業利益	4,000	7,000	11,000

2．プロダクト別損益情報

(単位：円)

	O 製品	P 製品	Q 製品	合 計
売 上 高	15,000	20,000	40,000	75,000
変動売上原価	10,500	12,500	21,000	44,000
変動販売費	1,500	2,000	1,000	4,500

3．セールス地域別売上高

(単位：円)

	X 地域	Y 地域	合 計
O 製品	10,000	5,000	15,000
P 製品	10,000	10,000	20,000
Q 製品	20,000	20,000	40,000

<u>地域別(地域セグメント)損益計算書</u>

（単位：円）

	X 地域	Y 地域	合 計
Ⅰ 売上高	(　　　　)	(　　　　)	(　　　　)
Ⅱ 変動売上原価	(　　　　)	(　　　　)	(　　　　)
製造マージン	(　　　　)	(　　　　)	(　　　　)
Ⅲ 販売費および一般管理費	(　　　　)	(　　　　)	(　　　　)
限界利益	(　　　　)	(　　　　)	(　　　　)
Ⅳ 個別固定費	(　　　　)	(　　　　)	(　　　　)
貢献利益	(　　　　)	(　　　　)	(　　　　)
Ⅴ 共通固定費			
販　売　費			(　　　　)
一般管理費			(　　　　)
営　業　利　益			(　　　　)

STEP 2　トレーニング問題

次の資料に基づいて，製造原価報告書を作成しなさい。

〔資　料〕

1．製品の月初在庫高は130,000円であり，月末在庫高は105,000円である。
2．材料の月初棚卸高は23,000円であり，当月の購入高は437,500円である。また，月末棚卸高は21,000円である。
3．消耗品の月初棚卸高は6,500円であり，当月の購入高は27,500円である。また，月末棚卸高は5,500円である。
4．仕掛品の月初在庫高は52,000円であり，月末在庫高は50,000円である。
5．賃金に関するデータ

賃金支払高	月初賃金未払高	月末賃金未払高
184,000円	12,000円	14,000円

6．経費に関するデータ
① 機械動力費については機械動力費支払高52,500円，月初機械動力費未払高7,000円，月末機械動力費未払高8,500円である。
② 支払運賃が13,000円ある。
③ 支払保険料については支払高が24,000円あり，未経過分が6,000円ある。
④ 減価償却費として，34,000円ある。

製造原価報告書

(単位：円)

Ⅰ　材料費
　　月初材料棚卸高　　　（　　　　）
　　当月材料仕入高　　　（　　　　）
　　　合　　計　　　　　（　　　　）
　　月末材料棚卸高　　　（　　　　）
　　　当月材料費　　　　　　　　　　（　　　　）
Ⅱ　労務費
　　　　　⋮　　　　　　　　⋮
　　　当月労務費　　　　　　　　　　（　　　　）
Ⅲ　経費
　　消耗品費　　　　　　（　　　　）
　　機械動力費　　　　　（　　　　）
　　支払運賃　　　　　　（　　　　）
　　支払保険料　　　　　（　　　　）
　　減価償却費　　　　　（　　　　）
　　　当月経費　　　　　　　　　　　（　　　　）
　　　当月総製造費用　　　　　　　　　　　　　　（　　　　）
　　　月初仕掛品棚卸高　　　　　　　　　　　　　（　　　　）
　　　　合　　計　　　　　　　　　　　　　　　　（　　　　）
　　　月末仕掛品棚卸高　　　　　　　　　　　　　（　　　　）
　　　当月製品製造原価　　　　　　　　　　　　　（　　　　）

STEP 3　チャレンジ問題

次の資料に基づいて、月次の損益計算書を作成しなさい。なお、当社は実際総合原価計算を採用している。

〔資　料〕

1．当月の生産データ
　　月初仕掛品数量　　　　0kg
　　当月投入数量　　　1,200
　　　合　　計　　　1,200kg
　　月末仕掛品数量　　　　0
　　当月完成品数量　　1,200kg

2．当月の販売データ
　　月初製品在庫数量　　300kg
　　当月完成品数量　　1,200
　　　合　　計　　　1,500kg
　　月末製品在庫数量　　400
　　当月製品販売数量　1,100kg

3．当月の財務データ

① 当月実際製造費用発生額　　　　　　　(単位：円)

直接材料費	直接労務費	製造間接費
542,400	669,600	365,000

② 実際販売費および一般管理費　　　　　(単位：円)

変動販売費	固定販売費および一般管理費
70	258,000
(製品1kgあたり)	(月額)

③ 製品1kgあたりの販売価格
　　1,800円

4．製造間接費については生産量を基準として，年間を通じて予定正常配賦を行っている。年間の正常生産量は15,000kgであり，製造間接費の年間予算は4,500,000円である。

5．製造間接費の配賦差異は月次で売上原価に賦課する。

6．製品の売上原価の計算については，後入先出法を採用している。

<u>　　月次損益計算書　　</u>
　　　　　　　　　　　　　　　　　　　　　　　　　（単位：円）
Ⅰ　売　　上　　高　　　　　　　　　　　　　（　　　　　）
Ⅱ　売　上　原　価
　　　直　接　材　料　費　　　　（　　　　　）
　　　直　接　労　務　費　　　　（　　　　　）
　　　製造間接費予定配賦額　　<u>（　　　　　）</u>
　　　　小　　　　計　　　　　　（　　　　　）
　　　製造間接費配賦差異　　　<u>（　　　　　）</u>
　　　売上原価合計　　　　　　　　　　　　　（　　　　　）
　　　売　上　総　利　益　　　　　　　　　　（　　　　　）
Ⅲ　販売費および一般管理費
　　　変　動　販　売　費　　　　（　　　　　）
　　　固定販売費および一般管理費　<u>（　　　　　）</u>
　　　販売費および一般管理費合計　　　　　<u>（　　　　　）</u>
　　　営　　業　　利　　益　　　　　　　　　<u>（　　　　　）</u>

第26章 工場会計の独立

ポイント

1. **工場会計の独立とその意義**…1つの会計単位として，工場会計を本社会計から切り離すことを工場会計の独立という。工場会計の独立は，本社と工場の地理的な条件，製造活動に係わる会計事務の合理化，あるいは経営管理的な要請などに基づいて行われる。たとえば，本社と工場とが地理的に遠く離れている場合，製造活動に係わる会計事務が増加し煩雑化している場合，工場を独立採算制にする場合などである。
2. **本社および工場における取引の記帳**…工場会計を独立した場合の取引の記帳は，その取引内容に応じて，本社および工場において次のように行う。
   (1) 本社だけに関係する取引については，本社のみが記帳処理を行う。
   (2) 工場だけに関係する取引については，工場のみが記帳処理を行う。
   (3) 本社と工場の両方に関係する取引については，本社では工場(元帳)勘定，工場では本社(元帳)勘定を設けて，本社と工場の双方で記帳処理を行う。工場勘定と本社勘定は照合勘定とよばれ，その勘定残高は貸借が逆で常に一致する関係にある。
3. **工場相互間取引の記帳**…複数の工場がある場合には，工場相互間でも取引が行われる。工場相互間取引の記帳制度には，次の2つがある。
   (1) 工場分散計算制度
      工場分散計算制度とは，工場相互間での取引をそのまま直接的な取引としてとらえ，各工場が取引相手の工場名を付した勘定を用いて記帳する方法のことをいう。この制度を採用した場合には，本社では記帳処理を行わない。
   (2) 本社集中計算制度
      本社集中計算制度とは，工場相互間での取引にもかかわらず，それが本社との取引を経由して行われたかのように仮定して記帳する方法のことをいう。この制度を採用した場合には，各工場は本社(元帳)勘定，本社は取引相手の工場名を付した勘定を用いて記帳処理を行う。
4. **合併財務諸表**…本社と工場とを会計単位として切り離しても，法律上は1つの組織であることに変わりはない。そこで決算に際しては，本社と工場の帳簿記録を整理・統合して，1つの財務諸表(合併財務諸表)を作成する。合併財務諸表の作成手続きを示せば，次のようになる。

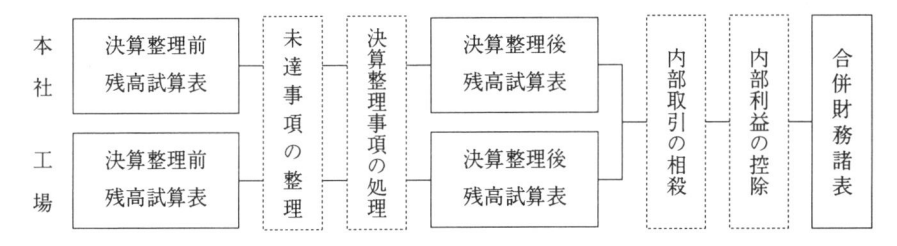

```
本社  決算整理前     未   決算   決算整理後    内    内    合
      残高試算表     達   算整   残高試算表    部    部    併
                    事   理事                  取    利    財
                    項   項の                  引    益    務
                    の   処理                  の    の    諸
                    整                         相    控    表
工場  決算整理前     理   決算整理後            殺    除
      残高試算表         残高試算表
```

(1) 未達事項の整理

本社工場間あるいは工場相互間で取引が行われたにもかかわらず，それが未通知となっているために，本社または工場のいずれかの帳簿に未記帳となっている取引を未達取引という。決算に際しては，まず未達取引の整理と修正を行う。

(2) 内部取引の相殺

工場勘定と本社勘定は，本社工場間あるいは工場相互間での内部取引を示す照合勘定である。決算に際しては，工場勘定と本社勘定の勘定残高が，貸借を逆にして一致することを確かめ相殺消去する。

(3) 内部利益の控除

本社工場間あるいは工場相互間における材料および製品の送付に際しては，その振替価格に一定の利益を付加する方法がある。振替価格に一定の利益を付加する意義は，①本社と工場とが独自に損益計算を行え，それぞれに独立した業績測定・評価ができる，②本社と工場とで独立した経営管理が行えるといったことにある。

とはいえ，振替価格に付加される利益は未実現の利益である。したがって，合併財務諸表を作成する際，材料・製品などの(期首あるいは期末)棚卸高に内部利益を含む分があれば，工場および本社の双方においてその内部利益を計算し，控除しなければならない。なお，内部利益の金額は，次の計算式によって計算する。

内部利益の金額 = 内部利益を含む材料・製品などの(期首あるいは期末)棚卸高 × $\dfrac{\text{付加利益率}}{1+\text{付加利益率}}$

例 題

当社は工場会計を本社会計から独立させている。以下の取引について，工場側の仕訳と本社側の仕訳を示しなさい(仕訳が不要な場合は，「仕訳なし」と記入すること)。なお，工場の総勘定元帳には，材料勘定，賃金給料勘定，製造間接費勘定，製造勘定，本社勘定の5つの勘定を設定し，本社の総勘定元帳には，現金勘定，買掛金勘定，預り金勘定，製品勘定，工場勘定を設定している。(全経1級・第115回を修正)

1．材料￥380,000を購入し，代金は後日支払うことにした。
2．材料(直接材料費として￥290,000，間接材料費として￥60,000)を出庫した。
3．工場の従業員に対して，給与(総支給額￥450,000)を現金により支給した。なお，支給時に預り金￥50,000を差し引く。
4．直接工等の実際消費額(直接労務費￥310,000，間接労務費￥160,000)を計上した。
5．製造間接費の予定配賦額￥830,000を計上した。
6．製品￥1,200,000が完成し，本社の倉庫に納入した。

〈仕 訳〉
1. 【工場側】(借方)　　　　　　　　　　　　　　(貸方)
   【本社側】(借方)　　　　　　　　　　　　　　(貸方)
2. 【工場側】(借方)　　　　　　　　　　　　　　(貸方)

   【本社側】(借方)　　　　　　　　　　　　　　(貸方)
3. 【工場側】(借方)　　　　　　　　　　　　　　(貸方)
   【本社側】(借方)　　　　　　　　　　　　　　(貸方)

4. 【工場側】(借方)　　　　　　　　　　　　　　(貸方)

   【本社側】(借方)　　　　　　　　　　　　　　(貸方)
5. 【工場側】(借方)　　　　　　　　　　　　　　(貸方)
   【本社側】(借方)　　　　　　　　　　　　　　(貸方)
6. 【工場側】(借方)　　　　　　　　　　　　　　(貸方)
   【本社側】(借方)　　　　　　　　　　　　　　(貸方)

解 答

1. 【工場側】(借方)	材　料	380,000	(貸方)	本　社	380,000
【本社側】(借方)	工　場	380,000	(貸方)	買　掛　金	380,000
2. 【工場側】(借方)	製　造	290,000	(貸方)	材　料	350,000
	製造間接費	60,000			
【本社側】		仕訳なし			
3. 【工場側】(借方)	賃金給料	450,000	(貸方)	本　社	450,000
【本社側】(借方)	工　場	450,000	(貸方)	現　金	400,000
				預　り　金	50,000
4. 【工場側】(借方)	製　造	310,000	(貸方)	賃金給料	470,000
	製造間接費	160,000			
【本社側】		仕訳なし			
5. 【工場側】(借方)	製　造	830,000	(貸方)	製造間接費	830,000
【本社側】		仕訳なし			
6. 【工場側】(借方)	本　社	1,200,000	(貸方)	製　造	1,200,000
【本社側】(借方)	製　品	1,200,000	(貸方)	工　場	1,200,000

STEP 1　ベーシック問題

当社は本社会計から工場会計を独立させている。材料倉庫は工場内にあるが，製品倉庫は本社にあり，製品は完成後ただちに本社にある倉庫に送られている。本社への製品の納入は原価で行っている。また，材料購入に要する支払および従業人に対する給与の支払は本社で行っている。そこで，工場の

総勘定元帳には，本社勘定の他に，材料，製造間接費，および製造の3つの勘定を設定し，本社の総勘定元帳には，工場勘定の他，製品，買掛金，未払賃金，減価償却累計額などの諸勘定を設定している。このとき当社における以下の取引について，工場側の仕訳と本社側の仕訳を示しなさい（仕訳が不要な場合は，「仕訳なし」と記入すること）。なお，使用する勘定科目は上に示されたものに限る。（日商2級・第78回修正）

1．本社で材料￥1,000,000を掛で購入し，検品のうえ工場の材料倉庫に預け入れた。
2．工場で材料￥800,000を消費した。直接費￥700,000，間接費￥100,000であった。
3．工場で労働力￥600,000を消費した。直接費￥400,000，間接費￥200,000であった。
4．当月分の工場設備の減価償却費￥150,000を計上した。
5．当月の完成品￥1,500,000を本社倉庫に納入した。

〈仕　訳〉
1．【工場側】（借方）　　　　　　　　　　　　（貸方）
　　【本社側】（借方）　　　　　　　　　　　　（貸方）
2．【工場側】（借方）　　　　　　　　　　　　（貸方）

　　【本社側】（借方）　　　　　　　　　　　　（貸方）
3．【工場側】（借方）　　　　　　　　　　　　（貸方）

　　【本社側】（借方）　　　　　　　　　　　　（貸方）
4．【工場側】（借方）　　　　　　　　　　　　（貸方）
　　【本社側】（借方）　　　　　　　　　　　　（貸方）
5．【工場側】（借方）　　　　　　　　　　　　（貸方）
　　【本社側】（借方）　　　　　　　　　　　　（貸方）

STEP 2　トレーニング問題

以下の設問に答えなさい。（全経上級・第110回・第119回修正）

問1　工場会計を本社会計から独立させるのは，いかなる場合であるのかを述べなさい。

……
……
……

問2　本社工場間での材料・製品に関する取引において，振替価格に一定率の利益を付加することの意義について述べなさい。また，その場合に問題となる事柄について述べなさい。
　（1）意義

……
……
……

(2) 問題点

....
....
....
....
....

STEP 3　チャレンジ問題

　当社は2つの工場を有する製造企業である。本社および各工場において元帳を有し，それぞれ会計処理している。本社および各工場に関する一部修正後残高試算表と2つの資料をもとにして，以下の2つの設問に答えなさい。(全経上級・第98回修正)

残高試算表
(単位：千円)

借方科目	金額 本社	金額 第1工場	金額 第2工場	貸方科目	金額 本社	金額 第1工場	金額 第2工場
現 金 預 金	1,400	310	640	支 払 手 形	3,000		
受 取 手 形	7,200			買 掛 金	2,540		
売 掛 金	6,000			借 入 金	6,200		
製　　　　品		1,200	2,400	未 払 費 用	642		
材　　　　料		800	2,100	貸 倒 引 当 金	264		
仕掛品（製造）		2,100	2,250	繰 延 内 部 利 益	1,452		
有 形 固 定 資 産	3,200	2,400	2,800	本　　　　社		5,680	8,800
その他の資産	1,870			資 本 金	15,000		
第 1 工 場	6,030			剰 余 金	2,638		
第 2 工 場	8,440			売　　　　上	29,980		
売 上 原 価	24,300	6,000	19,950	内 部 売 上		8,000	23,940
販売費・管理費	3,200	870	2,600	営 業 外 収 益	844		
営 業 外 費 用	920						
	62,560	13,680	32,740		62,560	13,680	32,740

〔資　料1〕
1．第1工場は外部から購入した材料を加工して，中間製品を製造し，第2工場へ送付する。
2．第2工場は，第1工場から受け入れた中間製品および外部から購入した材料を始点で投入して加工する。中間製品と外部購入材料の製造原価に占める比率は4対1である。完成製品は，いちど倉庫に保管し，本社の指示により発送する。
3．第2工場での仕掛品原価に占める加工費の割合は20%であり，製品原価中に加工費の占める割合は40%である。
4．第2工場の期末材料のうち外部から購入した材料は300千円である。
5．第1工場，第2工場での振替価格は製造原価に一定割合の利益を加算して設定してある。

〔資料2〕
1．未達事項
 (1) 本社で立て替え払いした第1工場の管理費150千円の通知が第1工場に未達。
 (2) 第1工場の製品200千円が第2工場に未達。本社もこの通知を受けていない。
 (3) 本社の指示で第2工場から発送した製品が返品されたが本社への通知が未達。この製品の本社での掛売り金額は500千円であり，第2工場からの振替価格(売上原価)は360千円である。
2．残高試算表における繰延内部利益は，前期末に計上したものである。
3．貸倒引当金は売上債権の2％を計上している。

問1　未達事項を仕訳しなさい。

〈仕　訳〉
1．(借方)　　　　　　　　　　　　　　　(貸方)
2．(借方)　　　　　　　　　　　　　　　(貸方)

3．(借方)　　　　　　　　　　　　　　　(貸方)

問2　第2工場の期末棚卸資産に含まれる内部利益を計算しなさい。

材料に含まれる内部利益	千円
仕掛品に含まれる内部利益	千円
製品に含まれる内部利益	千円

問3　合併損益計算書と合併貸借対照表を完成しなさい。

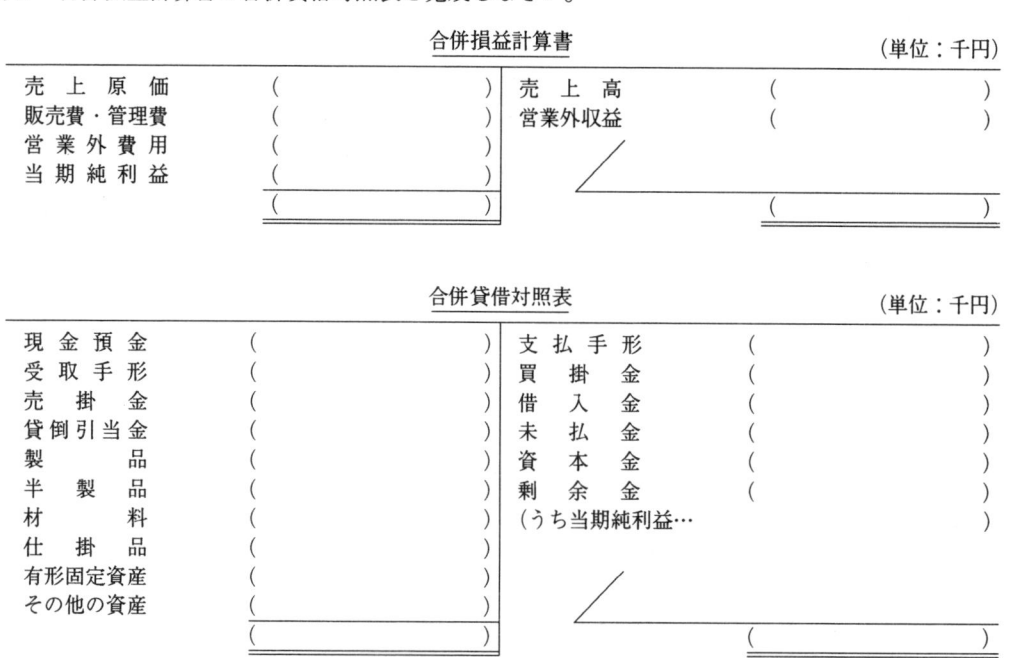

合併損益計算書　　　　　　　　　　　(単位：千円)

売上原価	( )	売上高	( )
販売費・管理費	( )	営業外収益	( )
営業外費用	( )		
当期純利益	( )		
	( )		( )

合併貸借対照表　　　　　　　　　　　(単位：千円)

現金預金	( )	支払手形	( )
受取手形	( )	買掛金	( )
売掛金	( )	借入金	( )
貸倒引当金	( )	未払金	( )
製品	( )	資本金	( )
半製品	( )	剰余金	( )
材料	( )	(うち当期純利益…	
仕掛品	( )		
有形固定資産	( )		
その他の資産	( )		
	( )		( )

第27章 差額原価収益分析

ポイント

1．経営意思決定…企業経営を行う上で，経営者は，企業の将来の活動に関して生起する様々な問題を解決していく必要がある。このプロセスは，問題を明確にした上で，いくつかの代替案を想定し，それを評価することによって，その中から最善と思われる案を選択する。代替案の中から最善と思われる案を選択することを経営意思決定という。

経営意思決定のプロセス

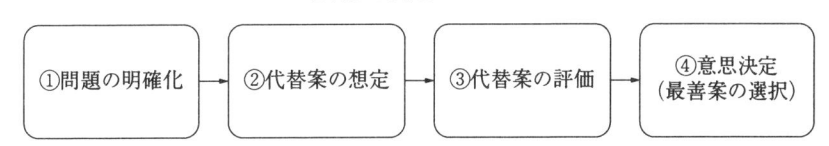

①問題の明確化 → ②代替案の想定 → ③代替案の評価 → ④意思決定（最善案の選択）

2．経営意思決定の分類…意思決定は，対象とする問題の特質により，次の2つに大別される。経営意思決定のために必要なデータを経営者に提供する会計を，意思決定会計という。
(1)戦略的意思決定…長期的視点に立った経営の基本構造にかかわる問題を対象とする意思決定をいう。設備投資の経済性分析などが該当する。
(2)業務的意思決定…現在の経営の基本構造を所与とした上で，短期的・日常的業務活動にかかわる問題を対象とする意思決定をいう。なお，この業務的意思決定では，戦略的意思決定と異なり，貨幣の時間的価値などは考慮しない。本章では，この業務的意思決定について検討する。

3．特殊原価概念…業務的意思決定としての意思決定会計は，代替案にかかわる原価を計算することから，原価計算の一領域と考えられているが，これを特殊原価調査ということがある。ただし，ここでの原価概念は，製品原価計算における原価とは大きく異なる。
(1)関連原価…業務的意思決では，意思決定において考慮すべき原価だけを計算の対象とする。これを関連原価といい，次の条件を満たすものが該当する。
①将来の原価(未来原価)であること
　代替案の原価を計算するのは，将来の企業活動に関して意思決定を行うためであるので，計算の対象となるのは，各代替案を採用したときに発生すると予想される未来原価だけである。
②差額原価であること
　代替案の原価を計算するのは，各代替案のうち，いずれを選択すれば最善かを決定するためであるので，計算の対象となるのは，代替案ごとに金額が異なる差額原価(あるいは差額収益)だけである。このように，差額原価(差額収益)とは，意思決定によって変化する原価(収益)である。
　なお，以上の条件を満たす限りにおいて，支出原価だけでなく，機会原価も関連原価となる。支出原価とは，実際に現金支出を伴う原価をいう。それに対して，機会原価とは，現金支出を伴うわけではないが，ある代替案を選択し，他の代替案を断念したことによって失った利益(便益)を，原価として捉えたものである。

(2)無関連原価(埋没原価)…以上の条件を満たさない原価は無関連原価となり，特に，埋没原価という。こうした原価は，意思決定において考慮する必要はない。例えば，過去原価あるいは未来原価であっても代替案によって発生額が異ならない原価は，いずれも埋没原価となる。

業務的意思決定における特殊原価概念

関連原価	特定の意思決定に関連して変化する原価。 (条件)①将来の原価(未来原価)であること。 　　　　②差額原価であること。　※差額原価は増分原価ともいわれる。
支出原価	実際に現金支出を伴う原価。
機会原価	ある代替案を選択し，他の代替案を断念したことによって失う最大の利益額で測定される原価。
無関連原価 ＝埋没原価	特定の意思決定にとって関係のない原価。 (例)過去原価，未来原価であっても代替案によって発生額が異ならない原価。

4．差額原価収益分析と具体例…3で述べたように，業務的意思決定において，計算の対象となるのは，代替案ごとに金額が異なる差額原価あるいは差額収益だけである。こうした分析を特に，差額原価収益分析という。すなわち，差額原価収益分析とは，各代替案の関連原価である差額原価や差額収益を利用して最善案を選択しようとする分析手法である。

差額原価収益分析は，たとえば以下のような意思決定のケースに用いられる。

(1)新規注文を引き受けるかどうかの意思決定

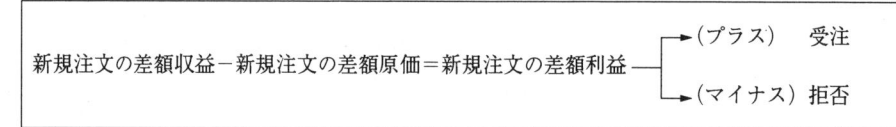

　　新規注文の差額収益－新規注文の差額原価＝新規注文の差額利益　→（プラス）　受注
　　　　　　　　　　　　　　　　　　　　　　　　　　　　　　　　→（マイナス）拒否

(2)製品を自製するか購入するかの意思決定

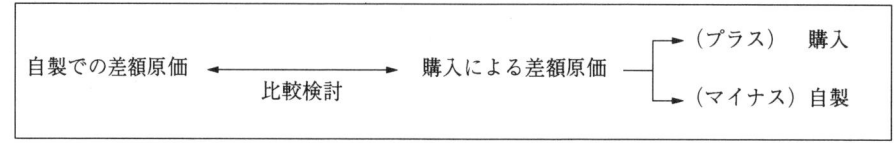

　　自製での差額原価　←比較検討→　購入による差額原価　→（プラス）　購入
　　　　　　　　　　　　　　　　　　　　　　　　　　　　→（マイナス）自製

(3)追加加工を施し，新製品として販売するかどうかの意思決定

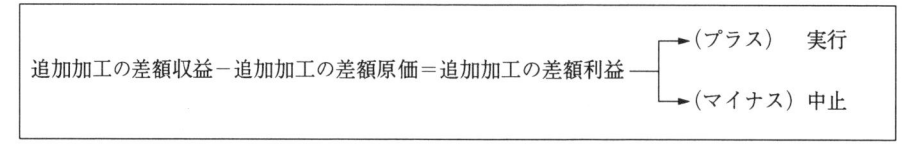

　　追加加工の差額収益－追加加工の差額原価＝追加加工の差額利益　→（プラス）　実行
　　　　　　　　　　　　　　　　　　　　　　　　　　　　　　　　→（マイナス）中止

※これ以外に，ある製品の生産・販売を中止するかどうかの意思決定，合理化案を行うかどうかの意思決定など，いくつかの意思決定のケースが考えられる。

例題

当社では，現在A製品を生産・販売している。この製品について新規の注文を受けた。以下の資料に基づいて，新規注文を受けるべきか否かを判断し，ふさわしいものをマルで囲み，また適当な金額を( )の中に入れて解答欄を完成させなさい。

〔資料〕
1. 現在A製品は240個の注文を引き受けており，その原価データは，以下のとおりである。なお，この場合の操業度は60％である。

(単位：円)

	製造原価	販売費	一般管理費
変 動 費	120,000	36,000	—
固 定 費	96,000	24,000	36,000
合 計	216,000	60,000	36,000
単位原価	@ 900	@ 250	@ 150

2. A製品の販売価格は，製品1個あたり900円である。
3. 新規注文の注文量は100個で，注文価格はA製品の販売価格の70％である。
4. 新規注文の価格は，現状よりも安価であるため，変動販売費に含まれる製品の発送諸経費30円(製品1個あたり)は，買い手が負担することになっている。
5. 新規注文を受けても，固定費の発生額にはなんら影響しない。

差額(利益 ・ 損失)が( )円増加するので，新規注文は引き受けるべきで(ある ・ ない)。

解答

差額(利益 ・損失)が(1,000)円増加するので，新規注文は引き受けるべきで(ある ・ない)。

本問は，新規注文を引き受けるかどうかの意思決定に関する問題である。

差額収益は，100個×@900円×70％＝63,000円と計算される。一方，差額原価は，製造原価100個×@500円＝50,000円となり，販売費および一般管理費100個×(@150円−@30円)＝12,000円となって，62,000円と計算される。

※1 操業度は60％であるので，生産能力には余裕があり新規注文を引き受けることは可能である。
※2 新規注文を受けても，固定費の発生額にはなんら影響しないので，単位当たりの製造原価と販売費および一般管理費は以下のようになる。

単位当たりの製造原価：120,000円÷240個＝@500円
単位当たりの販売費および一般管理費：36,000円÷240個＝@150円

STEP 1　ベーシック問題

当社は，B製品を生産販売している。B製品をさらに追加加工して新製品Cとして生産販売するか否かを検討している。次の資料に基づいて，解答欄の追加加工を行った場合の損益計算を完成させ，当社にとってB製品，C製品のいずれを選択すべきか判断しなさい。

1．当初予定したB製品の見積損益計算書

<u>見積損益計算書</u>

(単位：円)

Ⅰ 売上高		200kg×@2,100＝420,000
Ⅱ 変動費		
変動売上原価		200kg×@1,050＝210,000
変動販売費		200kg×@ 210＝ 42,000
貢献利益		168,000
Ⅲ 固定費		
固定加工費		120,000
固定販売費		16,000
固定一般管理費		12,000
営業利益		20,000

2．C製品の生産・販売データ
　販売価格　　1kgあたり　　2,500円
　追加加工費　1kgあたり　　 240円
　変動販売費　1kgあたり　　 270円

3．C製品を生産するためには追加加工工程での加工作業が必要となるが，現存設備をもって加工可能であり，固定加工費には影響しない。

4．C製品については，販売等のために広告宣伝費が新たに18,000円必要となる。

5．B製品の生産販売と比較して，C製品について一般管理費の増減はない。

解答

<u>追加加工を行った場合の損益計算</u>

(単位：円)

差額収益	(　　　　　)
差額原価	
追加加工費	(　　　　　)
変動販売費	(　　　　　)
広告宣伝費	(　　　　　)
差額損益	(　　　　　)

◎結果として，当社は(　　　　　)製品の生産を選択すべきである。

STEP 2　トレーニング問題

当社は製品Xの生産のために必要な部品Pを自家製造している。その生産量は月間10,000個で，月間の製造原価は次のとおりである。

	月間製造原価
直接材料費	2,000,000円
直接労務費	5,500,000円
変動製造間接費	4,500,000円
固定製造間接費	7,000,000円

　いま，部品Pの製造業者から部品の売り込みがあった。部品Pを外部購入に切り替えると，この部品製造の設備を外部に賃貸することができる。それによる純収入は月額1,500,000円である。

　なお，部品Pの製造を中止しても固定製造間接費のうち，5,000,000円の発生は回避することができない。部品Pを何円未満で購入すれば，当社の利益水準が現状より悪化しないか。正しいものを1つ選びなさい。

1．1,050円　　2．1,200円　　3．1,250円　　4．1,550円　　5．1,900円

解答：[　　　　]　　　　　　　　　　　　　　　　　　　　　　（会計士2次短答式・平成9年）

STEP 3　チャレンジ問題

　OK工業の第7製造課では，自動車部品A－12を製造しているが，この部品について，今後6ヶ月間，従来どおり内製するほうが良いか，あるいは購入するほうが良いか，製造部長はその判断に迷っている。関係資料は次のとおりである。

1．過去6ヶ月間の部品A－12の生産および原価データ
(1)生産データ　A－12は6ヶ月間で5,000個生産した。
(2)原価データ（上記5,000個の生産に要した実際製造原価総額）
　　直接材料費（変動費）　　6,900万円
　　直接労務費（変動費）　　4,000万円
　　製造間接費（準変動費）　7,600万円
(3)製造間接費の月額内訳（これらはすべて正常値である。）

月	製造間接費発生額（万円）	A－12完成品（個）
1	1,245.0	800
2	1,221.2	760
3	1,266.6	830
4	1,278.0	850
5	1,308.0	900
6	1,281.2	860
合計	7,600.0	5,000

2．部品A－12の購入案
　かねて取引関係にある東京製作所から，部品A－12を1個当たり4万円で売りたいという申し入れがあった。この会社の製品品質水準は高く，内製した場合と比較して品質に差はない。購入の場合に生じる差額購入副費は少額なので無視する。

3．原価計算担当者の調査
(1)原価計算担当者の調査では，今後6ヶ月間は，原価財の価格や消費能率に変化はなく，変動費率と固定費の発生状況は上記過去6ヶ月と同様と思われる。A－12の需要量は4,500個から5,500個の範囲内にあり，5,000個の可能性が大である。

(2)部品A－12の製造は，臨時工を雇って行ってきたので，もしこの部品を購入に切り替えれば，臨時工は雇わないことにする。
(3)第7製造課で今後6ヶ月間に発生する固定製造間接費発生総額の内訳は，次のとおりである。

　　a．工場建物減価償却費配賦額　　　　　　　　672万円
　　b．固定資産税，火災保険料等配賦額　　　　　 60万円
　　c．工場長給料，事務員給料等配賦額　　　　　500万円
　　d．A－12専用製造機械減価償却費（注1）　　 148万円
　　e．部品A－12に直接関連する支援活動費(部品A－12設計変更費など)
　　f．部品A－12バッチ関連活動費(専用製造機械段取費，専用検査機械賃借料など)(注2)　　 ?万円
　　g．第7製造課長給料(注3)

(注1) 購入案を採用する場合，A－12専用製造機械は売却処分せず，遊休機械として保持する。
(注2) 購入案を採用する場合，A－12の専用検査機械は不要となるため賃借しない。
(注3) 購入案を採用する場合，第7製造課長は配置換えとなる。

　以上の条件に基づき，原価が安ければ購入に切り替えるものとして，次の問いに答えなさい。
問1　内製か購入かの問題を解くための原価計算目的は，次に示す原価計算目的のうち，どの目的であるか，を答えなさい。
　　(1)原価管理目的　(2)製品原価計算目的　(3)業務的意思決定目的　(4)利益管理目的
　　(5)構造的意思決定目的
問2　第7製造課の製造間接費について高低点法により原価分解を行って，(1)部品A－12の1個当たりの変動費，(2)(6ヶ月間ではなく)月間の固定製造間接費を計算しなさい。
問3　今後6ヶ月間における部品A－12の総需要量が何個を超えるならば，この部品を内製するほうが有利か，あるいは購入するほうが有利かを判断しなさい。
問4　上記のほかに，さらに次の条件を追加する。東京製作所は部品A－12の売り込みにあたり，今後6ヶ月間の第7製造課による総購入量が1～3,000個までならば売価は@4.0万円であるが，3,001個～4,000個までは20％引きして@3.2万円，4,001～5,000個までは@2.8万円，5,001個～6,000個までは@2.4万円，6,001個～7,000個までなら@2.0万円とするという条件である。したがって例えば6ヶ月間の総購入量が4,500個であれば，最初の3,000個は@4.0万円，次の1,000個は@3.2万円，最後の500個は@2.8万円を支払うことになる．
　　以上の条件を勘案すると，(1)今後6ヶ月間における部品A－12の総需要量が4,500個～5,500個の範囲にあるかぎり，内製するほうが有利か，あるいは購入するほうが有利かを判断しなさい。(2)また総需要量が5,500個以上であって，内製のコストと購入のコストが等しくなる総需要量を計算しなさい。
　　　　　　　　　　　　　　　　　　　　　　　　　　　　　　　　（日商1級・第93回，一部省略）

解答
問1　内製か購入かの問題を解くための原価計算目的は[　　　]である。
　　（注）上の[　　　]の中に該当する原価計算目的の番号を記入しなさい。
問2　(1)部品A－12の1個当たりの変動費＝[　　　]万円
　　　(2)月間の固定製造間接費＝[　　　]万円
問3　部品A－12の総需要量が[　　　]個を超えるのであれば，

内製が有利である。

購入が有利である。

内製，購入のどちらでもよい。

　(注)正解に〇印をつけなさい。

問4　(1)部品A－12の総需要量が4,500～5,500個の範囲にある限り，

内製が有利である。

購入が有利である。

内製，購入のどちらでもよい。

　(注)正解に〇印をつけなさい。

(2)部品A－12の総需要量が5,500個以上であって，

内製のコストと購入のコストが等しくなる総需要量　＝□個

第28章 在庫管理のための原価計算

ポイント

1．在庫管理と在庫関連原価

　本章では，在庫管理に関する問題を取り上げる。在庫品を発注するにあたって，いくつずつ発注するのが経済的に最適かということが問題となる。なぜなら，それによって，在庫品を発注してから消費するまでにかかる原価(在庫関連原価)が変わってくるからである。この在庫関連原価には次のようなものがある。

(1)発注費
　在庫品を発注してから入庫するまでに要する原価。基本的に，発注回数に比例して発生する。
例：発注に係わる引取運賃，荷役費，通信費，事務用消耗品費。

(2)保管費
　在庫品の保管に要する原価。基本的に，在庫量に比例して発生する。
例：保管料，倉庫管理費，在庫品にかける保険料，棚卸減耗費，在庫に投じた資金の資本コスト。

　※これ以外に，主に機会原価である品切れ損失も在庫関連原価となるが，在庫品の年間消費量が確実であり，在庫品の1日の在庫消費量(消費速度)とリード・タイムが一定であると仮定しているので，ここでは考慮しない。

2．発注費と保管費の関係

　ある期間の消費量を一定とすると，一回の発注量を小さくすることによって，在庫が減って，保管費を低く抑えられる。反面，発注回数が多くなるので，発注費が大きくなってしまう。逆に，一回の発注量を大きくすると，発注回数が減って，発注費を低く抑えられる。反面，在庫として抱える量は大きくなるので，保管費が大きくなってしまう。このように，発注費と保管費は，トレード・オフの関係にある。

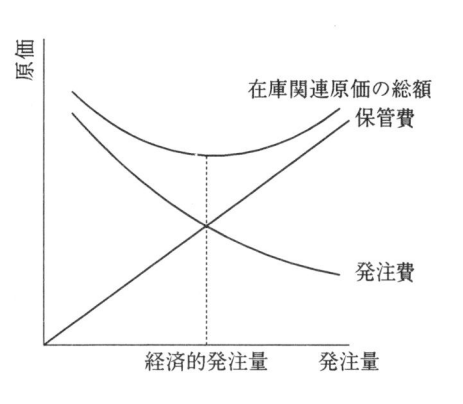

3．経済的発注量の求め方

　以上の関係から，発注量は，発注費と保管費からなる在庫関連原価の総額が最小となる水準にすることが経済的に最適であることがわかる。これを経済的発注量(Economic Order Quantity; EOQ)という。
　いま，各記号を次のように定義する。

　　D：年間在庫品消費量　　　Q：1回当たり発注量
　　P：1回当たり発注費　　　S：在庫品1単位あたり年間保管費
　　C：在庫関連原価の総額　　Q*：経済的発注量

　以上から，在庫関連原価Cは，次のように表すことができる。

— 136 —

$$C = P * \frac{D}{Q} + S * \frac{Q}{2} \tag{3-1}$$

(3-1)で，$\frac{D}{Q}$ は，年間の発注回数を示している。したがって，$P*\frac{D}{Q}$ は，年間発注費となる。また，$\frac{Q}{2}$ は，平均在庫量を示している。したがって，$S*\frac{Q}{2}$ は，年間保管費となる。

そこで，経済的発注量Q*を求めるには，Cを最小とするQを求めればよいことになる。すなわち，CをQについて微分して0とおき，Qについて解けばよい。

$$\frac{dC}{dQ} = \frac{-P*D}{Q^2} + \frac{S}{2} = 0$$

$$\frac{S}{2} = \frac{P*D}{Q^2}$$

$$S*Q^2 = 2*P*D$$

$$Q^2 = \frac{2*P*D}{S}$$

$$\therefore Q = \sqrt{\frac{2*P*D}{S}} = Q^* \tag{3-2}$$

4．発注点在庫量

また，在庫品を発注してから入庫するまでの期間，すなわち，リード・タイムがわかれば，在庫がいくつになった時点で発注すべきかを決めることもできる。これを発注点在庫量(Reorder Point ;ROP)という。

発注点在庫量は，年間在庫品消費量Dを365日(あるいは年間稼動日数)で割って1日の在庫消費量(消費速度)D_dを計算し，それにリード・タイムLをかけて計算する。

$$ROP = L * D_d \tag{4-1}$$

これにより，在庫がゼロになる直前に，リード・タイムだけ前に発注した在庫品が入庫されることになる。なお，在庫品の年間消費量が確実であるという仮定を外すと，品切れの可能性が出てくる。品切れ損失を回避するために若干余分な在庫(安全在庫)を保有する必要がある場合には，発注点在庫量を安全在庫量E分だけ高く設定することになる。

$$ROP = L * D_d + E \tag{4-2}$$

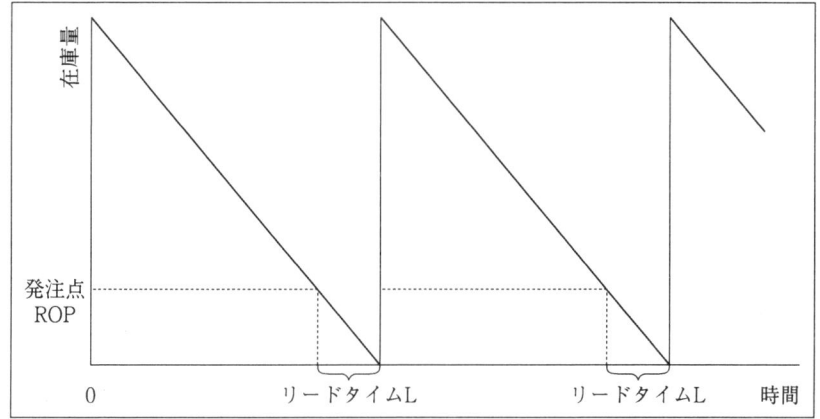

5．経済的発注量モデルとかんばん方式（ジャスト・イン・タイム；JIT）の違い

経済的発注量モデルでは，製造および販売活動を円滑に行うためには，適正な在庫品を保有することは必要であると考えている。つまり，適正在庫が存在するという仮定のもとに成り立っている。

これに対して，トヨタ自動車が考案したかんばん方式(ジャスト・イン・タイム；JIT)では，在庫品を保有することは無駄であり，企業にとって損失であると考えている。つまり，在庫は究極的にはゼロが望ましいという仮定のもとに成り立っている。
　JIT方式では，必要なものを，必要な時に，必要な量だけ受け入れることによって，材料や部品の在庫をゼロにすることを指向している。
　このJIT方式を採用するには，製造や購買などの各部門が，精緻なスケジュールで完全に結ばれる必要があり，生産の合理化に対する徹底的な努力なしには達成できないことに注意を要する。しかし，近年の情報技術(IT)の進展は，こうしたJIT方式を実践しようとする企業にとって強力なツールとなりうる。

例題

X材料に関する次の資料に基づいて，次の問に答えなさい。

〔資　料〕

(1) X材料に関するデータ

購入原価	購入価格	2,950円
	付随費用	50円
	合計	3,000円

年間予定消費量　30,000個

(2) 購買部門に関するデータ

X材料の発注1回当たりの通信費，事務用消耗品費	2,500円
X材料の発注1回当たりの荷役費(外部委託)	15,500円
購買部門従業員の給料(固定・月額)	1,800,000円

(3) 倉庫部門に関するデータ

X材料1個当たりの年間保険料	30円
X材料への投資額に対して，年間3％の資本コストを計上する。	
材料倉庫の減価償却費(年額)	750,000円

問1　X材料の経済的発注量を求めなさい。
　　　X材料の経済的発注量＝[　　　　　]

問2　問1で求めたX材料の経済的発注量をもとに，X材料の年間発注回数，さらに在庫関連原価総額を求めなさい。
　　　X材料の年間発注回数＝[　　　　　]
　　　X材料の在庫関連原価総額＝[　　　　　]

問3　さらに，次の情報を追加した場合，発注点在庫量を求めなさい。
　　年間稼動日数：300日
　　リード・タイム：5日
　　安全在庫量：400個
　　　X材料の発注点在庫量＝[　　　　　]

解　答

問1
X材料の経済的発注量＝ 3,000個

問2
X材料の年間発注回数＝ 10回
X材料の在庫関連原価総額＝ 360,000円

問3
X材料の発注点在庫量＝ 900個

問1
まず，発注1回当たりの発注費と1個当たりの年間保管費を求める。
①発注1回あたりの発注費
X材料の発注1回当たりの通信費および事務用消耗品費　　2,500円
X材料の発注1回当たりの荷役費(外部委託)　　　　　　　15,500円
合計　　　　　　　　　　　　　　　　　　　　　　　　　18,000円
②1個当たりの年間保管費
X材料1個あたりの年間保険料　　　　　　　　　　　　　　　30円
X材料への投資額に対する年間3％の資本コスト　　　　　　　90円
合計　　　　　　　　　　　　　　　　　　　　　　　　　　120円

※1 購買部門従業員の給料(固定・月額)は，発注量に関係なく固定的に発生するので，埋没原価である。同様に，倉庫の減価償却費(年額)も，発注量に関係なく固定的に発生するので，埋没原価である。

※2 また，X材料の購入原価自体も，経済的発注量を求めることとは直接関係しないので，埋没原価となる。

以上により，経済的発注量を求めると以下のようになる。

$$Q^* = \sqrt{\frac{2*P*D}{S}}$$

$$= \sqrt{\frac{2*18{,}000円*30{,}000個}{120円}} = 3{,}000個$$

問2
また，X材料の経済的発注量をもとに，X材料の年間発注回数を求めると以下のようになる。
X材料の年間発注回数＝年間予定消費量÷EOQ
　　　　　　　　　　＝30,000個÷3,000個＝10回

さらに，以上のデータからX材料の在庫関連原価総額を求めると以下のようになる。

$$C = P*\frac{D}{EOQ} + S*\frac{EOQ}{2}$$

$$= 18{,}000円*10回 + 120円*\frac{3{,}000個}{2}$$

$$= 360{,}000円$$

※このように，年間10回の発注頻度で，1回あたり3,000個を発注することが，年間在庫関連原価総額を最小に抑えられる最適在庫計画となる。

問3
　安全在庫量Eを保有する場合，リード・タイムをLとすると，発注点在庫量ROPは次の式で求められる。

　　ROP＝L＊D_d＋E
　　　　＝5日＊100個＋400個＝900個
※1日の在庫消費量(消費速度)D_d＝30,000個÷300日＝100個

STEP 1　ベーシック問題

　当社では，合理的な在庫管理を検討中である。次の資料に基づいて，年間の在庫品関連費用が最小となるよう1回当たりの発注量を計算しなさい。

〔資　料〕
1．発注量に関するデータ
　　　部品の年間総消費量　　　　　　25,6000kg
　　　1回当たりの発注量　　　　　　 1,800円
　　　部品1kg当たりの年間保管費　　　90円
2．経済的発注量の計算においては，異常時のために備える安全在庫量や在庫切れはないものと想定する。また，1回当たりの発注量は定額であり，発注回数に応じて比例的に発生する。同様に年間保管費は平均在庫量に比例して発生する。

解答：□□□□□□kg

STEP 2　トレーニング問題

　OK工業では，在庫管理のために，H材料の経済的発注量を知る必要が生じ，材料係が原価計算係のところへ相談にやってきた。「H材料の年間予定総消費量は，1日あたりの平均消費量が84個，年間の操業日数が250日なので，21,000個と思われます。そこでもし21,000個を1度に購入すれば，発注費は1回分ですむけれども，相当量の在庫をかかえこむため，材料の保管費が高くなるし，そうかといって1回に1日分の消費量しか購入しなければ，毎日発注する羽目となり，たとえ保管料はかからなくとも発注費が巨額に発生することになる。そこでH材料の，年間の発注費と保管費の合計額が，もっとも少なくてすむ，1回あたりの発注量(経済的発注量)を知りたいのです。」と材料係が言った。そこで原価計算係は，次のデータを集めた。

(1)H材料1個当たりの購入価格(送り状記載価格)……………………………………………………4,900円
(2)H材料1個当たりの引取運賃　……………………………………………………………………………100円
(3)材料課長の給与月額(残業はない。)………………………………………………………………40,000円
(4)H材料発注1回に要する郵便料金など……………………………………………………………2,500円
(5)H材料発注1回に要する事務用消耗品費…………………………………………………………1,000円
(6)H材料発注1回に要する受入材料積下ろし作業賃金支払額………………………………………9,500円
　(これは外部業者に支払われ，原価計算上は製造間接費に計上している。)
(7)材料倉庫の減価償却費月額…………………………………………………………………………80,000円
(8)材料倉庫の電灯料月額………………………………………………………………………………29,000円
(9)保管するH材料1個当たりの年間火災保険料　……………………………………………………100円

⑽H材料1個当たりの年間保管費の中には，H材料にたいする投資額の8％(年利率)を，資本コストとして計上する。

原価計算係は，上記データをよく検討してみると，この計算目的に適切なデータと，まったく無関係なデータとが混在していると考えた。さらにこの経済的発注量の計算においては，異常時のために備える安全在庫量や在庫切れの機会損失は考慮外とし，1回当たりの発注量は定額であって，それは発注回数に比例して発生し，また材料の年間保管費は，材料の平均在庫量に比例して発生するものとして計算することとした。

以上の資料と計算条件に基づき，下記の問いに答えなさい。

問1　経済的発注量を求める計算は，次に示す原価計算目的のどれに属するか，を答えなさい。
　(1)製品原価計算と財務諸表作成目的　　(2)原価管理目的　　(3)利益管理目的
　(4)業務的意思決定目的　　(5)戦略的意思決定目的

問2　経済的発注量を求める計算にとって適切な原価は，次の原価のうちのどれか，を答えなさい。
　(1)標準原価　　(2)変動費　　(3)差額原価　　(4)直接原価　　(5)総合原価

問3　経済的発注量を計算するために，(1)H材料の1回当たりの発注費，および(2)H材料1個当たりの年間保管費を計算しなさい。

問4　H材料の経済的発注量を求めなさい。ただしこの材料は，50個単位で購入可能なので，経済的発注量は50個の倍数とする。なおこの計算の答えは，試行錯誤で求めてもよく，あるいは経済的発注量の公式を使用して求めてもよい。

（日商1級・第71回）

解答
問1　該当する原価計算目的の番号に○印をつけなさい。
　(1)製品原価計算と財務諸表作成目的　　(2)原価管理目的　　(3)利益管理目的
　(4)業務的意思決定目的　　(5)戦略的意思決定目的

問2　適切な原価の番号に○印をつけなさい。
　(1)標準原価　　(2)変動費　　(3)差額原価　　(4)直接原価　　(5)総合原価

問3　経済的発注量を計算するための
　(1)H材料の1回当たりの発注費＝　　　　　　　円
　(2)H材料1個当たりの年間保管費＝　　　　　　円

問4　H材料の経済的発注量＝　　　　　　個

STEP 3　チャレンジ問題

当社では，Y材料を使用して生産を行っている。Y材料に関する以下の資料に基づいて，各問いに答えなさい。

(1)年間の予定総消費量　　　　　　　150,000kg
(2)1kg当たりの購入原価　　　　　　　5,000円
(3)発注1回当たりの通信費　　　　　　2,000円
(4)発注1回当たりの事務用消耗品費　　28,000円
(5)倉庫の年間減価償却費　　　　　　2,500,000円

(6) 倉庫の電灯料の基本料金年額　　　720,000円
(7) 1kg当たりの年間火災保険料　　　250円
(8) 1kg当たりの年間保管費には，購入原価の15％の機会原価を加算する。

問1　以上の資料に基づいて，(1)Y材料1回当たりの発注費，(2)Y材料1kg当たりの保管費，(3)Y材料の経済的発注量を求めなさい。ただし，発注費は発注回数に比例して発生し，1個当たりの保管費は在庫量に比例して発生するものとする。また，安全在庫量や在庫切れの機会損失は考慮外とする。

問2　上記の問1の条件のほかに，次の条件を追加する。Y材料の1回当たりの発注量が多いと，売り手から値引きが受けられる。

1回当たりの発注量	売価に対する値引率
0　　～　3,999kg	なし
4,000kg～　7,999kg	2.0%
8,000kg～11,999kg	2.2%
12,000kg以上	2.4%

以上の追加条件を考慮し，1回当たり何個ずつ発注すると，発注費，保管費及び機会損失(値引きが受けられなかったことによる被る損失)の合計額が最も低くなるかを考える。なお，計算上で生じた端数は計算のつど100円未満を四捨五入すること。

(1) 問1で計算した経済的発注量を採用した場合，値引きを受けられないことによる年間の機会損失額はいくらか。
(2) 1回12,000kgずつ発注する場合の年間保管費はいくらか。
(3) 1回に何kgずつ発注するのが，最も有利かを計算しなさい。

(日商1級・第82回改)

解答
問1
(1) Y材料1回当たりの発注費＝[　　　　]円　(2) Y材料1kg当たりの保管費＝[　　　　]円
(3) Y材料の経済的発注量＝[　　　　]kg
問2
(1) 値引きを受けられないことによる年間の機会損失額＝[　　　　]円
(2) 1回12,000個ずつ発注する場合の年間保管費＝[　　　　]円
(3) 1回に何kgずつ発注するのが，最も有利か＝[　　　　]kg

第29章 設備投資の経済性分析

> **ポイント**
>
> 1. **設備投資の意思決定**…原価計算基準における第1章の1．原価計算の目的(5)でいうところの基本計画の1つであり，その良否が企業の長期的業績に重大な影響を及ぼす可能性があるので，できる限り合理的な計算に裏づけられた原価情報が求められる。
> 2. **設備投資の意思決定に利用される経済性分析技法**…次のような方法がある。
>   (1) 貨幣の時間的価値を考慮しない方法
>   ① 単純回収期間法…投資からもたらされる年々の純現金流入額を累計していき，投資額に等しくなる回収期間が最短の投資案か，もしくは企業の要求する期間内に回収可能な投資案を採択する方法。安全性を重視している。
>   ② 単純投下資本利益率法(会計利益率法)…会計上の平均税引後利益額を平均投資額(または総投資額)で除して求めた比率で投資案を比較する方法。目標利益率をクリアしている投資案の中から最高値が最有利と判定される。
>   (2) 貨幣の時間的価値を考慮する方法
>   ① 正味現在価値法…投資によって生じる年々の純現金流入額の現在価値合計から，初期投資額と年々の追加投資額の現在価値合計を差し引いた正味現在価値(ＮＰＶ)を投資の判断基準とする方法。
> I_0…初期投資額　I_j…j年度の追加投資額　r…割引率(資本コスト)
> R_j…j年度の純現金流入額　n…投資案の耐用年数とすると
>
> $$\sum_{j=1}^{n} \frac{R_j}{(1+r)^n} = V \cdots 純現金流入額の現在価値合計\cdots①式とする。$$
>
> $$I_0 + \sum_{j=1}^{n} \frac{I_j}{(1+r)^n} = I \cdots 投資額の現在価値合計\cdots②式とする。$$
>
>   　　　　$V - I = NPV$　　　$NPV > 0$ならば採択　　　$NPV < 0$ならば棄却
>   ② 収益性指数法…投資規模の異なる複数の投資案を投資効率で比較する場合に用いられる。上記①の$V \div I$が収益性指数である。
>   ③ 内部利益率法…次の③式を成立させるαを内部利益率として算出し，それが割引率(資本コスト)のrより大きい投資案が採択される。あるいはαが最大の投資案が採択される。
> I…投資額　r…割引率(資本コスト)　R_j…j年度の純現金流入額
> n…投資案の耐用年数
>
> $$\sum_{j=1}^{n} \frac{R_j}{(1+\alpha)^n} = I \cdots ③式とする。$$
>
> 3. **現価係数と年金現価係数**
>   　　n…年　r…年利とすると

(1) 現価係数＝1／(1＋r)ⁿ…これはn年後にもらう1円の現在価値である。
(2) 年金現価係数…①式において，$R_1=R_2=\cdots R_j=\cdots=R_n=R$とすると

$$R \cdot \sum_{j=1}^{n} \frac{1}{(1+r)^n} \text{ となり，} \sum_{j=1}^{n} \frac{1}{(1+r)^n} = \frac{1-(1+r)^{-n}}{r} = Pa \text{ とおくと}$$

①式は，R・Paとなる。このPaを年金現価係数と呼ぶ。
　あらゆる年の年利の現価係数と年金現価係数が一表として示されたものを，それぞれ，現価係数表，年金現価係数表と呼ぶ。

例題

　設備投資案Yに6,000万円の投資をすると，将来5年間にわたって，年々売上収入が5,000万円得られ，そのための現金支出費用(材料費，労務費など)が，年々3,500万円かかる見込みである。この投資資金の資本コスト率を10％として，投資案Yを採用すべきか否かを，正味現在価値法(net present value method)によって判断しなさい。ただしこの計算においては，法人税の影響を考慮する必要はなく，設備投資の5年後の残存価値はゼロとする。また投資資金の時間価値の計算に必要な現価係数および年金現価係数は下掲の付属資料を使用しなさい。(日商1級・第73回)

投資案Yの正味現在価値＝ □ 万円

　　　　したがってこの案は，{採用すべきである。／採用すべきでない。}　(不要の文字を消しなさい)

〔計算過程〕

〔資　料〕
1．現価係数表$(1+r)^{-n}$

n\r	10％	19％	20％	21％	22％
1	0.9091	0.8403	0.8333	0.8264	0.8197
2	0.8264	0.7062	0.6944	0.6830	0.6719
3	0.7513	0.5934	0.5787	0.5645	0.5507
4	0.6830	0.4987	0.4823	0.4665	0.4514
5	0.6209	0.4190	0.4019	0.3855	0.3700

2．年金現価係数表 $\{1-(1+r)^{-n}\}/r$

n／r	10%	……	19%	20%	21%	22%
1	0.9091	……	0.8403	0.8333	0.8264	0.8197
2	1.7355	……	1.5465	1.5278	1.5095	1.4915
3	2.4869	……	2.1399	2.1065	2.0739	2.0422
4	3.1699	……	2.6386	2.5887	2.5404	2.4936
5	3.7908	……	3.0576	2.9906	2.9260	2.8636

解　答

年間の純現金流入額＝売上収入－現金支出費用＝5,000万円－3,500万円＝1,500万円
純現金流入額の現在価値合計
　＝年間の純現金流入額×資本コスト率10%でnが5年のときの年金現価係数
　＝1,500万円×3.7908＝5686.2万円
投資案Ｙの正味現在価値＝5686.2万円－6,000万円＝－313.8万円

したがってこの案は，$\begin{cases}\text{採用すべきである。} \\ \text{採用すべきでない。}\end{cases}$

STEP 1　ベーシック問題

　設備投資案Ｘに2,400万円の投資をすると，将来5年間にわたって，年々売上収入が2,000万円得られ，そのための現金支出費用(材料費，労務費など)が，年々1,200万円かかる見込みである。この投資資金の年々の予想純現金流入額による投資額の回収期間(年)を求めなさい。ただしこの計算においては，投資資金の時間価値や法人税の影響は考慮する必要はない。(日商1級・第73回)

投資案Ｘの回収期間＝ _____ 年

〔計算過程〕

STEP 2　トレーニング問題

　当社では，ある設備投資案の意思決定に先立ち，採用すべき資本コスト率の算定を検討中である。この投資に必要な資金の調達源泉別の資本構成割合と，各々の資本コスト率は，次表に示すとおりである。なお，法人税率は40%とする。これにより，採用すべき税引後加重平均資本コスト率を求めなさい。

資本源泉	構成割合	資本コスト率
社　債	30%	5%（税引前）
留保利益	10%	8%
普通株	40%	10%
長期借入金	20%	6%（税引前）

〔計算過程〕

税引後加重平均資本コスト率＝

〈ヒント〉

　資本コストは各社の財務方針により，資本調達源泉別の資本コスト率を資本構成割合で加重平均して求めることができる。たとえば，ある投資に必要な資金が普通株60％，長期借入金40％の割合で調達されていたとする。普通株の資本コスト率が年10％，長期借入金の税引前支払利子率が年利6％，法人税率が50％とすると，

　税引後加重平均資本コスト率＝10％×0.6＋6％×(1－0.5)×0.4＝7.2％と計算できる。

STEP 3　チャレンジ問題

設備投資案Ζの予想データは次のとおりである。

(1) 設備取得原価9,000万円，耐用年数5年，5年後の残存(売却)価額900万円，減価償却は定額法，なお経済的耐用年数と法定耐用年数とは等しいものとする。

(2) 上記設備を導入すると，将来5年間にわたって，年々売上収入が8,000万円得られ，そのための現金支出費用(材料費，労務費など)年々4,151.2万円かかる見込みである。

(3) 法人税の税率は40％，投資資金の資本コスト率は税引後で10％とする

　上記のデータに基づき，(1)この設備の年間の減価償却費および(2)この投資案の，年間の税引後純現金流入額(net cash inflow after tax)を計算し，さらに(3)この投資案の内部投資利益率(internal rate of return)を計算し，計算した内部投資利益率に基づいて，投資案Ζを採用するべきか否かを判断しなさい。ただしこの計算では，投資資金の時間価値や法人税の影響を考慮すること。また内部投資利益率の計算では，計算途中は四捨五入しないで計算しなさい。　　　　　　　　（日商1級・第73回）

必要な現価係数表と年金現価係数表は〈例題〉の付属資料を用いること。

(1) この設備の年々の減価償却費＝□万円

(2) 投資案Ζの，年間税引き後純現金流入額＝□万円

(3) 投資案Ζの内部投資利益率＝□％

したがってこの案は，{採用すべきである。／採用すべきでない。}　（不要の文字を消しなさい）

〔計算過程〕

第30章 品質原価計算

ポイント

1. **品質原価計算（クオリティ・コスティング）**…品質原価計算とは，高品質な製品をできるだけ低コストで提供することを目的として，高品質な製品を製造するための品質原価を算定し，分析する原価計算である。品質原価計算は，品質管理活動のパフォーマンスを測定するとともに，製品単位あたりの品質原価を最小にし，投資利益率の最大化を達成しようとするものである。

　なお，品質原価は，製品が製品仕様に決められた通りに生産されているかどうかという観点から品質の良否をみる適合品質の概念から起来する。したがって，高品質とは，製品仕様の適合性・利用者への適合性・信頼性・使いやすさなどを備えたマーケットが要求する品質をいう。

　品質原価の分類…品質原価は，悪い品質の製品が生じたために発生した原価，または悪い品質の製品が生じないようにするために発生する原価である。それは，品質適合原価と品質不適合原価とに分類される。さらに品質原価を細分し，それらと生産ラインとの関係を示すと以下のようになる。

品質原価の分類

品質適合原価…製品仕様を守るための原価
・予防原価…品質計画，教育・訓練など品質の劣る製品の提供を予防するのにかかる原価 　（例）品質保証教育費，品質管理部門個別固定費，製品設計改善費，製造工程改善費など。
・評価原価…仕様に合致した製品の提供を保証し，不良品に加工を加えることのないようにするためにおこなう検査やテストなどの原価 　（例）受入材料検査費，工程完了品検査費，製品出荷検査費，他社製品品質調査費など。
品質不適合原価…製品仕様を守らなかったことにより発生する原価
・内部失敗原価…販売される以前にかかる原価で，仕損費や補修費など不良品が生じるために発生する原価 　（例）仕損費，不良品手直し費など。
・外部失敗原価…返品・値引・保証費用など不良品が販売されたために生じる原価 　（例）クレーム調査出張旅費，取替・引取発送費，返品廃棄処分費，損害賠償費，値引き・格下げ損失，販売製品補修費など。

品質原価と生産ラインの関係

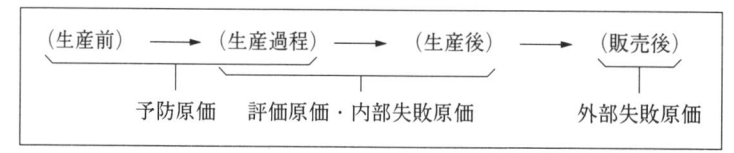

```
（生産前） → （生産過程） → （生産後） → （販売後）
  └─┬─┘   └────┬────┘            └──┬──┘
   予防原価   評価原価・内部失敗原価      外部失敗原価
```

2. **品質原価計算分析の目的と品質原価のトレードオフ関係**…品質原価のうち，品質適合原価と品質不適合原価とはトレードオフの関係にある。すなわち，予防原価・評価原価は，経営者の裁量で支出可能な原価であり，これらに金額をかけることで，内部失敗原価・外部失敗原価の発生を少なくすることができる。よって，品質原価分析は，製品の企画に適合した製品品質を維持しつつ，製品あたりの品質適合原価と品質不適合原価との総額の最小となる最適点（最適品質原価）を算定することが目的となる。

3．品質原価計算の問題点…品質を向上させることにより品質原価を低減させることが品質原価計算の特質であるが，効果が発現するまでには時間を要する。すなわち長期的観点でその効果を検討する必要がある。

したがって，短期的に成果を求める場合に問題がある。

また，品質原価とは，何かが明確ではなく，企業においてもその規準は確定されていない。業種，製品，工場などが異なれば品質も変化を生じる可能性がある。すなわち，品質原価についての判断に主観が入りやすいのが問題点といえる。

さらに，適合品質以外による品質原価の重要性である。たとえ適合品質を満足させるものであっても，製品販売後に生じる様々な判断要素(マイナス要素)が介入する可能性がある。また，それらは，貨幣的に測定不可能なものも想定され，適合品質を満たすもののみを品質原価としてとらえるかも問題となる。

例題

次の文章の( )の中にあてはまる語句を記入しなさい。

(ⓐ)計算とは，高品質な製品をできるだけ低コストで提供することを目的として，高品質な製品を製造するための品質原価を算定し，分析する原価計算である。品質原価は，まず，製品仕様を守るための原価である(ⓑ)と製品仕様を守らなかったことにより発生する原価である(ⓒ)とに分類される。前者は，さらに，品質計画，教育・訓練など品質の劣る製品の提供を予防するのにかかる(ⓓ)と仕様に合致した製品の提供を保証し，不良品に加工を加えることのないようにするために行う検査やテストなどの原価である(ⓔ)に細分される。同様に後者においても販売される以前にかかる原価で，仕損費や補修費など不良品であるために発生する原価の(ⓕ)と返品・値引・保証費用など不良品が販売されたために生じる原価である(ⓖ)に分けられる。

解答

ⓐ品質原価　ⓑ品質適合原価　ⓒ品質不適合原価　ⓓ予防原価　ⓔ評価原価
ⓕ内部失敗原価　ⓖ外部失敗原価

STEP 1　ベーシック問題

次の資料に基づいて，解答欄の各原価がいくらになるか計算しなさい。

1．製品出荷検査費	280,000円	6．品質保証教育訓練費	129,000円
2．返品廃棄処分費	588,000円	7．他社製品の品質調査費	443,000円
3．製品設計改善費	345,000円	8．クレーム調査出張費	616,000円
4．材料受入検査費	729,000円	9．仕損費	222,000円
5．不良品手直費	302,000円	10．販売製品補修費	192,000円

(1)予 防 原 価：　　　　　　　円　(2)評 価 原 価：　　　　　　　円
(3)内部失敗原価：　　　　　　　円　(4)外部失敗原価：　　　　　　　円

STEP 2　トレーニング問題

当社は，3年前より品質原価計算手法をとりいれている。以下の図表はある製品の費用の推移を示している。図表から品質原価計算の特質と当社の品質原価計算採用の是非について述べなさい。

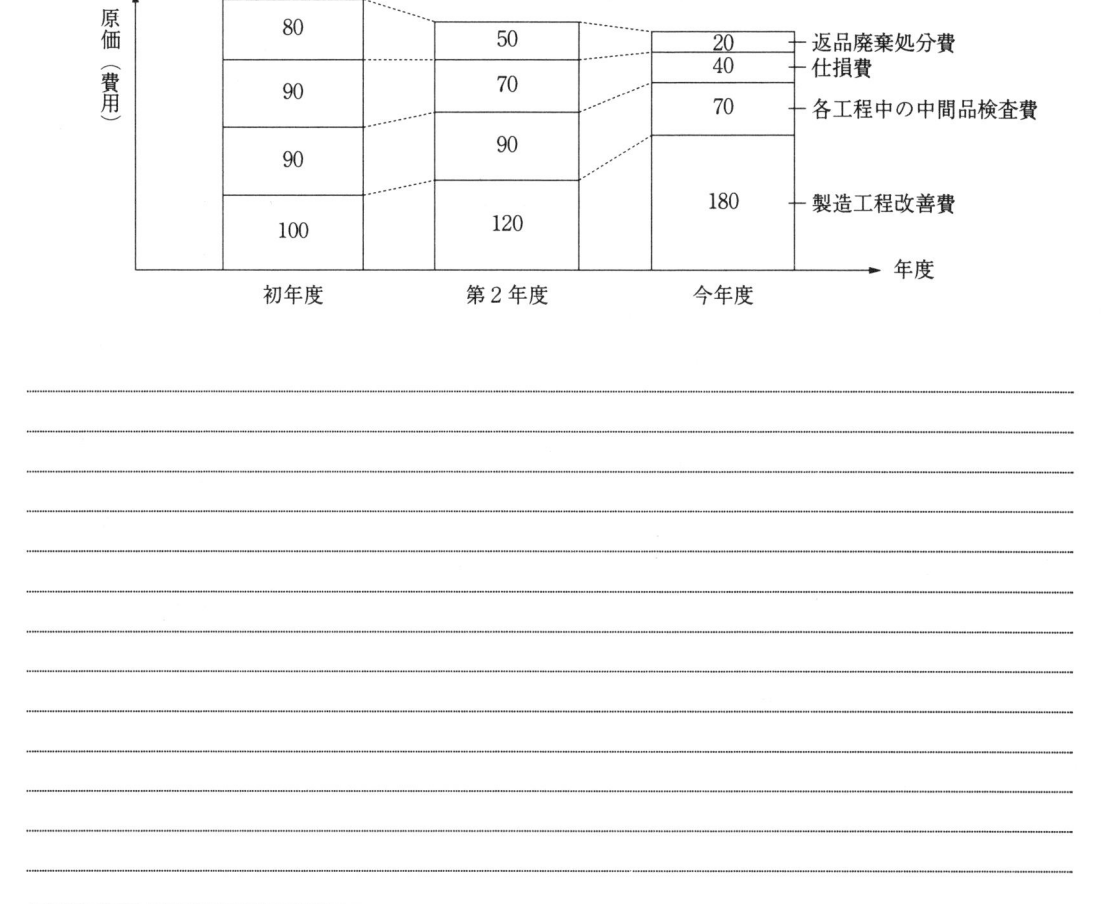

原価（費用）

初年度	第2年度	今年度	
80	50	20	返品廃棄処分費
90	70	40	仕損費
90	90	70	各工程中の中間品検査費
100	120	180	製造工程改善費

年度

STEP 3　チャレンジ問題

S社の下記の文章と付属資料に基づき，問いに答えよ。

「当社では，従来，製品の品質管理が不十分であったので，社長は，企業内のさまざまな部門で重点的に品質保証活動を実施するため，「予防―評価―失敗アプローチ」を採用し，その結果を品質原価計算で把握することにした。3年間にわたるその活動の成果には目覚ましいものがあり，19×1年と19×3年とを比較すると（ ア ）原価と（ イ ）原価との合計は，上流からの管理を重視したために，19×1年よりも（ ウ ）万円だけ増加したが，逆に下流で発生する（ エ ）原価と（ オ ）原価との合計は，19×1年よりも（ カ ）万円も節約し，結局，全体として品質保証活動費の合計額は19×1年よりも（ キ ）万円も激減させることに成功した。」（日商1級・第85回一部修正）

〔資　料〕（順不同）

	19×1年	19×3年	（単位：万円）
品質保証教育費	100	170	
不良品手直し費	1,200	150	
受入材料検査費	160	213	
他社製品品質調査費	50	62	
仕損費	850	250	
製品設計改善費	550	1,310	
販売製品補修費	1,100	100	
工程完成品検査費	640	845	
返品廃棄処分費	350	150	
品質保証活動費合計	5,000	3,250	

問1　上記の文章の（ア）（イ）（エ）（オ）の中に適当な語句を記入し，さらにそれぞれの原価の金額を各年度ごと別々に解答欄の表に記入し，品質原価表を完成させよ。

問2　上記の（ウ）（カ）（キ）に適切な数値を計算し記入せよ。

問3　（ア）原価と（イ）原価の合計，（エ）原価と（オ）原価の合計は，それぞれ何原価と呼ばれているか。解答欄にそれぞれ漢数字で答えよ。

問1

品質原価表

品質原価の種類	19×1年の金額	19×3年の金額
（ア　　　　）原価		
（イ　　　　）原価		
（エ　　　　）原価		
（オ　　　　）原価		

問2
（ウ　　　　）万円　（カ　　　　）万円　（キ　　　　）万円

問3
（ア）原価と（イ）原価の合計：（　　　　　　）原価
（エ）原価と（オ）原価の合計：（　　　　　　）原価

第31章 活動基準原価計算と原価改善

ポイント

1. **活動基準原価計算**（Activity-Based Costing, 以下ABCと略す。）
   (1) ABCの定義…経営における経済的資源の消費額である原価を，企業内の実態に即した諸活動を経由して，製品などの原価計算対象に忠実に跡づけることを目指した原価計算のこと。次のステップからなる。
   ① 組織によって実行される諸活動に資源消費額である原価を割り当てる。
   ② 諸活動から便益を受けるか，あるいはそれらの諸活動に対する需要を作り出している製品，顧客，サービスに諸活動の原価を割り当てる。
   (2) 活動と活動コスト・プール
   ① 活動…製品やサービスなどの給付を生み出すために実質的に資源を消費する作業や仕事の単位を表わす。
   （例）機械加工，段取り，生産技術，購買，材料保管，品質保証，包装出荷，管理など。
   ② 活動コスト・プール…ある活動に割り当てられたすべての原価要素の総計。
   (3) ドライバーの意味と種類…ドライバーとは，活動に必要な資源の消費量や活動量，原価額などを決定する諸要因とその測定尺度の総称をいう。ABCでは，とくに次のようなドライバーがあげられている。
   ① 資源ドライバー…資源消費額である原価を活動に跡づける尺度
   ② 活動ドライバー…活動に集計された原価を活動から製品に割り当てる尺度
   ③ コストドライバー…原価に影響を与える諸要因とその量を測定する尺度
   (4) 活動単位当り原価の計算…次の式で求められる。
   活動単位当り原価＝活動に集計された当期の原価合計÷当期の活動総量
   (5) 製品原価の計算…次の式で求められる。
   製品原価＝Σ活動単位当り原価×その製品が消費した活動消費量
   （注）Σはすべての活動について合計するという意味。
   (6) ABCによる原価管理…継続的原価改善やリエンジニアリングに役立てるために，ABCによる活動原価情報を利用して業務プロセスを分析する方法をABM(Activity-Based Management)と呼ぶ。それは，活動分析，コストドライバー分析，業績分析の３つからなる。

2. **原価改善**（Kaizen Costing）
   (1) 原価改善とは…門田安弘教授によれば「現行製品の原価について現状原価のレベルを維持し，さらに期待原価のレベルまで計画的に引き下げる活動」をいい，次の２つがあげられている。
   ① 特別プロジェクトとしての製品別ないし部品別の原価改善
   ② 期別に行なう工場別・部門別の原価改善
   (2) 原価改善システム…管理会計システムとして原価低減目標値を設定し割り付けていくアプローチと，現場のフロアーレベルの改善活動とがある。

(3) 原価改善の効果金額の計算…岡本清教授によれば「原価改善の効果を経済的にどのように測定すべきかは，日本の企業でも各社各様の方法が行われており，検討すべき点が多く残されている。」という。たとえば，トヨタ系のY企業では，労働生産性の向上を次の式で計算しているという。

　　作業改善利益＝(当月能率／前年平均能率－1)×月末人数×月間労務費

また，「原価改善の効果金額を計算するさいには，公表財務諸表の数値と結びくように心がけることが大切である。そのためには，可能なかぎり，収入，支出と結びつく計算でなければならず，収益の増加額や原価節約額は，実現か，未実現か，区別することが大切である。」とされている。

例題

A社では，標準大量生産品Xと多品種少量生産の特殊品Yとを生産・販売している。Xは競争が激しく販売価格は280円，Yは販売価格560円である。当月の単位製造直接費は，Xが140円，Yが300円，製造間接費は総額で百万円であった。生産量はXが5千個，Yが1千個で，製品・仕掛品ともに期首と期末の在庫はなかったため，生産量＝販売量であったとする。1個生産するのに必要な機械加工時間は，Xが3時間，Yが5時間とする。当社ではABCの導入を検討中であり，製造間接費を支援活動別に集計し，各活動の主要なコストドライバーについても調査したところ，次のような結果を得た。よって，下記の問に答えなさい。

活動コスト・プール金額	活動ドライバー	活動ドライバーの総数（　　）は製品別の内訳
機械関連活動　40万円	機械加工時間	2万時間（X：1.5万時間　Y：0.5万時間）
段取関連活動　16万円	段取回数	8回（X：1回　Y：7回）
購買関連活動　7万円	材料発注回数	7回（X：1回　Y：6回）
技術関連活動　32万円	製造指図書枚	8枚（X：1枚　Y：7枚）
品質関連活動　5万円	検査回数	5回（X：1回　Y：4回）

問1　機械加工時間のみを基準として，製造間接費の総額を各製品に一括して配賦する方法で，次の率または金額を求めなさい。

配賦率＝

Xの単位製造間接費＝

Yの単位製造間接費＝

Xの単位利益＝

Yの単位利益＝

問2　ABCにより，支援活動ごとに適当な配賦基準を用いる方法で，次の率または金額を求めなさい。

機械関連活動コスト・レート＝

　　　　段取関連活動コスト・レート＝
　　　　購買関連活動コスト・レート＝
　　　　技術関連活動コスト・レート＝
　　　　品質管理活動コスト・レート＝
　　　　Xの単位製造間接費＝

　　　　Yの単位製造間接費＝

　　　　Xの単位利益＝
　　　　Yの単位利益＝

解　答

問1
　　配賦率＝1,000,000円÷20,000時間＝50円／時
　　Xの単位製造間接費＝50円／時×3時間＝150円
　　Yの単位製造間接費＝50円／時×5時間＝250円
　　Xの単位利益＝280円－(140円＋150円)＝△10円
　　Yの単位利益＝560円－(300円＋250円)＝　10円

問2
　　機械関連活動コスト・レート＝400,000円÷20,000時間＝20円／時
　　段取関連活動コスト・レート＝160,000円÷8回＝20,000円／回
　　購買関連活動コスト・レート＝　70,000円÷7回＝10,000円／回
　　技術関連活動コスト・レート＝320,000円÷8枚＝40,000円／枚
　　品質管理活動コスト・レート＝　50,000円÷8回＝10,000円／回

　　Xの単位製造間接費＝(20円/時×15千時間＋20千円/回×1回＋10千円/回×1回＋40千円/枚
　　　　　　　　　　　×1枚＋10千円/回×1回)÷5,000個＝76円
　　Yの単位製造間接費＝(20円/時×5千時間＋20千円/回×7回＋10千円/回×6回＋40千円/枚
　　　　　　　　　　　×7枚＋10千円/回×4回)÷1,000個＝620円
　　Xの単位利益＝280円－(140円＋　76円)＝　　64円
　　Yの単位利益＝560円－(300円＋620円)＝△360円

STEP 1　ベーシック問題

次の資料を参考にし，問に答えなさい。

原価データ			作業データ			
			配賦基準	製品A	製品B	合　計
段取費	64,000円		機械運転時間	250時間	150時間	400時間
修繕費	120,000円		直接作業時間	300時間	100時間	400時間
運搬費	42,000円		修繕回数	2回	6回	8回
			段取回数	1回	9回	10回
			運搬回数	2回	5回	7回

問1　操業度基準による段取費，修繕費，運搬費の製品別配賦額を求めなさい。ただし，段取費と運搬費は直接作業時間，修繕費は機械運転時間を操業度とする。

製品Aへの段取費配賦額＝

製品Aへの修繕費配賦額＝

製品Aへの運搬費配賦額＝

製品Bへの段取費配賦額＝

製品Bへの修繕費配賦額＝

製品Bへの運搬費配賦額＝

問2　活動基準による段取費，修繕費，運搬費の製品別配賦額を求めなさい。ただし，適当だと思われる活動尺度を配賦基準として選ぶこと。

製品Aへの段取費配賦額＝

製品Aへの修繕費配賦額＝

製品Aへの運搬費配賦額＝

製品Bへの段取費配賦額＝

製品Bへの修繕費配賦額＝

製品Bへの運搬費配賦額＝

STEP 2　トレーニング問題

T企業グループでは，労働生産性の向上を測定すべく，次の算式で作業改善利益を測定している。

作業改善利益＝(当月能率／前年平均能率－1)×月末人数×月間労務費

この式における作業能率とは標準作業時間÷実際作業時間を表わしている。

当グループの親会社の生産子会社であるY工場では，この作業能率が前年の90％から93％に向上した。この結果生じた余剰人員が15人以下ならば，Y工場と隣接している他の生産子会社のZ工場増設に伴う増員分に，来月からシフトできるものとする。Y工場の直接工の月末人数は300人，月間労務費は1人あたり35万円であった。Y工場で生産される製品の生産量に対する需要は一定であるとして，次の問に答えなさい。

問1　Y工場の作業改善利益を求めなさい。
　作業改善利益＝

問2　問1の効果により，Y工場からZ工場にシフトできる直接工の人数を求めなさい。
　シフトできる直接工の人数＝

STEP 3　チャレンジ問題

　製品P，Q，Rを生産している㈱L製作所の当期おける原価関連のデータは次のとおりであった（PとRは見込大量生産品，Rは特殊受注品であるとする）。

(a)　直接材料費，直接作業時間(段取作業は含まない)ならびに生産・販売量

	製品P	製品Q	製品R
製品単位当り直接材料費	100円	140円	80円
製品単位当り直接作業時間	1時間	0.8時間	2時間
（直接工の賃率＝950円/時）			
生産・販売量	25,000個	5,000個	40,000個

(b)　当期の間接費と管理費の合計は9,156,000円であったが，当月より業務活動とそのコストを分析したところ，次のような内訳の結果を得た。

段取作業コストプール	300,000円
機械関連コストプール	3,750,000円
材料倉庫コストプール	400,000円
梱包関連コストプール	900,000円
生産技術コストプール	2,200,000円
検査関連コストプール	
製品Q専用検査装置の減価償却費	96,000円
その他の検査関連費	420,000円
管理コストプール	1,090,000円
合　　　計	9,156,000円

このうち，ABC導入の際，直接特定の製品に跡づけ可能なコストは直課する。

(c)　さらに，各業務活動のドライバー分析を実施し，次のような活動ドライバーのデータを得たので，ABCの導入にあたっては，参考資料として用いる。ここでは，機械運転時間以外は，すべて当期の合計データである。ただし，管理コストは適切な基準が見当らないので，現場の同意に基づいて直接作業時間を基準として配賦することにした。

	製品P	製品Q	製品R
直接作業時間	?	?	?
機械運転時間（1個当り）	1.6時/個	9時/個	1時/個
段取回数	25回	200回	25回
製造指図書作成時間	120時間	600時間	380時間
検査回数	15回	20回	40回
直接材料出庫高（円）	?	?	?
配送回数	40回	200回	60回

上記の資料により，次の問に答えなさい。なお，計算過程で四捨五入しないこと。

問1　製品P，Q，Rの単位あたりの総原価を次の2つの方法で計算しなさい。

(a) 当期の間接費と管理費の総額を一括して直接作業時間で配賦する伝統的方法

製品Pの単位あたりの総原価＝　　　　　　円

製品Qの単位あたりの総原価＝　　　　　　円

製品Rの単位あたりの総原価＝　　　　　　円

(b) ABCにより，各活動コストプールごとに異なる基準で配賦する方法
（円未満は銭の位まで求めること。）

製品Pの単位あたりの総原価＝　　　　　　円

製品Qの単位あたりの総原価＝　　　　　　円

製品Rの単位あたりの総原価＝　　　　　　円

問2　問1の(a)と(b)の結果にそれぞれの生産・販売量を乗じた総額の差についてコメントしなさい。

第32章 原価企画とライフサイクル・コスティング

> **ポイント**
>
> 1. **原価企画**…原価企画とは，新商品の開発において，商品の企画から開発終了までの段階に，目標利益を確保するために設定された目標原価を組み込むものであり，総合的に原価管理を行う方法のことである。従来の原価管理では生産段階で急増する原価の発生をその対象としていた。しかし，原価が決定される段階で原価をいかに下げるかを考えたほうが効果的である。設計時に製品の機能やデザインとともに目標となる原価の構成も決定するのである。原価企画とこれまでの管理手法(原価維持・原価改善)の関係は以下のようになる。 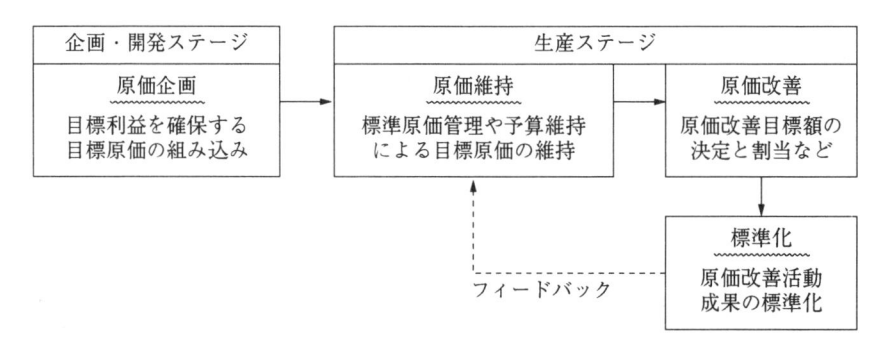
>
> ```
> ┌─企画・開発ステージ─┐ ┌──────生産ステージ──────────────┐
> │     原価企画       │ │   原価維持          原価改善    │
> │ 目標利益を確保する │→│ 標準原価管理や予算維持  原価改善目標額の │
> │ 目標原価の組み込み │ │ による目標原価の維持    決定と割当など │
> └────────────────┘ └──────────────────────────┘
>                              ↑              ↓
>                              │            標準化
>                              │         原価改善活動
>                         フィードバック   成果の標準化
> ```
>
> また，原価企画プロセスは，以下のとおりである。
>
> ```
> 商品企画目標 → 目標原価の → 目標原価の → 設計図面に → 量産実施へ → 原価企画の
> 原価の設定    機能別展開   部品別展開   よる原価低減  の移行準備  フォローアップ
> ```
>
> 原価企画で設定する目標原価は，目標原価＝(1－目標利益率)×目標販売価格で算定される。原価削減目標率は，原価削減目標率＝(現行製品実際原価－目標原価)÷現行製品実際原価により算出される。これらをもとにして，現行モデルと新モデルとの比較，部品別目標原価の分解，生産計画への反映など一層詳細な分析ができる。原価企画が，従来の原価管理と異なるのは，製造原価のみならず研究開発費，物流費，アフターサービスコストなどをも対象とし，製品のライフサイクルを考慮したトータルコストを管理する点である。
>
> 2. **ライフサイクル・コスティング**…ライフサイクル・コスティングとは，製品やシステムのライフサイクル全体の原価を測定・分析する原価計算である。
>
> また，ライフサイクル・コストとは，製品やシステムの研究・開発から廃棄処分されるまでのライフサイクル(一生涯)にわたってかかるコストをいう。ライフサイクル・コストは，①研究・開発コスト，②生産・構築コスト，③運用・支援コスト，④退役・廃棄コスト，⑤社会コスト(ソーシャルコスト)に分類される。ライフサイクル・コスティングを採用することで，顧客満足度の高揚と製品の品質の信頼性を高めることを可能にして，市場における競争力の確保に資するのである。

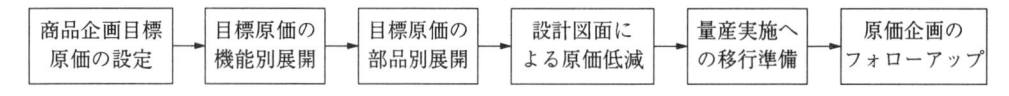

例題

次の文章の( )の中にあてはまる語句を記入しなさい。

原価企画とは，新商品の開発において，商品の(ⓐ)から開発終了までの段階に，目標利益を確保するために設定された(ⓑ)を組み込むものであり，総合的に原価管理を行う方法のことである。(ⓑ)の設定については，予定販売価格から目標利益をマイナスして算定される(ⓒ)と技術者の見積原価である(ⓓ)との比較・検討を繰り返す。この活動は，(ⓔ)とよばれる。また，その一方法として，新商品の過剰機能の削減，部品仕様の変更，材質の変更などによりコストを削減することを(ⓕ)という。

解答

ⓐ企画　ⓑ目標原価　ⓒ許容原価　ⓓ成行原価　ⓔ原価改善　ⓕＶＥ(Value Engineering)活動

STEP 1　ベーシック問題

次の資料に基づいて，当社製品の原価削減目標率を計算しなさい。

1．販売営業部から要求された当該製品の目標販売価格は，1,000,000円である。
2．経営陣から指示された当該製品の目標利益率は，28%である。
3．当該製品の実際原価データは以下のとおりである。

直接材料費	480,000円	直接経費	80,000円
直接労務費	220,000円	製造間接費	180,000円

解答：原価削減目標率　　　(　　　)%

STEP 2　トレーニング問題

次の資料に基づいて，解答欄の( )の中に適当な金額あるいは用語を記入しなさい。

1．営業販売部がマーケティングリサーチなどによって設定した予定販売価格は1,000,000円である。
2．取締役会で決定された製品の目標売上高利益率は，20%である。
3．企画・開発部が現状の生産プロセスで見積もった製品の原価は，820,000円である。
4．ＶＥ活動など原価低減による努力の結果，第1次で10,000円，第2次で5,000円の原価の引き下げが可能となった。

この製品については，目標原価は(ア)円であり，許容原価は(イ)円である。よって，差額の(ウ)円については企業の(エ)に委ねることになる。

ア	イ	ウ	エ

— 159 —

STEP 3　チャレンジ問題

次の資料に基づいて，解答欄の各コストがいくらになるか計算しなさい。

1.	製品の広告費	500,000円
2.	システムの最終的退役コスト	280,000円
3.	生産施設の購入費	1,650,000円
4.	製品企画費	570,000円
5.	顧客サービスコスト	360,000円
6.	ISO取得に係わる対策費	235,000円
7.	システムの試験費	180,000円
8.	修理不能部品の廃棄コスト	777,000円
9.	訓練費	354,000円
10.	製造に係わる労務費	968,000円
11.	製造工程の設計費	92,000円
12.	保全費	412,000円
13.	生産施設の改造費	882,000円
14.	PL訴訟対策費	689,000円
15.	製造に係わる材料費	800,000円

(1) 研究・開発コスト：　　　　　円

(2) 生産・構築コスト：　　　　　円

(3) 運用・支援コスト：　　　　　円

(4) 退役・廃棄コスト：　　　　　円

(5) 社 会 コ ス ト：　　　　　円

第33章 事業部業績の測定と経済的利益

ポイント

1. **事業部制**…企業の事業活動を，主に市場区分によって，製品別・地域別・顧客別等の単位に分割し，各単位にあたかも独立した会社のような責任と権限を与える経営管理方式(組織形態を含む)をいう。少なくとも，販売職能に対応した収益と，製造職能に対応した原価の責任を包括的に持つことが多いので，一般的に各事業部はプロフィットセンター(利益責任単位)と呼ばれる。さらに利益責任に加えて固定資産投資まで責任と権限が与えられた場合，これをインベストメントセンター(投資責任単位)と呼ぶ。

2. **事業部の損益計算**…以下のように，段階的に損益計算を行う。
    事業部売上高－変動費＝事業部限界利益
    事業部限界利益－事業部管理可能固定費＝事業部管理可能利益
    事業部管理可能利益－事業部管理不能固定費－本社費負担額＝事業部利益

3. **内部振替価格**…事業部間で財貨・用益の授受が行われる場合の内部取引上の価格をいう。
    内部振替価格が，各事業部の業績に影響を与えるので，いかに全社的最適化の視点から設定できるかが課題となる。
    (1)市価基準…事業部間で授受される中間財市場に市価が存在し，かつ利用できる場合。
    (2)全部原価基準…変動費，固定費の両方を含む。
    (3)差額原価基準…限界費用または変動費を基準とする。
    (4)全部標準原価加算基準…全部標準原価に一定のマークアップ(利幅)を加算した基準。
    (5)標準差額原価加算基準…標準差額原価を基準に差額利益を関係事業部に分け合う方法。
    (6)二重価格基準…業績測定と全社的短期意思決定のために，2つの振替価格を用いる基準。
    (7)その他(数学的計画法)…制約条件下の資源配分問題を線形計画法などによって解く方法。

4. **事業部長の業績尺度と事業部の収益性尺度**…両者は目的が異なるため，尺度の内容も微妙に異なる。
    (1)事業部長の業績尺度…事業部管理可能利益
    (2)事業部の収益性尺度…事業部利益，事業部投資利益率(ROI)

5. **経済的利益**…会計上の利益から株主の期待リターンである株主資本コストを差し引くことが前提であるが，株主資本コストの計算方法に一定の制約を加えたり，会計上の利益に一定の調整計算を施したりするタイプのものもあげられる。経済的利益が近年再び脚光を浴びているのは，株主価値重視の経営の達成度を見る1つのバロメーターとなるからである。
    事業部管理可能利益：R　　事業部利益：P　　事業部管理可能投資額：I
    資本コスト率(負債コスト税引前)：C　　資本コスト率(負債コスト税引後)：C^T
    事業部投資額：K　　事業部負担税率：T　　資本調整額：A　　営業利益調整額：a

とすると

経済的利益
(広義の残余利益)
- 税引前管理可能残余利益＝R－I×C
- 税引後管理可能残余利益＝R×(1－T)－I×C^T
- 税引前純残余利益＝P－K×C
- 税引後純残余利益＝P×(1－T)－K×C^T
- 経済的付加価値＝R or P×(1－T)±a－(I or K±A)×C^T

例題

SOSEI工業株式会社は，X事業部とY事業部の2事業部と本社組織からなる企業である。次のデータに基づき，問に答えなさい。なお，事業部間の内部取引はない。計算上端数が生じた場合には，小数点第2位を四捨五入すること。

	X事業部	Y事業部	合 計（単位：百万円）
売 上 高	1,000	2,000	3,000
変 動 費	600	1,100	1,700
事業部固定費			
内 訳：管理可能費	150	400	550
管理不能費	50	100	150
事業部管理可能投資額	600	800	1,400
本社費総額（限界利益を基準に配賦）			325
事業部管理不能投資総額（事業部管理可能投資額を基準に配賦）			350

各事業部への投資のために，調達してきた資金の自己資本と負債との割合は6：4で，自己資本コストは10％，負債コストは5％(税引前)，法人税率は40％とする。

問1　事業部損益計算書を作成しなさい(残余利益は計算表示しない)。
問2　各事業部の管理可能投資利益率を求めなさい。
問3　加重平均資本コスト率(負債コスト税引後)を求めなさい。
問4　各事業部の(1)税引後事業部利益，(2)投資事業部利益率(税引後)を求めなさい。
問5　各事業部の(1)税引後純残余利益，(2)投資純残余利益率(税引後)を求めなさい。

解答

問1　事業部損益計算書の作成

	X事業部	Y事業部	合 計（単位：百万円）
Ⅰ．売 上 高	1,000	2,000	3,000
Ⅱ．変 動 費	600	1,100	1,700
限 界 利 益	400	900	1,300
Ⅲ．事業部管理可能固定費	150	400	550
事業部管理可能利益	250	500	750
Ⅳ．事業部管理不能固定費	50	100	150
Ⅴ．本社費負担額	100	225	325
事業部（貢献）利益	100	175	275

本社費負担額の計算：
　　X事業部：325×400÷1,300＝100（百万円）
　　Y事業部：325×900÷1,300＝225（百万円）

問2　事業部の管理可能投資利益率
　　　　X事業部：250÷600×100＝41.666…　％　→　41.7％
　　　　Y事業部：500÷800×100＝62.5％
問3　加重平均資本コスト率＝10％×0.6＋5％×(1－0.4)×0.4＝7.2％
問4　(1)税引後事業部利益(単位：百万円)
　　　　X事業部：100×(1－0.4)＝60
　　　　Y事業部：175×(1－0.4)＝105
　　　(2)投資事業部利益率(税引後)
　　　　X事業部：60÷(600＋600×350÷1,400)×100＝8％
　　　　Y事業部：105÷(800＋800×350÷1,400)×100＝10.5％
問5　(1)税引後純残余利益(単位：百万円)
　　　　X事業部：60－7.2％×(600＋600×350÷1,400)＝6
　　　　Y事業部：105－7.2％×(800＋800×350÷1,400)＝33
　　　(2)投資純残余利益率(税引後)
　　　　X事業部：6÷(600＋600×350÷1,400)×100＝0.8％
　　　　Y事業部：33÷(800＋800×350÷1,400)×100＝3.3％

STEP 1　ベーシック問題

　当社は，事業部Sと事業部Tをもち，事業部Sは部品Aを400個製造し，これを事業部Tに販売する。事業部Tは部品Aを加工して製品Bとし，その400個を市価で販売するものとする。部品Aの市価は20円，製品Bの市価は32円，また部品B，製品Aを製造してもしなくても固定費は同額発生するものとする(400個分の不働能力がある)。各事業部の単位製造原価データは以下のとおりである。問に答えなさい。

	事業部S	事業部T
単位標準変動費	12円	8円
単位標準固定費	4円	5円
単位全部標準原価	16円	13円

問1　内部振替価格に市価が採用されるものとすると，各事業部の貢献利益と全社的貢献利益はいくらか。
問2　内部振替価格に市価が採用されるものとすると，部品Aの市価は一定，製品Bの市価の値下がりが予想される場合，事業部Tの貢献利益がゼロになる部品Bの市価はいくらか。
問3　内部振替価格に全部標準原価が採用されるものとすると，製品Bの市価が問2の値まで下がったとしたら，売上総利益の合計はいくらになるか。
問4　全社的貢献利益が問1と同じとなるように，標準差額原価加算基準による内部振替価格を求めなさい。

STEP 2　トレーニング問題

　甲製造株式会社はA事業部とB事業部の2つをもっている。A事業部は中間製品を生産しており，それを市場で販売することはできない。B事業部はこの中間製品をさらに加工し，最終製品を市場で販売している。販売価格は総販売量の関数である。A事業部で中間製品を生産するためには，単位当たり変動費が

200円,年間の固定費が3,000万円必要である。そして,B事業部で,この中間製品をさらに加工し,市場で販売するためには,単位当たり変動費が800円,年間の固定費が3,500万円かかる。最終製品の価格関数は
$$p = 2000 - 0.002X$$
であり,pは単位当たり販売価格,Xは総販売量を表している。

次の問に答えなさい。　　　　　　　　　　　　　　　　　　　　（平成12年度会計士2次論文式・一部修正）

問1　甲製造株式会社にとって利益が最大となる年間の生産量はいくらか。そして,そのときの販売価格を求めなさい。

問2　いま,A事業部はB事業部への振替価格を自由に設定することができ,B事業部は生産量および売上量を自由に決定することができるものと仮定する。もし,A事業部が単位当たり振替価格を600円と設定したならば,A事業部,B事業部および会社全体の利益はどのようになるか。

問3　事業部間の振替価格を決定する際の基準について200字以内で述べなさい。

STEP 3　チャレンジ問題

K社は,ハンバーガーを主力製品とするファースト・フード・レストランを経営する会社である。国内で20の支店をもっているが,中でも東京の新宿店と渋谷店の成長はめざましく,両店とも料理の種類にピザを加える可能性を検討中である。

1．両支店のピザ導入前の年次貸借対照表と損益計算書(単位：万円)

	新宿店	渋谷店
年次貸借対照表		
流　動　資　産	8,000	4,000
固　定　資　産	32,000	8,000
資　産　合　計	40,000	12,000
流　動　負　債	5,000	3,000
固　定　負　債	11,000	1,800
負　債　合　計	16,000	4,800
資　　　　　本	24,000	7,200
負債・資本合計	40,000	12,000
年次損益計算書		
売　上　高	48,000	18,000
費　　用	40,000	15,000
税引前利益	8,000	3,000

2．新宿店または渋谷店にピザを導入する場合の共通のデータ
(1)ピザの製造・販売に要する月間の原価予測(単位：万円)

製　造・販　売　量	4,000枚	8,000枚
材料費：生地	20.0	40.0
サラミ	12.0	24.0
チーズ	22.0	44.0
トマト	14.0	28.0
燃　料　費	25.2	36.4
料理人給料	36.0	36.0
設備減価償却費	150.0	150.0
修繕・維持費	6.8	7.6
雑　　費	4.0	4.0
合　　計	290.0	370.0

(2) ピザ導入に要する投資額は，8,000万円であって，その内訳は，流動資産500万円，固定資産7,500万円であり，資本源泉では流動負債100万円，固定負債3,100万円，資本4,800万円を当てる予定である。

(3) ピザの販売単価は800円であり，月間の予想販売量は6,000枚である。

3．法人税率と資本コスト率

この計算上，法人税率は40％とする。またK社の全社的資本調達源泉別の資本コスト率は下記のとおりである。

資本源泉	構成割合	源泉別資本コスト率
負債	40％	8％(支払利子率)
資本	60％	10％
	100％	

上記の条件に基づき，次の問いに答えなさい。　　　　　　　　　　　　　（日商1級・第89回）

問1　ピザの製造・販売に要する月間の原価予測データの原価分解を行って，月間の原価予想総額(Y)を$Y=a+bX$の形で答えなさい。ただしa＝月間の固定費，b＝変動費率，X＝ピザの製造・販売枚数とする。

問2　ピザ1枚の販売単価は800円である。ピザの月間の損益分岐点販売量を求めなさい。

問3　ピザ投資案の年間投資利益率を，税引後利益を用いて計算しなさい。以下投資利益率の計算では，すべて税引後利益で計算すること。

問4　ピザの年間投資利益率が21.6％になるような月間のピザ販売量は何枚か。

問5　新宿店と渋谷店について，ピザ投資案を導入する前と導入した後の年間投資利益率を計算しなさい。

問6　下記はK社の社長と常務との会話である。この文の中の①から⑩までの□□□の中の不要な文字を消すか，あるいは適切な文字または数値を記入して文章を完成しなさい。

社長「支店の業績を評価する尺度として，投資利益率を採用してきたが，この尺度に問題はないだろうか。」

常務「現在，新宿店と渋谷店では，ピザ投資案の採否を検討中です。もしピザ投資案を採用すると，新宿店の投資利益率は①[増加，減少]しますが，渋谷店の投資利益率は②[増加，減少]します。したがって新宿店長はピザ投資案を③[採用する，採用しない]が，渋谷店長はこれを④[採用する，採用しない]でしょう。しかし全社的に見れば，ピザ投資案はかなり⑤[有利，不利]な投資案です。全社と支店との目標整合性の観点からすると，支店の業績評価は，投資利益率よりも残余利益によるほうがよいと思われます。」

社長「なるほど。しかしわが社の資本コスト率はいくらだろうか。」

常務「当社の調達源泉別加重平均資本コスト率は⑥□□□％です。最近，残余利益法の一種である経済的付加価値法が注目されています。この方法では，支店の税引後の利益から，支店の資金使用資産総額(つまり固定資産額と運転資本の合計額)に全社の加重平均資本コスト率を掛けて計算した資本コストを差し引いて経済的付加価値額を計算します。この方法によれば，ピザ投資案を採用する場合，新宿店の資金使用資産総額は⑦□□□万円，経済的付加価値額は⑧□□□万円となり，渋谷店の資金使用資産総額は⑨□□□万円，経済的付加価値額は⑩□□□万円となるので，どちらもピザ投資案を喜んで採用するでしょう。」

〔主要参考文献〕

廣本敏郎著『工業簿記の基礎』税務経理協会，1996年。

廣本敏郎著『原価計算論』中央経済社，1997年。

岩崎勇編著『だれにもわかる日商簿記・2級工業簿記』一橋出版，1998年。

実教出版編『日商簿記検定2級工業簿記テキスト・基本問題集・発展問題集』実教出版，1998年。

加登豊・山本浩二著『原価計算の知識』日本経済新聞社，1996年。

小林哲夫著『現代原価計算論』中央経済社，1993年。

黒澤清著『新編工業簿記』一橋出版，1985年。

門田安弘著『価格競争力をつける原価企画と原価改善の技法』東洋経済新報社，1994年。

門田安弘編著『管理会計学テキスト』税務経理協会，1995年。

小川洌・渋谷武夫著『現代工業簿記』税務経理協会，1994年。

小川洌編『原価計算・工業簿記の基礎〔改訂4版〕』創成社，1995年。

小川洌編『原価計算精鋭』同文舘，1996年。

岡本清著『原価計算〔五訂版〕』国元書房，1994年。

櫻井通晴著『間接費の管理』中央経済社，1995年。

櫻井通晴著『経営のための原価計算』中央経済社，1995年。

嶌村剛雄監修・岩崎勇著『教科書・2級工業簿記〔改訂版〕』一橋出版，1995年。

染谷恭次郎共著『日商簿記検定1級問題・解答・解説』中央経済社，1998年。

建部宏明・山浦裕幸・長屋信義著『基本原価計算』同文舘，1997年。

付録　原価計算基準

目　　次

原価計算基準の設定について …………………………142
原価計算基準 ……………………………………………143
　第1章　原価計算の目的と原価計算の一般的基準 …143
　第2章　実際原価の計算 ………………………………145
　　第1節　製造原価要素の分類基準 …………………145
　　第2節　原価の費目別計算 …………………………146
　　第3節　原価の部門別計算 …………………………147
　　第4節　原価の製品別計算 …………………………148
　　第5節　販売費および一般管理費の計算 …………151
　第3章　標準原価の計算 ………………………………152
　第4章　原価差異の算定および分析 …………………153
　第5章　原価差異の会計処理 …………………………154

原価計算基準の設定について

$$\left(\begin{array}{l}昭和37年11月8日\\企業会計審議会\end{array}\right)$$

　わが国における原価計算は，従来，財務諸表を作成するに当つて真実の原価を正確に算定表示するとともに，価格計算に対して資料を提供することを主たる任務として成立し，発展してきた。

　しかしながら，近時，経営管理のため，とくに業務計画および原価管理に役立つための原価計算への要請は，著しく強まつてきており，今日，原価計算に対して与えられる目的は，単一でない。すなわち，企業の原価計算制度は，真実の原価を確定して財務諸表の作成に役立つとともに，原価を分析し，これを経営管理者に提供し，もつて業務計画および原価管理に役立つことが必要とされている。したがつて，原価計算制度は，各企業がそれに対して期待する役立ちの程度において重点の相違はあるが，いずれの計算目的にもともに役立つように形成され，一定の計算秩序として常時継続的に行なわれるものであることを要する。ここに原価計算に対して提起される諸目的を調整し，原価計算を制度化するため，実践規範としての原価計算基準が，設定される必要がある。

　原価計算基準は，かかる実践規範として，わが国現在の企業における原価計算の慣行のうちから，一般に公正妥当と認められるところを要約して設定されたものである。しかしながら，この基準は，個々の企業の原価計算手続を画一に規定するものではなく，個々の企業が有効な原価計算手続を規定し実施するための基本的なわくを明らかにしたものである。したがつて，企業が，その原価計算手続を規定するに当たつては，この基準が弾力性をもつものであることの理解のもとに，この基準にのつとり，業種，経営規模その他当該企業の個々の条件に応じて，実情に即するように適用されるべきものである。

　この基準は，企業会計原則の一環を成し，そのうちとくに原価に関して規定したものである。それゆえ，すべての企業によつて尊重されるべきであるとともに，たな卸資産の評価，原価差額の処理など企業の原価計算に関係ある事項について，法令の制定，改廃等が行なわれる場合にも，この基準が充分にしん酌されることが要望される。

原価計算基準

第1章 原価計算の目的と原価計算の一般的基準

1 原価計算の目的

原価計算には、各種の異なる目的が与えられるが、主たる目的は、次のとおりである。

(1) 企業の出資者、債権者、経営者等のために、過去の一定期間における損益ならびに期末における財政状態を財務諸表に表示するために必要な真実の原価を集計すること。

(2) 価格計算に必要な原価資料を提供すること。

(3) 経営管理者の各階層に対して、原価管理に必要な原価資料を提供すること。ここに原価管理とは、原価の標準を設定してこれを指示し、原価の実際の発生額を計算記録し、これを標準と比較して、その差異の原因を分析し、これに関する資料を経営管理者に報告し、原価能率を増進する措置を講ずることをいう。

(4) 予算の編成ならびに予算統制のために必要な原価資料を提供すること。ここに予算とは、予算期間における企業の各業務分野の具体的な計画を貨幣的に表示し、これを総合編成したものをいい、予算期間における企業の利益目標を指示し、各業務分野の諸活動を調整し、企業全般にわたる総合的管理の要具となるものである。予算は、業務執行に関する総合的な期間計画であるが、予算編成の過程は、たとえば製品組合せの決定、部品を自製するか外注するかの決定等個々の選択的事項に関する意思決定を含むことは、いうまでもない。

(5) 経営の基本計画を設定するに当たり、これに必要な原価情報を提供すること。ここに基本計画とは、経済の動態的変化に適応して、経営の給付目的たる製品、経営立地、生産設備等経営構造に関する基本的事項について、経営意思を決定し、経営構造を合理的に組成することをいい、随時的に行なわれる決定である。

2 原価計算制度

この基準において原価計算とは、制度としての原価計算をいう。原価計算制度は、財務諸表の作成、原価管理、予算統制等の異なる目的が、重点の相違はあるが相ともに達成されるべき一定の計算秩序である。

かかるものとしての原価計算制度は、財務会計機構のらち外において随時断片的に行なわれる原価の統計的、技術的計算ないし調査ではなくて、財務会計機構と有機的に結びつき常時継続的に行なわれる計算体系である。原価計算制度は、この意味で原価会計にほかならない。

原価計算制度において計算される原価の種類およびこれと財務会計機構との結びつきは、単一でないが、しかし原価計算制度を大別して実際原価計算制度と標準原価計算制度とに分類することができる。

実際原価計算制度は、製品の実際原価を計算し、これを財務会計の主要帳簿に組み入れ、製品原価の計算と財務会計とが、実際原価をもって有機的に結合する原価計算制度である。原価管理上必要ある場合には、実際原価計算制度においても必要な原価の標準を勘定組織のわく外において設定し、これと実際との差異を分析し、報告することがある。

標準原価計算制度は、製品の標準原価を計算し、これを財務会計の主要帳簿に組み入れ、製品原価の計算と財務会計とが、標準原価をもって有機的に結合する原価計算制度である。標準原価計算制度は、必要な計算段階において実際原価を計算し、これと標準との差異を分析し、報告する計算体系である。

企業が、この基準にのっとって、原価計算を実施するに当たっては上述の意味における実際原価計算制度または標準原価計算制度のいずれかを、当該企業が原価計算を行なう目的の重点、その他企業の条件に応じて適用するものとする。

広い意味での原価の計算には、原価計算制度以外に、経営の基本計画および予算編成における選択的事項の決定に必要な特殊の原価たとえば差額原価、機会原価、付加原価等を、随時に統計的、技術的に調査測定することも含まれる。しかしかかる特殊原価調査は、制度としての原価計算の範囲外に属するものとして、この基準には含めない。

3 原価の本質

原価計算制度において、原価とは、経営における一定の給付にかかわらせて、は握された財貨または用役(以下これを「財貨」という。)の消費を、貨幣価値的に表わしたものである。

(1) 原価は、経済価値の消費である。経営活動は、一定の財貨を生産し販売することを目的とし、一定の財貨を作り出すために、必要な財貨すなわち経済価値を消費する過程である。原価とは、かかる経営過程における価値の消費を意味する。

(2) 原価は、経営において作り出された一定の給付に転嫁される価値であり、その給付にかかわらせて、は握されたものである。ここに給付とは、経営が作り出す財貨をいい、それは経営の最終給付のみでなく、中間的給付をも意味する。

(3) 原価は、経営目的に関連したものである。経営の目的は、一定の財貨を生産し販売することにあり、経営過程は、このための価値の消費と生成の過程である。原価は、かかる財貨の生産、販売に関して消費された経済価値であり、経営目的に関連しない価値の消費を含まない。財

務活動は，財貨の生成および消費の過程たる経営過程以外の，資本の調達，返還，利益処分等の活動であり，したがってこれに関する費消たるいわゆる財務費用は，原則として原価を構成しない。
(4) 原価は，正常的なものである。原価は，正常な状態のもとにおける経営活動を前提として，は握された価値の消費であり，異常な状態を原因とする価値の減少を含まない。

4 原価の諸概念

原価計算制度においては，原価の本質的規定にしたがい，さらに各種の目的に規定されて，具体的には次のような諸種の原価概念が生ずる。

(1) 実際原価と標準原価

原価は，その消費量および価格の算定基準を異にするにしたがって，実際原価と標準原価とに区別される。

1　実際原価とは，財貨の実際消費量をもって計算した原価をいう。ただし，その実際消費量は，経営の正常な状態を前提とするものであり，したがって，異常な状態を原因とする異常な消費量は，実際原価の計算においてもこれを実際消費量と解さないものとする。

実際原価は，厳密には実際の取得価格をもって計算した原価の実際発生額であるが，原価を予定価格等をもって計算しても，消費量を実際によって計算する限り，それは実際原価の計算である。ここに予定価格とは，将来の一定期間における実際の取得価格を予想することによって定めた価格をいう。

2　標準原価とは，財貨の消費量を科学的，統計的調査に基づいて能率の尺度となるように予定し，かつ，予定価格または正常価格をもって計算した原価をいう。この場合，能率の尺度としての標準とは，その標準が適用される期間において達成されるべき原価の目標を意味する。

標準原価計算制度において用いられる標準原価は，現実的標準原価または正常原価である。

現実的標準原価とは，良好な能率のもとにおいて，その達成が期待されうる標準原価をいい，通常生ずると認められる程度の減損，仕損，遊休時間等の余裕率を含む原価であり，かつ，比較的短期における予定操業度および予定価格を前提として決定され，これら諸条件の変化に伴い，しばしば改訂される標準原価である。現実的標準原価は，原価管理に最も適するのみでなく，たな卸資産価額の算定および予算の編成のためにも用いられる。

正常原価とは，経営における異常な状態を排除し，経営活動に関する比較的長期にわたる過去の実際数値を統計的に平準化し，これに将来のすう勢を加味した正常能率，正常操業度および正常価格に基づいて決定される原価をいう。正常原価は，経済状態の安定している場合に，たな卸資産価額の算定のために最も適するのみでなく，原価管理のための標準としても用いられる。

標準原価として，実務上予定原価が意味される場合がある。予定原価とは，将来における財貨の予定消費量と予定価格とをもって計算した原価をいう。予定原価は，予算の編成に適するのみでなく，原価管理およびたな卸資産価額の算定のためにも用いられる。

原価管理のために時として理想標準原価が用いられることがあるが，かかる標準原価は，この基準にいう制度としての標準原価ではない。理想標準原価とは，技術的に達成可能な最大操業度のもとにおいて，最高能率を表わす最低の原価をいい，財貨の消費における減損，仕損，遊休時間等に対する余裕率を許容しない理想的水準における標準原価である。

(2) 製品原価と期間原価

原価は，財務諸表上収益との対応関係に基づいて，製品原価と期間原価とに区別される。

製品原価とは，一定単位の製品に集計された原価をいい，期間原価とは，一定期間における発生額を，当期の収益に直接対応させて，は握された原価をいう。

製品原価と期間原価との範囲の区別は相対的であるが，通常，売上品およびたな卸資産の価額を構成する全部の製造原価を製品原価とし，販売費および一般管理費は，これを期間原価とする。

(3) 全部原価と部分原価

原価は，集計される原価の範囲によって，全部原価と部分原価とに区別される。

全部原価とは，一定の給付に対して生ずる全部の製造原価またはこれに販売費および一般管理費を加えて集計したものをいい，部分原価とは，そのうち一部のみを集計したものをいう。

部分原価は，計算目的によって各種のものを計算することができるが，最も重要な部分原価は，変動直接費および変動間接費のみを集計した直接原価（変動原価）である。

5　非原価項目

非原価項目とは，原価計算制度において，原価に算入しない項目をいい，おおむね次のような項目である。

(1) 経営目的に関連しない価値の減少，たとえば

1　次の資産に関する減価償却費，管理費，租税等の費用
① 投資資産たる不動産，有価証券，貸付金等
② 未稼働の固定資産
③ 長期にわたり休止している設備
④ その他経営目的に関連しない資産

2　寄付金等であつて経営目的に関連しない支出

3　支払利息，割引料，社債発行割引料償却，社債発行費償却，株式発行費償却，設立費償却，開業費償却，支払保証料等の財務費用

4　有価証券の評価損および売却損

(2) 異常な状態を原因とする価値の減少，たとえば

1　異常な仕損，減損，たな卸減耗等
2　火災，震災，風水害，盗難，争議等の偶発的事故による損失

3　予期し得ない陳腐化等によつて固定資産に著しい減価を生じた場合の臨時償却費
　　4　延滞償金，違約金，罰課金，損害賠償金
　　5　偶発債務損失
　　6　訴訟費
　　7　臨時多額の退職手当
　　8　固定資産売却損および除却損
　　9　異常な貸倒損失
(3)　税法上とくに認められている損金算入項目，たとえば
　　1　価格変動準備金繰入額
　　2　租税特別措置法による償却額のうち通常の償却範囲額をこえる額
(4)　その他の利益剰余金に課する項目，たとえば
　　1　法人税，所得税，都道府県民税，市町村民税
　　2　配当金
　　3　役員賞与金
　　4　任意積立金繰入額
　　5　建設利息償却

6　原価計算の一般的基準

原価計算制度においては，次の一般的基準にしたがつて原価を計算する。

(1)　財務諸表の作成に役立つために，
　　1　原価計算は，原価を一定の給付にかかわらせて集計し，製品原価および期間原価を計算する。すなわち，原価計算は原則として，
　　　①　すべての製造原価要素を製品に集計し，損益計算書上売上品の製品原価を売上高に対応させ，貸借対照表上仕掛品，半製品，製品等の製造原価をたな卸資産として計上することを可能にさせ，
　　　②　また，販売費および一般管理費を計算し，これを損益計算書上期間原価として当該期間の売上高に対応させる。
　　2　原価の数値は，財務会計の原始記録，信頼しうる統計資料等によつて，その信ぴよう性が確保されるものでなければならない。このため原価計算は，原則として実際原価を計算する。この場合，実際原価を計算することは，必ずしも原価を取得価格をもつて計算することを意味しないで，予定価格等をもつて計算することもできる。また必要ある場合には，製品原価を標準原価をもつて計算し，これを財務諸表に提供することもできる。
　　3　原価計算において原価を予定価格等または標準原価をもつて計算する場合には，これと原価の実際発生額との差異は，これを財務会計上適正に処理しなければならない。
　　4　原価計算は，財務会計機構と有機的に結合して行なわれるものとする。このために勘定組織には，原価に関する細分記録を統括する諸勘定を設ける。
(2)　原価管理に役立つために，
　　5　原価計算は，経営における管理の権限と責任の委譲を前提とし，作業区分等に基づく部門を管理責任の区分とし，各部門における作業の原価を計算し，各管理区分における原価発生の責任を明らかにさせる。
　　6　原価計算は，原価要素を，機能別に，また直接費と間接費，固定費と変動費，管理可能費と管理不能費の区分に基づいて分類し，計算する。
　　7　原価計算は，原価の標準の設定，指示から原価の報告に至るまでのすべての計算過程を通じて，原価の物量を測定表示することに重点をおく。
　　8　原価の標準は，原価発生の責任を明らかにし，原価能率を判定する尺度として，これを設定する。原価の標準は，過去の実際原価をもつてすることができるが，理想的には，標準原価として設定する。
　　9　原価計算は，原価の実績を，標準と対照比較しうるように計算記録する。
　　10　原価の標準と実績との差異は，これを分析し，報告する。
　　11　原価計算は，原価管理の必要性に応じて，重点的，経済的に，かつ，じん速にこれを行なう。
(3)　予算とくに費用予算の編成ならびに予算統制に役立つために，
　　12　原価計算は，予算期間において期待されうる条件に基づく予定原価または標準原価を計算し，予算とくに，費用予算の編成に資料を提供するとともに，予算と対照比較しうるように原価の実績を計算し，もつて予算統制に資料を提供する。

第2章　実際原価の計算

7　実際原価の計算手続

実際原価の計算においては，製造原価は，原則として，その実際発生額を，まず費目別に計算し，次いで原価部門別に計算し，最後に製品別に集計する。販売費および一般管理費は，原則として，一定期間における実際発生額を，費目別に計算する。

第1節　製造原価要素の分類基準

8　製造原価要素の分類基準

原価要素は，製造原価要素と販売費および一般管理費の要素に分類する。

製造原価要素を分類する基準は，次のようである。

(1)　形態別分類

　　形態別分類とは，財務会計における費用の発生を基礎とする分類，すなわち原価発生の形態による分類であり，原価要素は，この分類基準によつてこれを材料費，労務費および経費に属する各費目に分類する。

　　材料費とは，物品の消費によつて生ずる原価をいい，おおむね次のように細分する。
　1　素材費（または原料費）
　2　買入部品費
　3　燃料費
　4　工場消耗品費

5 消耗工具器具備品費
　労務費とは，労働用役の消費によって生ずる原価をいい，おおむね次のように細分する。
1 賃金（基本給のほか割増賃金を含む）
2 給料
3 雑給
4 従業員賞与手当
5 退職給与引当金繰入額
6 福利費（健康保険料負担金等）

　経費とは，材料費，労務費以外の原価要素をいい，減価償却費，たな卸減耗費および福利施設負担額，賃借料，修繕料，電気料，旅費交通費等の諸支払経費に細分する。
　原価要素の形態別分類は，財務会計における費用の発生を基礎とする分類であるから，原価計算は，財務会計から原価に関するこの形態別分類による基礎資料を受け取り，これに基づいて原価を計算する。この意味でこの分類は，原価に関する基礎的分類であり，原価計算と財務会計との関連上重要である。
(2) 機能別分類
　機能別分類とは，原価が経営上のいかなる機能のために発生したかによる分類であり，原価要素は，この分類基準によってこれを機能別に分類する。この分類基準によれば，たとえば，材料費は，主要材料費，および修繕材料費，試験研究材料費等の補助材料費，ならびに工場消耗品費等に，賃金は，作業種類別直接賃金，間接作業賃金，手待賃金等に，経費は，各部門の機能別経費に分類される。
(3) 製品との関連における分類
　製品との関連における分類とは，製品に対する原価発生の態様，すなわち原価の発生が，一定単位の製品の生成に関して直接的に認識されるかどうかの性質上の分類であり，原価要素は，この分類基準によってこれを直接費と間接費とに分類する。
1　直接費は，これを直接材料費，直接労務費および直接経費に分類し，さらに適当に細分する。
2　間接費は，これを間接材料費，間接労務費および間接経費に分類し，さらに適当に細分する。
　必要ある場合には，直接労務費と製造間接費とを会わせ，また直接材料費以外の原価要素を総括して，これを加工費として分類することができる。
(4) 操業度との関連における分類
　操業度との関連における分類とは，操業度の増減に対する原価発生の態様による分類であり，原価要素は，この分類基準によってこれを固定費と変動費とに分類する。ここに操業度とは，生産設備を一定とした場合におけるその利用度をいう。固定費とは，操業度の増減にかかわらず変化しない原価要素をいい，変動費とは，操業度の増減に応じて比例的に増減する原価要素をいう。
　ある範囲内の操業度の変化では固定的であり，これをこえると急増し，再び固定化する原価要素たとえば監督者給料等，または操業度が零の場合にも一定額が発生し，同時に操業度の増加に応じて比例的に増加する原価要素たとえば電力料等は，これを準固定費または準変動費となづける。
　準固定費または準変動費は，固定費または変動費とみなして，これをそのいずれかに帰属させるか，もしくは固定費と変動費との合成されたものであると解し，これを固定費の部分と変動費の部分とに分解する。
(5) 原価の管理可能性に基づく分類
　原価の管理可能性に基づく分類とは，原価の発生が一定の管理者層によって管理しうるかどうかによる分類であり，原価要素は，この分類基準によってこれを管理可能費と管理不能費とに分解する。下級管理者層にとって管理不能費であるものも，上級管理者層にとっては管理可能費となることがある。

第2節　原価の費目別計算

9　原価の費目別計算
　原価の費目別計算とは，一定期間における原価要素を費目別に分類測定する手続をいい，財務会計における費用計算であると同時に，原価計算における第一次の計算段階である。

10　費目別計算における原価要素の分類
　費目別計算においては，原価要素を，原則として，形態別分類を基礎とし，これを直接費と間接費とに大別し，さらに必要に応じ機能別分類を加味して，たとえば次のように分類する。
　直接費
　　直接材料費
　　　主要材料費（原料費）
　　　買入部品費
　　直接労務費
　　　直接賃金（必要ある場合には作業別に細分する。）
　　直接経費
　　　外注加工費
　間接費
　　間接材料費
　　　補助材料費
　　　工場消耗品費
　　　消耗工具器具備品費
　　間接労務費
　　　間接作業賃金
　　　間接工賃金
　　　手待賃金
　　　休業賃金
　　　給　料
　　　従業員賞与手当
　　　退職給与引当金繰入額
　　　福利費（健康保険料負担金等）
　　間接経費
　　　福利施設負担額

厚生費
　　　減価償却費
　　　賃借料
　　　保険料
　　　修繕料
　　　電力料
　　　ガス代
　　　水道料
　　　租税公課
　　　旅費交通費
　　　通信費
　　　保管料
　　　たな卸減耗費
　　　雑費
　　間接経費は，原則として形態別に分類するが，必要に応じ修繕費，運搬費等の複合費を設定することができる。

11　材料費計算

(1) 直接材料費，補助材料費等であつて出入記録を行なう材料に関する原価は各種の材料につき原価計算期間における実際の消費量にその消費価格を乗じて計算する。

(2) 材料の実際の消費量は，原則として継続記録法によつて計算する。ただし，材料であつて，その消費量を継続記録法によつて計算することが困難なものまたはその必要のないものについては，たな卸計算法を適用することができる。

(3) 材料の消費価格は，原則として購入原価をもつて計算する。
　　同種材料の購入原価が異なる場合，その消費価格の計算は，次のような方法による。
　　1　先入先出法
　　2　移動平均法
　　3　総平均法
　　4　後入先出法
　　5　個別法
　　材料の消費価格は，必要ある場合には，予定価格等をもつて計算することができる。

(4) 材料の購入原価は，原則として実際の購入原価とし，次のいずれかの金額によつて計算する。
　　1　購入代価に購入手数料，引取運賃，荷役費，保険料，関税等材料買入に要した引取費用を加算した金額
　　2　購入代価に引取費用ならびに購入事務，検収，整理，選別，手入，保管等に要した費用（引取費用と合わせて以下これを「材料副費」という。）を加算した金額。ただし，必要ある場合には，引取費用以外の材料副費の一部を購入代価に加算しないことができる。
　　購入代価に加算する材料副費の一部または全部は，これを予定配賦率によつて計算することができる。予定配賦率は，一定期間の材料副費の予定総額を，その期間における材料の予定購入代価または予定購入数量の総額をもつて除して算定する。ただし，購入事務費，検収費，整理費，選別費，手入費，保管費等については，それぞれに適当な予定配賦率を設定することができる。
　　材料副費の一部を材料の購入原価に算入しない場合には，これを間接経費に属する項目としましたは材料費に，配賦する。
　　購入した材料に対して値引または割戻等を受けたときには，これを材料の購入原価から控除する。ただし，値引または割戻等が材料消費後に判明した場合には，これを同種材料の購入原価から控除し，値引または割戻等を受けた材料が判明しない場合には，これを当期の材料副費等から控除し，またはその他適当な方法によつて処理することができる。
　　材料の購入原価は，必要ある場合には，予定価格等をもつて計算することができる。
　　他工場からの振替製品の受入価格は，必要ある場合には，正常市価によることができる。

(5) 間接材料費であつて，工場消耗品，消耗工具器具備品等継続記録法またはたな卸計算法による出入記録を行なわないものの原価は，原則として当該原価計算期間における買入額をもつて計算する。

12　労務費計算

(1) 直接賃金等であつて，作業時間または作業量の測定を行なう労務費は，実際の作業時間または作業量に賃率を乗じて計算する。賃率は，実際の個別賃率または，職場もしくは作業区分ごとの平均賃率による。平均賃率は，必要ある場合には，予定平均賃率をもつて計算することができる。
　　直接賃金等は，必要ある場合には，当該原価計算期間の負担に属する要支払額をもつて計算することができる。

(2) 間接労務費であつて，間接工賃金，給料，賞与手当等は，原則として当該原価計算期間の負担に属する要支払額をもつて計算する。

13　経費計算

(1) 経費は，原則として当該原価計算期間の実際の発生額をもつて計算する。ただし，必要ある場合には，予定価格または予定額をもつて計算することができる。

(2) 減価償却費，不動産賃借料等であつて，数カ月分を一時に総括的に計算しまたは支払う経費については，これを月割り計算する。

(3) 電力料，ガス代，水道料等であつて，消費量を計量できる経費については，その実際消費量に基づいて計算する。

14　費目別計算における予定価格等の適用

　費目別計算において，一定期間における原価要素の発生を測定するに当たり，予定価格等を適用する場合には，これをその適用される期間における実際価格にできる限り近似させ，価格差異をなるべく僅少にするように定める。

第3節　原価の部門別計算

15　原価の部門別計算

　原価の部門別計算とは，費目別計算においては握された

原価要素を，原価部門別に分類集計する手続をいい，原価計算における第二次の計算段階である。

16 原価部門の設定

原価部門とは，原価の発生を機能別，責任区分別に管理するとともに，製品原価の計算を正確にするために，原価要素を分類集計する計算組織上の区分をいい，これを諸製造部門と諸補助部門とに分ける。製造および補助の諸部門は，次の基準により，かつ，経営の特質に応じて適当にこれを区分設定する。

(1) 製造部門

製造部門とは，直接製造作業の行なわれる部門をいい，製品の種類別，製品生成の段階，製造活動の種類別等にしたがつて，これを各種の部門または工程に分ける。たとえば機械製作工場における鋳造，鍛造，機械加工，組立等の各部門はその例である。

副産物の加工，包装品の製造等を行ないわゆる副経営は，これを製造部門とする。

製造に関する諸部門は，必要ある場合には，さらに機械設備の種類，作業区分等にしたがつて，これを各小工程または各作業単位に細分する。

(2) 補助部門

補助部門とは，製造部門に対して補助的関係にある部門をいい，これを補助経営部門と工場管理部門とに分け，さらに機能の種類別等にしたがつて，これを各種の部門に分ける。

補助経営部門とは，その事業の目的とする製品の生産に直接関与しないで，自己の製品または用役を製造部門に提供する諸部門をいい，たとえば動力部，修繕部，運搬部，工具製作部，検査部等がそれである。

工具製作，修繕，動力等の補助経営部門が相当の規模となつた場合には，これを独立の経営単位とし，計算上製造部門として取り扱う。

工場管理部門とは，管理的機能を行なう諸部門をいい，たとえば材料部，労務部，企画部，試験研究部，工場事務部等がそれである。

17 部門個別費と部門共通費

原価要素は，これを原価部門に分類集計するに当たり，当該部門において発生したことが直接的に認識されるかどうかによつて，部門個別費と部門共通費とに分類する。

部門個別費は，原価部門における発生額を直接に当該部門に賦課し，部門共通費は，原価要素別にまたはその性質に基づいて分類された原価要素群にもしくは一括して，適当な配賦基準によつて関係各部門に配賦する。部門共通費であつて工場全般に関して発生し，適当な配賦基準の得がたいものは，これを一般費とし，補助部門費として処理することができる。

18 部門別計算の手続

(1) 原価要素の全部または一部は，まずこれを各製造部門および補助部門に賦課または配賦する。この場合，部門に集計する原価要素の範囲は，製品原価の正確な計算および原価管理の必要によつてこれを定める。たとえば，個別原価計算においては，製造間接費のほか，直接労務費をも製造部門に集計することがあり，総合原価計算においては，すべての製造原価要素または加工費を製造部門に集計することがある。

各部門に集計された原価要素は，必要ある場合には，これを変動費と固定費または管理可能費と管理不能費とに区分する。

(2) 次いで補助部門費は，直接配賦法，階梯式配賦法，相互配賦法にしたがい，適当な配賦基準によつて，これを各製造部門に配賦し，製造部門費を計算する。

一部の補助部門費は，必要ある場合には，これを製造部門に配賦しないで直接に製品に配賦することができる。

(3) 製造部門に集計された原価要素は，必要に応じさらにこれをその部門における小工程または作業単位に集計する。この場合，小工程または作業単位には，その小工程等において管理可能の原価要素または直接労務費のみを集計し，そうでないものは共通費および他部門配賦費とする。

第4節　原価の製品別計算

19 原価の製品別計算および原価単位

原価の製品別計算とは，原価要素を一定の製品単位に集計し，単位製品の製造原価を算定する手続をいい，原価計算における第三次の計算段階である。

製品別計算のためには，原価を集計する一定の製品単位すなわち原価単位を定める。原価単位は，これを個数，時間数，度量衡単位等をもつて示し，業種の特質に応じて適当に定める。

20 製品別計算の形態

製品別計算は，経営における生産形態の種類別に対応して，これを次のような類型に区分する。

(1) 単純総合原価計算
(2) 等級別総合原価計算
(3) 組別総合原価計算
(4) 個別原価計算

21 単純総合原価計算

単純総合原価計算は，同種製品を反復連続的に生産する生産形態に適用する。単純総合原価計算にあつては，一原価計算期間（以下これを「一期間」という。）に発生したすべての原価要素を集計して当期製造費用を求め，これに期首仕掛品原価を加え，この合計額（以下これを「総製造費用」という。）を，完成品と期末仕掛品とに分割計算することにより，完成品総合原価を計算し，これを製品単価に均分して単位原価を計算する。

22 等級別総合原価計算

等級別総合原価計算は，同一工程において，同種製品を連続生産するが，その製品を形状，大きさ，品位等によつて等級に区別する場合に適用する。

等級別総合原価計算にあつては，各等級製品について適当な等価係数を定め，一期間における完成品の総合原価ま

たは一期間の製造費用を等価係数に基づき各等級製品にあん分してその製品原価を計算する。

等価係数の算定およびこれに基づく等級製品原価の計算は，次のいずれかの方法による。

(1) 各等級製品の重量，長さ，面積，純分度，熱量，硬度等原価の発生と関連ある製品の諸性質に基づいて等価係数を算定し，これを各等級製品の一期間における生産量に乗じた積数の比をもつて，一期間の完成品の総合原価を一括的に各等級製品にあん分してその製品原価を計算し，これを製品単位に均分して単位原価を計算する。

(2) 一期間の製造費用を構成する各原価要素につき，またはその性質に基づいて分類された数個の原価要素群につき，各等級製品の標準材料消費量，標準作業時間等原価要素または原価要素群の発生と関連ある物量的数値等に基づき，それぞれの等価係数を算定し，これを各等級製品の一期間における生産量に乗じた積数の比をもつて，各原価要素または原価要素群をあん分して，各等級製品の一期間の製造費用を計算し，この製造費用と各等級製品の期首仕掛品原価とを，当期における各等級製品の完成品とその期末仕掛品とに分割することにより，当期における各等級製品の総合原価を計算し，これを製品単位に均分して，単位原価を計算する。

この場合，原価要素別または原価要素群別に定めた等価係数を個別に適用しないで，各原価要素または原価要素群の重要性を加味して総括し，この総括的等価係数に基づいて，一期間の完成品の総合原価を一括的に各等級製品にあん分して，その製品原価を計算することができる。

23 組別総合原価計算

組別総合原価計算は，異種製品を組別に連続生産する生産形態に適用する。

組別総合原価計算にあつては，一期間の製造費用を組直接費と組間接費または原料費と加工費とに分け，個別原価計算に準じ，組直接費または原料費は，各組の製品に賦課し，組間接費または加工費は，適当な配賦基準により各組に配賦する。次いで一期間における組別の製造費用と期首仕掛品原価とを，当期における組別の完成品とその期末仕掛品とに分割することにより，当期における組別の完成品総合原価を計算し，これを製品単価に均分して単位原価を計算する。

24 総合原価計算における完成品総合原価と期末仕掛品原価

単純総合原価計算，等級別総合原価計算および組別総合原価計算は，いずれも原価集計の単位が期間生産量であることを特質とする。すなわち，いずれの継続製造指図書に基づき，一期間における生産量について総製造費用を算定し，これを期間生産量に分割負担させることよつて完成品総合原価を計算する点において共通する。したがつて，これらの原価計算を総合原価計算の形態と総称する。

総合原価計算における完成品総合原価と期末仕掛品原価は，次の手続により算定する。

(1) まず，当期製造費用および期首仕掛品原価を，原則として直接材料費と加工費とに分け，期末仕掛品の完成品換算量を直接材料費と加工費とについて算定する。

期末仕掛品の完成品換算量は，直接材料費については，期末仕掛品に含まれる直接材料消費量の完成品に含まれるそれに対する比率を算定し，これを期末仕掛品現在量に乗じて計算する。加工費については，期末仕掛品の仕上り程度の完成品に対する比率を算定し，これを期末仕掛品現在量に乗じて計算する。

(2) 次いで，当期製造費用および期首仕掛品原価を，次のいずれかの方法により，完成品と期末仕掛品とに分割して，完成品総合原価と期末仕掛品原価とを計算する。

1 当期の直接材料費総額（期首仕掛品および当期製造費用費用中に含まれる直接材料費の合計額）および当期の加工費総額（期首仕掛品および当期製造費用中に含まれる加工費の合計額）を，それぞれ完成品数量と期末仕掛品の完成品換算量との比により完成品と期末仕掛品とにあん分して，それぞれ両者に含まれる直接材料費と加工費とを算定し，これをそれぞれ合計して完成品総合原価および期末仕掛品原価を算定する（平均法）。

2 期末仕掛品原価は，すべてこれを完成品の原価に算入し，当期製造費用を，完成品数量から期首仕掛品の完成品換算量を差し引いた数量と期末仕掛品の完成品換算量との比により，完成品と期末仕掛品とにあん分して完成品総合原価および期末仕掛品原価を算定する（先入先出法）。

3 期末仕掛品の完成品換算量のうち，期首仕掛品の完成品換算量に相当する部分については，期首仕掛品原価をそのまま適用して評価し，これを超過する期末仕掛品の完成品換算量と完成品数量との比により，当期製造費用を期末仕掛品と完成品とにあん分し，期末仕掛品に対してあん分された額と期首仕掛品原価との合計額をもつて，期末仕掛品原価とし，完成品にあん分された額を完成品総合原価とする（後入先出法）。

4 前三号の方法において，加工費について期末仕掛品の完成品換算量を計算することが困難な場合には，当期の加工費総額は，すべてこれを完成品に負担させ，期末仕掛品は，直接材料費のみをもつて計算することができる。

5 期末仕掛品は，必要ある場合には，予定原価または正常原価をもつて評価することができる。

6 期末仕掛品の数量が毎期ほぼ等しい場合には，総合原価の計算上これを無視し，当期製造費用をもつてそのまま完成品総合原価とすることができる。

25 工程別総合原価計算

総合原価計算において，製造工程が二以上の連続する工程に分けられ，工程ごとにその工程製品の総合原価を計算する場合（この方法を「工程別総合原価計算」という。）には，一工程から次工程へ振り替えられた工程製品の総合原価を，前工程費または原料費として次工程の製造費用に加算する。この場合，工程間に振り替えられる工程製品の

計算は，予定原価または正常原価によることができる。

26 加工費工程別総合原価計算

原料がすべて最初の工程の始点で投入され，その後の工程では，単にこれを加工するにすぎない場合には，各工程別に一期間の加工費を集計し，それに原料費を加算することにより，完成品総合原価を計算する。この方法を加工費工程別総合原価計算（加工費法）という。

27 仕損および減損の処理

総合原価計算においては，仕損の費用は，原則として，特別に仕損費の費目を設けることをしないで，これをその期の完成品と期末仕掛品とに負担させる。

加工中に蒸発，粉散，ガス化，煙化等によって生ずる原料の減損の処理は，仕損に準ずる。

28 副産物等の処理と評価

総合原価計算において，副産物が生ずる場合には，その価額を算定して，これを主産物の総合原価から控除する。副産物とは，主産物の製造過程から必然に派生する物品をいう。

副産物の価額は，次のような方法によって算定した額とする。

(1) 副産物で，そのまま外部に売却できるものは，見積売却価額から販売費および一般管理費または販売費，一般管理費および通常の利益の見積額を控除した額

(2) 副産物で，加工の上売却できるものは，加工製品の見積売却価額から加工費，販売費および一般管理費または加工費，販売費，一般管理費および通常の利益の見積額を控除した額

(3) 副産物で，そのまま自家消費されるものは，これによつて節約されるべき物品の見積購入価額

(4) 副産物で，加工の上自家消費されるものは，これによつて節約されるべき物品の見積購入価額から加工費の見積額を控除した額

軽微な副産物は，前項の手続によらないで，これを売却して得た収入を，原価計算外の収益とすることができる。

作業くず，仕損品等の処理および評価は，副産物に準ずる。

29 連産品の計算

連産品とは，同一工程において同一原料から生産される異種の製品であつて，相互に主副を明確に区別できないものをいう。連産品の価額は，連産品の正常市価等を基準として定めた等価係数に基づき，一期間の総合原価を連産品にあん分して計算する。この場合，連産品で加工の上売却できるものは，加工製品の見積売却価額から加工費の見積額を控除した額をもつて，その正常市価とみなし，等価係数算定の基礎とする。ただし，必要ある場合には，連産品の一種または数種の価額を副産物に準じて計算し，これを一期間の総合原価から控除した額をもつて，他の連産品の価額とすることができる。

30 総合原価計算における直接原価計算

総合原価計算において，必要ある場合には，一期間における製造費用のうち，変動直接費および変動間接費のみを部門に集計して部門費を計算し，これに期首仕掛品を加えて完成品と期末仕掛品とにあん分して製品の直接原価計算を計算し，固定費を製品に集計しないことができる。

この場合，会計年度末においては，当該会計期間に発生した固定費額は，これを期末の仕掛品および製品と当年度の売上品とに配賦する。

31 個別原価計算

個別原価計算は，種類を異にする製品を個別的に生産する生産形態に適用する。

個別原価計算にあつては，特定製造指図書について個別的に直接費および間接費を集計し，製品原価は，これを当該指図書に含まれる製品の生産完了時に算定する。

経営の目的とする製品の生産にさいしてのみでなく，自家用の建物，機械，工具等の製作または修繕，試験研究，試作，仕損品の補修，仕損による代品の製作等にさいしても，これを特定指図書を発行して行なう場合は，個別原価計算の方法によつてその原価を算定する。

32 直接費の賦課

個別原価計算における直接費は，発生のつどまたは定期に整理分類して，これを当該指図書に賦課する。

(1) 直接材料費は，当該指図書に関する実際消費量に，その消費価格を乗じて計算する。消費価格の計算は第2節11の(3)に定めるところによる。

自家生産材料の消費価格は，実際原価または予定価格等をもつて計算する。

(2) 直接労務費は，当該指図書に関する実際の作業時間または作業量に，その賃金を乗じて計算する。賃率の計算は，第2節12の(1)に定めるところによる。

(3) 直接経費は，原則として当該指図書に関する実際発生額をもつて計算する。

33 間接費の配賦

(1) 個別原価計算における間接費は，原則として部門間接費として各指図書に賦課する。

(2) 間接費は，原則として予定配賦率をもつて各指図書に配賦する。

(3) 部門間接費の予定配賦率は一定期間における各部門の間接費予定額または各部門の固定間接費予定額および変動間接費予定額を，それぞれ同期間における当該部門の予定配賦基準をもつて除して算定する。

(4) 一定期間における各部門の間接費予定額または各部門の固定間接費予定額および変動間接費予定額は，つぎのように計算する。

1 まず，間接費を固定費および変動費に分類して，過去におけるそれぞれの原価要素の実績をは握する。この場合，間接費を固定費と変動費とに分類するためには，間接費要素に関する各費目を調査し，費目によつて固定費または変動費のいずれかに分類する。準固定費または準変動費は実際値の変化の調査に基づき，これを固定費または変動費とみなして，そのいずれかに帰属させるか，もしくはその固定費部分および変動費

率を測定し，これを固定費と変動費とに分解する。
2　次に，将来における物価の変動予想を考慮して，これに修正を加える。
3　さらに固定費は，設備計画その他固定費に影響する計画の変更等を考慮し，変動費は，製造条件の変更等変更費に影響する条件の変化を考慮して，これを修正する。
4　変動費を，予定操業度に応ずるように，これを算定する。
(5) 予定配賦率の基礎となる予定操業度は，原則として，一年または一会計期間において予期される操業度であり，それは，技術的に達成可能な最大操業度ではなく，この期間における生産ならびに販売事情を考慮して定めた操業度である。

操業度は，原則として直接作業時間，機械運転時間，生産数量等間接費の発生と関連ある適当な物量基準によつて，これを表示する。

操業度は，原則としてこれを各部門に区分して測定表示する。
(6) 部門間接費の各指図書への配賦額は，各製造部門またはこれを細分した各小工程または各作業単位別に，次のいずれかによつて計算する。
1　間接費予定配賦率に各指図書に関する実際の配賦基準を乗じて計算する。
2　固定間接費予定配賦率および変動間接費予定配賦率に，それぞれ各指図書に関する実際の配賦基準を乗じて計算する。
(7) 一部の補助部門費を製造部門に配賦しないで，直接に指図書に配賦する場合には，そのおのおのにつき適当な基準を定めてこれを配賦する。

34　加工費の配賦

個別原価計算において，労働が機械作業と密接に結合して総合的な作業となり，そのため製品に賦課すべき直接労務費と製造間接費とを分離することが困難な場合その他必要ある場合には，加工費について部門別計算を行い，部門加工費を各指図書に配賦することができる。部門加工費の指図書への配賦は，原則として予定配賦率による。予定加工費配賦率の計算は，予定間接費配賦率の計算に準ずる。

35　仕損費の計算および処理

個別原価計算において，仕損が発生する場合には，原則として次の手続により仕損費を計算する。
(1) 仕損が補修によつて回復でき，補修のために補修指図書を発行する場合には，補修指図書に集計された製造原価を仕損費とする。
(2) 仕損が補修によつて回復できず，代品を製作するために新たに製造指図書を発行する場合において
1　旧製造指図書の全部が仕損となつたときは，旧製造指図書に集計された製造原価を仕損費とする。
2　旧製造指図書の一部が仕損となつたときは，新製造指図書に集計された製造原価を仕損費とする。
(3) 仕損の補修または代品の製作のために別個の指図書を発行しない場合には，仕損の補修等に要する製造原価を見積つてこれを仕損費とする。

前記(2)または(3)の場合において，仕損品が売却価値または利用価値を有する場合には，その見積額を控除した額を仕損費とする。

軽微な仕損については，仕損費を計上しないで，単に仕損品の見積売却価額または見積利用価額を，当該製造指図書に集計された製造原価から控除するにとどめることができる。

仕損費の処理は，次の方法のいずれかによる。
(1) 仕損費の実際発生額または見積額を，当該指図書に賦課する。
(2) 仕損費を間接費とし，これを仕損の発生部門に賦課する。この場合，間接費の予定配賦率の計算において，当該製造部門の予定間接費額中に，仕損費の予定額を算入する。

36　作業くずの処理

個別原価計算において，作業くずは，これを総合原価計算の場合に準じて評価し，その発生部門の部門費から控除する。ただし，必要ある場合には，これを当該製造指図書の直接材料費または製造原価から控除することができる。

第5節　販売費および一般管理費の計算

37　販売費および一般管理費要素の分類基準

販売費および一般管理費の要素を分類する基準は，次のようである。
(1) 形態別分類

販売費および一般管理費の要素は，この分類基準によつて，たとえば，給料，賃金，消耗品費，減価償却費，賃借料，保険料，修繕料，電力料，租税公課，運賃，保管料，旅費交通費，通信費，広告料等にこれを分類する。
(2) 機能別分類

販売費および一般管理費の要素は，この分類基準によつてたとえば，広告宣伝費，出荷運送費，倉庫費，掛売集金費，販売調査費，販売事務費，企画費，技術研究費，経理費，重役室費等にこれを分類する。

この分類にさいしては，当該機能について発生したことが直接的に認識される要素を，は握して集計する。たとえば広告宣伝費には，広告宣伝係員の給料，賞与手当，見本費，広告設備減価償却費，新聞雑誌広告料，その他の広告料，通信費等が集計される。
(3) 直接費と間接費

販売費および一般管理費の要素は，販売品種等の区別に関連して，これを直接費と間接費とに分類する。
(4) 固定費と変動費
(5) 管理可能費と管理不能費

38　販売費および一般管理費の計算

販売費および一般管理費は，原則として，形態別分類を基礎とし，これを直接費と間接費とに大別し，さらに必要に応じ機能別分類を加味して分類し，一定期間の発生額を

計算する。その計算は，製造原価の費目別計算に準ずる。
39 技術研究費
新製品または新技術の開拓等の費用であつて企業全般に関するものは，必要ある場合には，販売費および一般管理費と区別し別個の項目として記載することができる。

第3章　標準原価の計算

40 標準原価算定の目的
標準原価算定の目的としては，おおむね次のものをあげることができる。
(1) 原価管理を効果的にするための原価の標準として標準原価を設定する。これは標準原価を設定する最も重要な目的である。
(2) 標準原価は，真実の原価として仕掛品，製品等のたな卸資産価額および売上原価の算定の基礎となる。
(3) 標準原価は，予算とくに見積財務諸表の作成に，信頼しうる基礎を提供する。
(4) 標準原価は，これを勘定組織の中に組み入れることによつて，記帳を簡略化し，じん速化する。

41 標準原価の算定
標準原価は，直接材料費，直接労務費等の直接費および製造間接費について，さらに製品原価について算定する。

原価要素の標準は，原則として物量標準と価格標準との両面を考慮して算定する。
(1) 標準直接材料費
 1 標準直接材料費は，直接材料の種類ごとに，製品単位当たりの標準消費量と標準価格とを定め，両者を乗じて算定する。
 2 標準消費量については，製品の生産に必要な各種素材，部品等の種類，品質，加工の方法および順序等を定め，科学的，統計的調査により製品単位当たりの各種材料の標準消費量を定める。標準消費量は，通常生ずると認められる程度の減損，仕損等の消費余裕を含む。
 3 標準価格は，予定価格または正常価格とする。
(2) 標準直接労務費
 1 標準直接労務費は，直接作業の区分ごとに製品単位当たりの直接作業の標準時間と標準賃率とを定め，両者を乗じて算定する。
 2 標準直接作業時間については，製品の生産に必要な作業の種類別，使用機械工具，作業の方式および順序，各作業に従事する労働の等級等を定め，作業研究，時間研究その他経営の実情に応ずる科学的，統計的調査により製品単位当たりの各区分作業の標準時間を定める。標準時間は，通常生ずると認められる程度の疲労，身体的必要，手待等の時間的余裕を含む。
 3 標準賃率は，予定賃率または正常賃率とする。
(3) 製造間接費の標準
製造間接費の標準は，これを部門別（またはこれを細分した作業単位別，以下これを「部門」という。）に算定する。部門別製造間接費の標準とは，一定期間において各部門に発生すべき製造間接費の予定額をいい，これを部門間接費予算として算定する。その算定方法は，第2章第4節33の(4)に定める実際原価の計算における部門別計算の手続に準ずる。部門間接費予算は，固定予算または変動予算として設定する。
 1 固定予算
製造間接費予算を，予算期間において予期される一定の操業度に基づいて算定する場合に，これを固定予算となづける。各部門別の固定予算は，一定の限度内において原価管理に役立つのみでなく，製品に対する標準間接費配賦率の算定の基礎となる。
 2 変動予算
製造間接費の管理をさらに有効にするために，変動予算を設定する。変動予算とは，製造間接費予算を，予算期間に予期される範囲内における種々の操業度に対応して算定した予算をいい，実際間接費額を当該操業度の予算と比較して，部門の業績を管理することを可能にする。

変動予算の算定は，実査法，公式法による。
① 実査法による場合には，一定の基準となる操業度（以下これを「基準操業度」という。）を中心として，予期される範囲内の種々の操業度を一定間隔に設け，各操業度に応ずる複数の製造間接費予算を，あらかじめ算定列記する。この場合，各操業度に応ずる間接費予算額は，個々の間接費項目につき，各操業度における額を個別的に実査して算定する。この変動予算における基準操業度は，固定予算算定の基礎となる操業度である。
② 公式法による場合には，製造間接費要素を第2章第4節33の(4)に定める方法により固定費と変動費とに分け，固定費は操業度の増減にかかわりなく一定とし，変動費は，操業度の増減との関連における各変動費要素または変動費要素群の変動費率をあらかじめ測定しておき，これにそのつど関係操業度を乗じて算定する。
(4) 標準製品原価
標準製品原価は，製品の一定単位につき標準直接材料費，標準直接労務費等を集計し，これに標準間接費配賦率に基づいて算定した標準間接費配賦額を加えて算定する。標準間接費配賦率は固定予算算定の基礎となる操業度ならびにこの操業度における標準間接費を基礎として算定する。

標準原価計算において加工費の配賦計算を行なう場合には，部門別加工費の標準を定める。その算定は，製造間接費の標準の算定に準ずる。

42 標準原価の改訂
標準原価は，原価管理のためにも，予算編成のためにも，また，たな卸資産価額および売上原価算定のためにも，現状に即した標準でなければならないから，常にその適否を吟味し，機械設備，生産方式等生産の基本条件ならびに材

料価格，賃率等に重大な変化が生じた場合には，現状に即するようにこれを改訂する。

43　標準原価の指示

標準原価は，一定の文書に表示されて原価発生について責任をもつ各部署に指示されるとともに，この種の文書は，標準原価会計機構における補助記録となる。標準原価を指示する文書の種類，記載事項および様式は，経営の特質によつて適当に定めるべきであるが，たとえば次のようである。

(1) 標準製品原価表

　標準製品原価表とは，製造指図書に指定された製品の一定単位当たりの標準原価を構成する各種直接材料費の標準，作業種類別の直接労務費の標準および部門別製造間接費配賦額の標準を数量的および金額的に表示指定する文書をいい，必要に応じ材料明細表，標準作業表等を付属させる。

(2) 材料明細表

　材料明細表とは，製品の一定単位の生産に必要な直接材料の種類，品質，その標準消費数量等を表示指定する文書をいう。

(3) 標準作業表

　標準作業表とは，製品の一定単位の生産に必要な区分作業の種類，作業部門，使用機械工具，作業の内容，労働等級，各区分作業の標準時間等を表示指定する文書をいう。

(4) 製造間接費予算表

　製造間接費予算表は，製造間接費予算を費目別に表示指定した費目別予算表と，これをさらに部門別に表示指定した部門別予算表とに分けられ，それぞれ予算期間の総額および各月別予算額を記載する。部門別予算表において，必要ある場合には，費目を変動費と固定費または管理可能費と管理不能費とに区分表示する。

第4章　原価差異の算定および分析

44　原価差異の算定および分析

原価差異とは実際原価計算制度において，原価の一部を予定価格等をもつて計算した場合における原価と実際発生額との間に生ずる差額，ならびに標準原価計算制度において，標準原価と実際発生額との間に生ずる差額（これを「標準差異」となづけることがある。）をいう。

原価差異が生ずる場合には，その大きさを算定記録し，これを分析する。その目的は原価差異を財務会計上適正に処理して製品原価および損益を確定するとともに，その分析結果を各階層の経営管理者に提供することによって，原価の管理に資することにある。

45　実際原価計算制度における原価差異

実際原価計算制度において生ずる主要な原価差異は，おおむね次のように分けて算定する。

(1) 材料副費配賦差異

　材料副費配賦差異とは，材料副費の一部または全部を予定配賦率をもつて材料の購入原価に算入することによつて生ずる原価差異をいい，一期間におけるその材料副費の配賦額と実際額との差額として算定する。

(2) 材料受入価格差異

　材料受入価格差異とは，材料の受入価格を予定価格等をもつて計算することによつて生ずる原価差異をいい，一期間におけるその材料の受入金額と実際受入金額との差額として算定する。

(3) 材料消費価格差異

　材料消費価格差異とは，材料の消費価格を予定価格等をもつて計算することによつて生ずる原価差異をいい，一期間におけるその材料費額と実際発生額との差額として算定する。

(4) 賃率差異

　賃率差異とは，労務費を予定賃率をもつて計算することによつて生ずる原価差異をいい，一期間におけるその労務費額と実際発生額との差額として算定する。

(5) 製造間接費配賦差異

　製造間接費配賦差異とは，製造間接費を予定配賦率をもつて製品に配賦することによつて生ずる原価差異をいい，一期間におけるその製造間接費の配賦額と実際額との差額として算定する。

(6) 加工費配賦差異

　加工費配賦差異とは，部門加工費を予定配賦率をもつて製品に配賦することによつて生ずる原価差異をいい，一期間におけるその加工費の配賦額と実際額との差額として算定する。

(7) 補助部門費配賦差異

　補助部門費配賦差異とは，補助部門費を予定配賦率をもつて製造部門に配賦することによつて生ずる原価差異をいい，一期間におけるその補助部門費の配賦額と実際額との差額として算定する。

(8) 振替差異

　振替差異とは，工程間に振り替えられる工程製品の価額を予定原価または正常原価をもつて計算することによつて生ずる原価差異をいい，一期間におけるその工程製品の振替価額と実際額との差額として算定する。

46　標準原価計算制度における原価差異

標準原価計算制度において生ずる主要な原価差異は，材料受入価額，直接材料費，直接労務費および製造間接費のおのおのにつき，おおむね次のように算定分析する。

(1) 材料受入価格差異

　材料受入価格差異とは材料の受入価格を標準価格をもつて計算することによつて生ずる原価差異をいい，標準受入価格と実際受入価格との差異に，実際受入数量を乗じて算定する。

(2) 直接材料費差異

　直接材料費差異とは，標準原価による直接材料費と直接材料費の実際発生額との差額をいい，これを材料種類別に価格差異と数量差異とに分析する。

　1　価格差異とは，材料の標準消費価格と実際消費価格

との差異に基づく直接材料費差異をいい，直接材料の標準消費価格と実際消費価格との差異に，実際消費数量を乗じて算定する。
2　数量差異とは，材料の標準消費数量と実際消費数量との差異に基づく直接材料費差異をいい，直接材料の標準消費数量と実際消費数量との差異に，標準消費価格を乗じて，算定する。
(3)　直接労務費差異

直接労務費差異とは，標準原価による直接労務費と直接労務費の実際発生額との差額をいい，これを部門別または作業種類別に賃率差異と作業時間差異とに分析する。
1　賃率差異とは，標準賃率と実際賃率との差異に基づく直接労務費差異をいい，標準賃率と実際賃率との差異に，実際作業時間を乗じて算定する。
2　作業時間差異とは，標準作業時間と実際作業時間との差異に基づく直接労務費差異をいい，標準作業時間と実際作業時間との差異に，標準賃率を乗じて算定する。
(4)　製造間接費差異

製造間接費差異とは，製造間接費の標準額と実際発生額との差異をいい，原則として一定期間における部門間接費差異として算定し，これを能率差異，操業度差異等に適当に分析する。

第5章　原価差異の会計処理

47　原価差異の会計処理

(1)　実際原価計算制度における原価差異の処理は，次の方法による。
1　原価差異は，材料受入価格差異を除き，原則として当年度の売上原価に賦課する。
2　材料受入価格差異は，当年度の材料の払出高と期末在高に配賦する。この場合，材料の期末在高については，材料の適当な種類群別に配賦する。
3　予定価格等が不適当なため，比較的多額の原価差異が生ずる場合，直接材料費，直接労務費，直接経費および製造間接費に関する原価差異の処理は，次の方法による。
①　個別原価計算の場合

次の方法のいずれかによる。
イ　当年度の売上原価と期末におけるたな卸資産に指図書別に配賦する。
ロ　当年度の売上原価と期末におけるたな卸資産科目別に配賦する。
②　総合原価計算の場合

当年度の売上原価と期末におけるたな卸資産に科目別に配賦する。
(2)　標準原価計算制度における原価差異の処理は，次の方法による。
1　数量差異，作業時間差異，能率差異等であつて異常な状態に基づくと認められるものは，これを非原価項目として処理する。
2　前記1の場合を除き，原価差異はすべて実際原価計算制度における処理の方法に準じて処理する。

〔著者紹介〕

平岡秀福（ひらおか・しゅうふく）
　　創価大学経営学部助教授

大野智弘（おおの・ともひろ）
　　創価女子短期大学経営科助教授

井出健二郎（いで・けんじろう）
　　和光大学経済学部助教授

細海昌一郎（ほそみ・しょういちろう）
　　東京都立短期大学経営情報学科助教授

（検印省略）

1999年4月20日　初版発行
2000年4月15日　改訂版発行
2001年4月10日　改訂版二刷発行
2003年5月30日　第三版発行
2004年4月20日　第三版二刷発行

略称：3ステップ原価（三）

3ステップ方式
原価計算・工業簿記演習

著©者	平岡秀福 大野智弘 井出健二郎 細海昌一郎
発行者	塚田慶次

発行所　株式会社　創成社

〒171-0014　東京都豊島区池袋3－14－4
電　話　03(3971)6552　出版部　03(3982)9290
FAX　03(3971)6919　振　替　00150-9-191261
http://www.books-sosei.com

ISBN4-7944-1224-4　組版：メディカピーシー　製本：宮製本
落丁・乱丁本はお取り替えいたします。

―――――― 創成社簿記・会計選書 ――――――

3ステップ方式 原価計算・工業簿記演習(第三版)	平岡秀福・大野智弘・井出健二郎・細海昌一郎 著	1,600円
3ステップ方式 基本商業簿記演習	井出・大野・奥本・平岡・細海・尹 著	1,700円

社会科学基礎シリーズ

1 簿記会計の基礎	小川 洌・小澤康人 編著	2,700円
2 会計学の基礎	小川 洌・小澤康人 編著	3,000円
3 原価計算・工業簿記の基礎	小川 洌・小澤康人 編著	3,000円
4 税務会計の基礎	小川 洌・小澤康人 編著	2,850円
簿記会計の基礎・問題集	小川 洌・小澤康人 編著	1,500円
原価計算・工業簿記・問題集	小川 洌・小澤康人 編著	1,350円

簿記基礎講座(改訂版)	大橋信定 編著 岩渕昭子・渋谷謙作 著	1,500円
簿記原理(改訂版)	濱田弘作 編著	3,800円
例解・演習 基本簿記	前川邦生 編著	2,800円
最新簿記精説(上巻)	武田安弘 編著	3,400円
最新簿記精説(下巻)	武田安弘 編著	4,000円
入門簿記	中垣和男 著	3,000円
複式簿記システム―会計測定の方法と構造―	木戸田力 著	3,200円
簿記システム基礎論	倍 和博 著	2,600円
現代簿記詳解	佐藤俊徳・矢澤秀雄 著	2,913円
複式簿記入門	安楽孝雄・大島正克・安國 一 著	2,427円
財務会計学講義	室本誠二・保永昌宏・高山清治・竹田範義 著	3,200円
予算管理発達史(増補改訂版)	小林健吾 著	5,631円
原価計算総論(最新版)	小林健吾 著	3,300円
原価計算論	靎 日出郎 著	2,200円
原価計算概論	山浦瑛子 著	2,767円
技術者のための原価計算	鈴木爽一 訳	2,190円
三菱造船所の原価計算	山下正喜 著	2,524円
原価計算(改訂版)	山下正喜 編著	2,800円
現代会計学原理(上巻)	R.J.チェーンバース 著 塩原一郎 訳	2,800円
現代会計学原理(下巻)	R.J.チェーンバース 著 塩原一郎 訳	3,200円
現代会社会計論	R.J.チェーンバース 著 塩原一郎 訳	4,300円

創成社 (本体価格)

3ステップ方式 第三版
原価計算・工業簿記演習 〔解答編〕

> この解答編はとりはずすことが出来ます。
> ゆっくりと引きぬいて下さい。

第1章 原価と原価計算

STEP 1 ベーシック問題

(1) 直接労務費　　　¥245,000
(2) 直接原価　　　　¥700,000
(3) 製造間接費　　　¥175,000
(4) 販売費・一般管理費　¥245,000
(5) 販売利益　　　　¥480,000

〔解説〕
ここでいう直接原価とは製造直接費と同義である。直接原価を(2)とおくと，(2)+0.25×(2)＝¥875,000 ∴(2)＝¥700,000

(1)＝¥700,000－¥355,000－¥100,000＝245,000
(3)＝0.25×(2)＝0.25×¥700,000＝¥175,000
(4)＝¥1,120,000－¥875,000＝¥245,000

売価をpとおくと，
p－0.3×p＝¥1,120,000 ∴p＝¥1,600,000
(5)＝0.3×¥1,600,000＝480,000

STEP 2 トレーニング問題

(1) 1 標　準　2 実際の発生額　3 標　準　4 差　異
　　5 経営管理者　6 原価能率
(2) 7 実際原価　8 財務会計　9 製品原価　10 財務会計
　　11 実際原価　12 原価計算制度
(3) 13 標準原価　14 財務会計　15 製品原価　16 財務会計
　　17 標準原価　18 原価計算制度
(4) 19 取得価格　20 実際発生額　21 予定価格　22 消費量
　　23 実際原価　24 一定期間　25 取得価格
(5) 26 消費量　27 統計的　28 能　率　29 予定価格
　　30 標　準　31 標　準　32 期　間　33 原価の目標
(6) 34 範　囲　35 給　付　36 製造原価
　　37 販売費および一般管理費　38 一　部　分　39 計算目的
　　40 変動直接費　41 変動間接費
(7) 42 異　43 個別的　44 生産形態
(8) 45 同　種　46 反復連続的　47 生産形態
(9) 48 同一工程　49 同　種　50 連　続　51 形　状
　　52 大きさ　53 品　位　54 等　級
(10) 55 異　種　56 連　続　57 生産形態

STEP 3 チャレンジ問題

(1) 予算
　予算とは，予算期間における企業の各業務分野の具体的な計画を貨幣的に表示し，これを総合編成したものをいい，予算期間における企業の利益目標を指示し，各業務分野の諸活動を調整し，企業全般にわたる総合的管理の要具となるものである。予算は，業務執行に関する総合的な期間計画であるが，予算編成の過程は，たとえば製品組合せの決定，部品を自製するか外注するかの決定等個々の選択的事項に関する意思決定を含むことは，いうまでもない。

(2) 基本計画
　基本計画とは，経済の動態的変化に適応して，経営の給付目的たる製品，経営立地，生産設備等，経営構造に関する基本的事項について，経営意思を決定し，経営構造を合理的に組成することをいい，随時に行われる決定である。

(3) 特殊原価調査
　広い意味での原価の計算には，原価計算制度以外に，経営の基本計画および予算編成における選択的事項の決定に必要な特殊の原価たとえば，差額原価，機会原価，付加原価等を，随時に統計的，技術的に，調査測定することも含まれる。これは特殊原価調査と呼ばれるが，制度としての原価計算の範囲外に属するため，原価計算基準の中には，それらについての詳細な説明は含まれていない。

(4) 非原価項目
　原価計算基準の5，非原価項目(一)，(二)，(三)，(四)を参照のこと。

(5) 原価の機能別分類
　機能別分類とは，原価が経営上のいかなる目的のために発生したかによる分類であり，原価要素は，この分類基準によってこれを機能別に分類する。
　たとえば，材料費は，主要材料費，および修繕材料費，試験研究材料費等の補助材料費，ならびに工場消耗品費等に，賃金は，作業種類別直接賃金，間接作業賃金，手待賃金等，経費は，各部門の機能別経費に分類する。

(6) 操業度
　操業度とは，生産設備を一定とした場合におけるその利用度をいう。たとえば，それは生産量や直接作業時間，機械運転時間等の尺度で表現される。

(7) 準固定費と準変動費
　準固定費は，ある範囲内の操業度の変化では固定的であり，これをこえると急増し，再び固定化する原価要素(たとえば，監督者給料)である。準変動費は，操業度がゼロの場合にも一定額発生し，同時に操業度の増加に応じて比例的に増加する原価要素(たとえば，電力料など)をいう。これらは，固定費または変動費とみなして，そのいずれかに帰属させるか，もしくは固定費と変動費とが合成されたものであると解し，これを固定費の部分と変動費の部分とに分解する。

(8) 原価の管理可能性に基づく分類
　原価の管理可能性に基づく分類とは，原価の発生が一定の管理者層に

よって管理しうるかどうかによる分類であり，原価要素は，この分類基準によってこれを管理可能費と管理不能費とに分類する。下級管理者層にとって管理不能費であるものも，上級管理者層にとっては，管理可能費となることがある。

第2章　工業簿記の本質　特色・基礎知識

STEP 1　ベーシック問題

ア	購買	イ	製造	ウ	販売	エ	外部	オ	内部
カ	外部	キ	製造	ク	製品	ケ	製造	コ	製造原価
サ	原価計算								

〔解説〕
工業簿記の基本的な意義をその活動別に確認しておくことが大切である。

STEP 2　トレーニング問題

(a)内部活動―1, 2, 4　　外部活動―3, 5
(b)購買活動―5　　製造活動―1, 2, 4　　販売活動―3

〔解説〕
仕訳を想定してみると，これまでの学習(商業簿記)との違いもわかるであろう。

STEP 3　チャレンジ問題

三井物産のような商社やダイエーなどの小売業いわゆる商業では，購買活動と販売活動を記録・計算・整理する商業簿記が採用されている。一方，トヨタ自動車や松下電器などのメーカーでは，購買活動・製造活動・販売活動を記録・計算・整理する工業簿記が採用されている。

つまり，工業簿記は，商業簿記と比較して製造活動をもその対象とする。製造活動を記録・計算・整理することは，製品を製造するための金額を求めることである。そうした1つのものを作るのに必要な金額(原価)を計算することが原価計算といわれる。したがって，原価計算はトヨタ自動車や松下電器などのメーカーでは欠かせない重要なものである。

〔解説〕工業簿記がどのような業種で取り入れられているか，それに伴う原価計算の意義を確認する必要がある。

第3章　工業簿記の構造　勘定体系と製造原価報告書

STEP 1　ベーシック問題

```
              材    料
前月繰越高  110,000  当月消費高  900,000
当月仕入高  890,000  次月繰越高  100,000
          1,000,000            1,000,000

              賃    金
当月支払高( 470,000) 前月未払高  105,000
当月未払高  120,000  当月消費高( 480,000)
                    賃 率 差 異   5,000
          ( 590,000)          ( 590,000)

            製造間接費
間接材料費  150,000  正常配賦額( 550,000)
間接労務費  140,000  配 賦 差 異   8,000
間接経費  ( 268,000)
          ( 558,000)          ( 558,000)

              製    品
前月繰越高  110,000  売上原価(1,550,000)
当月完成高(1,590,000) 次月繰越高  150,000
          (1,700,000)         (1,700,000)

              製    造
前月繰越高  150,000  当月完成高(1,590,000)
直接材料費  750,000  次月繰越高  200,000
直接労務費  340,000
製造間接費  550,000
          (1,790,000)         (1,790,000)

            売 上 原 価
製    品 (1,550,000) 月次損益 (1,563,000)
原価差異    13,000
          (1,563,000)         (1,563,000)

            月 次 損 益
売上原価 (1,563,000) 売 上 高 2,300,000
販 売 費   231,000
一般管理費  156,000
営業利益 ( 350,000)
          2,300,000            2,300,000
```

〔解説〕
勘定体系に注意すること(ポイント1-(1)を参照)。

STEP 2　トレーニング問題

```
              製    造
期首有高   (  5,000) 当期製品製造原価 (370,000)
直接材料費 (209,000) 期 末 有 高     ( 15,000)
直接労務費 ( 95,000)
製造間接費 ( 76,000)
          (385,000)                 (385,000)
```

〔解説〕
直接材料費(¥209,000)＝¥25,000＋¥213,000－¥29,000
直接労務費(¥ 95,000)＝¥94,000＋¥ 12,000－¥11,000
製造間接費は予定配賦高(¥76,000)を記入する。
製造勘定の期首有高と期末有高は，仕掛品期首有高(¥5,000)と仕掛品期末有高(¥15,000)を記入する。
当期製品製造原価は，借方合計と貸方金額の差額として計算する。

STEP 3　チャレンジ問題

```
          製造原価報告書
                          (単位：円)
Ⅰ材料費
  主要材料費    (13,200,000)
  補助材料費    ( 4,900,000)  (18,100,000)
Ⅱ労務費
  直接工賃金    ( 8,800,000)
  間接工賃金    ( 2,500,000)
  給    料      ( 4,500,000)  (15,800,000)
Ⅲ経費
  電 力 料      (   450,000)
  賃 貸 料      (   650,000)
  減価償却費    ( 3,400,000)  ( 4,500,000)
  合    計                    (38,400,000)
  製造間接費配賦差異   [－]   (   560,000)
  当期総製造費用              (37,840,000)
  期首仕掛品原価              ( 4,660,000)
  合    計                    (42,500,000)
  期末仕掛品原価              ( 4,500,000)
  当期製品製造原価            (38,000,000)
```

〔解説〕
主要材料費(¥13,200,000)＝¥3,500,000＋¥13,000,000－¥3,300,000
補助材料費(¥4,900,000)＝¥1,200,000＋¥4,500,000－¥800,000
直接工賃金(¥8,800,000)＝¥8,700,000－¥2,000,000＋¥2,100,000
間接工賃金(¥2,500,000)＝¥2,500,000－¥700,000＋¥700,000
給料(¥4,500,000)＝¥4,600,000－¥1,100,000＋¥1,000,000
製造間接費配賦差異(△¥560,000)＝予定配賦額(¥15,840,000)－実際発生額(¥16,400,000)
予定配賦額＝¥8,800,000×180％
実際発生額＝¥4,900,000＋¥2,500,000＋¥4,500,000＋¥450,000＋¥650,000＋¥3,400,000
各経費は資料5の金額になる。
期首と期末の仕掛品原価は資料1の仕掛品の金額になる。

第4章 費目別計算（1）材料費の計算

STEP 1 ベーシック問題

(1)(借方)材　　　料　　52,500　　(貸方)買　掛　金　　50,000
　　　　　　　　　　　　　　　　　　　　材 料 副 費　　2,500
(2)(借方)製造（または仕掛品）38,500　(貸方)材　　　料　46,750
　　　　製造間接費　　8,250
(3)(借方)材　　　料　　2,125　　(貸方)材料消費価格差異　2,125

材　　　料			
諸口　　　　52,500	(2)諸口	46,750
(3)材料消費価格差異 2,125		

材 料 副 費			
	(1)材料	2,500

製造（または仕掛品）			
(2)材料　46,750		

材料消費価格差異			
	(3)材料	2,125

製造間接費			
(2)材料　8,250		

〔解説〕
(1) 副費の予定配賦率＝¥50,000÷¥1,000,000＝0.05
　　材料購入原価＝@¥500×100個×(1＋0.05)＝¥52,500
　　A材料への副費配賦額＝@¥500×100個×0.05＝¥2,500
(2) 直接材料費分　70個×@¥550＝¥38,500
　　間接材料費分　15個×@¥550＝¥8,250
(3) A材料の実際単価＝¥52,500÷100個＝@¥525
　　材料消費価格差異＝(@¥550－@¥525)×85個＝¥2,125

STEP 2 トレーニング問題

問1　¥14,000　問2　¥500(不利)　問3　¥16,200
問4　¥1,080　問5　¥540　問6　¥19,500
問7　A材料は5月中，購入価格が上昇傾向にある。こういった状況下では，後入先出法によれば，先入先出法に比べて，高い価格のものから消費されたとみなされるため，それだけ材料費が高くなる。

〔解説〕問1　5／12　300個×@¥25　　　　　　＝¥7,500
　　　　　　5／30　100個×@¥25＋100個×@¥40＝ 6,500
　　　　　　　　　　　　　　　　　　　　　　　¥14,000

問2　@¥27×500個－¥14,000＝△¥500(不利)
問3　5／12に適用される移動平均単価
　＝(¥10,000＋¥8,000)÷(400個＋200個)＝@¥30
　　5／30に適用される移動平均単価
　＝(@¥30×300個＋¥9,000)÷(300個＋200個)＝@¥36
実際価格に基づく材料費
　＝@¥30×300個＋@¥36×200個＝¥16,200
問4　5月末の帳簿棚卸数量
　＝400個＋200個－300個＋200個－200個＝300個
　棚卸減耗費＝@¥36×(300個－270個)＝¥1,080
問5　低価法評価損＝(@¥36－@¥34)×270個＝¥540
問6　5／12　200個×@¥40＋100個×@¥25＝¥10,500
　　　5／20　200個×@¥45　　　　　　　＝ 9,000
　　　　　　　　　　　　　　　　　　　　　¥19,500

STEP 3 チャレンジ問題

問1　買入手数料，引取運賃，荷役費，運送保険料，関税
問2　購入事務費，検収費，整理費用，選別料，保管料
問3
① 購入代価＋材料外部副費＋材料内部副費
② 購入代価＋材料外部副費＋材料内部副費の一部
③ 購入代価＋材料外部副費
④ 購入代価＋材料副費の一部
⑤ 購入代価
問4
① 材料外部副費について
　a) 特定の購入材料に個別的に生じた外部副費は，その特定の材料に賦課する。
　b) 特定の材料グループに共通的に生じた外部副費は，適正な基準によって特定グループ内の各材料に配賦する。
　c) すべての購入材料に共通的に発生する外部副費は，予定配賦率で各材料に配賦する。
② 材料内部副費について
予定配賦率により配賦する。
問5
① 材料内部副費について金額の重要性のない場合や必要ある場合，その内部副費は購入原価に算入しないことができる。
② 材料外部副費についても，重要性の乏しいものについては購入原価に算入しないことができる。
問6
① 間接経費に属する項目とし，製造間接費として処理する。この場合にはその後の製造間接費の配賦により製造部門へ配賦されてから製品へ配賦されるケースと工場管理費として製品へ配賦されるケースがある。
② 材料費に配賦する。
つまり，購入材料に算入せず，消費材料にのみ算入する方法である。

第5章　費目別計算（2）労務費の計算

STEP 1　ベーシック問題

問1
予定平均賃率 ＝ 製造部門Yの予定賃金支払い総額(基本給＋加給金) / 製造部門Yの予定総就業時間

＝ (65,400,000円 ＋ 7,890,000円) / (33,300時間 ＋ 1,200時間 ＋ 500時間)

＝ 2,094円／時間

問2
製品Xの直接労務費 ＝ 2,094円／時間 × 3時間 ＝ 6,282円

〔解説〕
　問1は，直接作業時間の構成を把握した上で，予定平均賃率を求める問題である。問2は，求めた予定平均賃率を用いて，製品に賦課される直接労務費を計算する問題である。

STEP 2　トレーニング問題

1. （借方）賃　　　　金　4,200,000　（貸方）所得税預り金　　232,000
　　　　　　　　　　　　　　　　　　　健康保険料預り金　168,000
　　　　　　　　　　　　　　　　　　　当　座　預　金　3,800,000
2. （借方）製　　　　造　3,920,000　（貸方）消　費　賃　金　4,600,000
　　　　　製 造 間 接 費　　680,000
3. （借方）消　費　賃　金　4,700,000　（貸方）賃　　　　金　4,700,000
4. （借方）賃　率　差　異　　100,000　（貸方）消　費　賃　金　100,000
5. （借方）健 康 保 険 料　　336,000　（貸方）当　座　預　金　336,000

〔解説〕
　予定賃率を用いた場合の実際との差異の仕訳については，賃率勘定のみのケースと併せてマスターしておくとよい。

STEP 3　チャレンジ問題

当期の間接労務費の合計 ＝ 2,212,000円

〔解説〕
直接工間接労務費
　1,600円／時間×（間接作業時間400時間＋手待時間70時間）＝752,000円
間接工賃金 および 工場事務職員給料 は当月要支払額を計上。
　665,000円＋425,000円＝1,090,000円
社会保険料会社負担額 は法定福利費として会社負担額370,000円が間接労務費となる。
∴当期の間接労務費の合計
　752,000円＋1,090,000円＋370,000円＝2,212,000円

※工具募集費160,000円，福利施設負担額120,000円，パソコン研修講師料240,000円
　→間接経費
※工場長（専務取締役）の賞与支給額　300,000円
　→利益処分項目

第6章　費目別計算（3）経費の計算

STEP 1　ベーシック問題

ア	材　料　費	イ	労　務　費	ウ	製　品　費	エ	直　　　接	オ	間　　　接
カ	把　　　握	キ	測　　　定	ク	支　　　払	ケ	月　　　割	コ	測　　　定
サ	発　　　生	シ	内部測定	ス	実際の発生額	セ	予　定　額	ソ	予定価格
タ	借　　　方	チ	貸　　　方	ツ	製　　　造	テ	借　　　方	ト	貸　　　方
ナ	製造間接費	ニ	借　　　方	ヌ	費　　　目	ネ	経費仕訳	ノ	合　　　計

〔解説〕
ポイントを参照しなさい。

STEP 2　トレーニング問題

問1

	直接経費	間接経費
支払経費	外注加工費，設計費	福利厚生費，旅費交通費，修繕費，事務用消耗品費
月割経費	特許権使用料	保険料，減価償却費，賃借料
測定経費		電力料，水道料，ガス代
発生経費	仕損費	棚卸減耗費

問2

費　　　目	当月の消費高	消費に関する仕訳			
		（借方）		（貸方）	
電　力　料	¥ 82,000	製造間接費	82,000	電　力　料	82,000
棚卸減耗費	¥ 31,000	製造間接費	31,000	棚 卸 減 耗 費	31,000
事務用消耗品費	¥ 51,400	製造間接費	51,400	事務用消耗品費	51,400
特許権使用料	¥ 70,000	製　　造	70,000	特許権使用料	70,000
福利厚生費	¥155,500	製造間接費	155,500	福 利 厚 生 費	155,500
保　険　料	¥ 50,000	製造間接費	50,000	保　険　料	50,000
水　道　料	¥ 56,000	製造間接費	56,000	水　道　料	56,000
旅費交通費	¥ 37,400	製造間接費	37,400	旅 費 交 通 費	37,400
外注加工費	¥ 56,500	製　　造	56,500	外 注 加 工 費	56,500

〔解説〕
　問1については経費の分類（ポイント1－(1)(2)）を参照しなさい。
　問2についてはまず消費高を計算し，次に仕訳を行う。
　電力料と水道料は測定額が消費高となる。両者は間接経費なので製造間接費勘定に振り替える。棚卸減耗費，特許権使用料，保険料は年額なので1ヶ月あたりの金額を計算する。特許権使用料は直接経費なので製造勘定に振り替える。以下，その他の消費高は次のように計算する。

　事 務 用 消 耗 費（¥ 51,400）＝¥14,400＋¥56,000－¥19,000
　福　利　厚　生　費（¥155,500）＝¥182,000＋¥26,500－¥53,000
　旅　費　交　通　費（¥ 37,400）＝¥79,600－¥18,300－¥23,900
　外　注　加　工　費（¥ 56,500）＝¥60,900－¥17,600＋¥13,200
　外注加工費は直接経費なので製造勘定に振り替える。

STEP 3　チャレンジ問題

(a) 経費仕訳帳

平成○年		摘要	科　目	総　額	製　造	製造間接費	販売費および一般管理費
4	8	支払経費	外 注 加 工 費	115,000	115,000		
		〃	設　計　費	90,000	76,500		13,500
		〃	修　繕　費	62,000		9,300	52,700
		測定経費	事務用消耗品費	21,000		14,700	6,300
		〃	電　力　料	33,000		29,700	3,300
		〃	光　熱　費	54,000		43,200	10,800
		月割経費	賃　借　料	32,000	6,400	22,400	3,200
		〃	減価償却費	27,000	2,400	18,600	6,000
		発生経費	棚卸減耗費	250,000		25,000	
				684,000	209,600	431,300	43,100

(b) 合計仕訳

借　　　方		貸　　　方	
製造	209,600	外注加工費	115,000
製造間接費	431,300	設計費	90,000
販売費および一般管理費	43,100	修繕費	62,000
		減価償却費	27,000
		事務用消耗品費	21,000
		電力料	33,000
		光熱費	54,000
		賃借料	32,000
		棚卸減耗費	250,000

〔解説〕

経費の分類，消費高の計算，合計仕訳に関する問題である。経費仕訳帳への記入に慣れること。また，消費に関する補足資料にも留意しなければならない。合計仕訳は経費仕訳帳の金額をもとに行えばよい。なお，減価償却費の額(定額法，月割計算)は次のように計算する。

$$¥27,000 = \frac{¥3,600,000 - (¥3,600,000 \times 0.1)}{10年 \times 12ケ月}$$

第7章　製造間接費の計算

STEP 1　ベーシック問題

配賦方法	製造間接費配賦額	甲製品の製造原価
直接材料費法	¥200,000 [1]	¥730,000 [2]
直接労務費法	¥179,200 [3]	¥709,200 [4]
直接原価法	¥169,600 [5]	¥699,600 [6]
直接作業時間法	¥160,000 [7]	¥690,000 [8]

〔解説〕

1) $\frac{¥640,000}{¥800,000} \times ¥250,000$　　2) $¥250,000 + ¥280,000 + ¥200,000$

3) $\frac{¥640,000}{¥1,000,000} \times ¥280,000$　　4) $¥250,000 + ¥280,000 + ¥179,200$

5) $\frac{¥640,000}{¥800,000 + ¥1,000,000 + ¥200,000} \times (¥250,000 + ¥280,000 + ¥0)$

6) $¥250,000 + ¥280,000 + ¥169,600$

7) $\frac{¥640,000}{3,200時間} \times 800時間$　　8) $¥250,000 + ¥280,000 + ¥160,000$

STEP 2　トレーニング問題

(a) 1,080,000円　(b) 90円／時　(c) 81,000円　(d) 700円
(e) 4,300円(有利・貸方)　(f) △5,000円(不利・借方)

〔解説〕

(a) xを直接作業時間，yを製造間接費予算，αを変動費率，βを固定費予算額とすると，公式法による変動予算額は，y = αx + β で表現される。条件より

$$\alpha = \frac{1,160,000円 - 1,000,000円}{14,000時間 - 10,000時間} = 40円／時$$

さらに，1,000,000円 = 40円／時 × 10,000時間 + β

∴ β = 600,000円

よって，(a) = 40円／時 × 12,000時間 + 600,000円

(b) 1,080,000円 ÷ 12,000時間

(c) 90円／時 × 900時間

(d) 81,700円 - 81,000円

(e) 40円／時 × 900時間 + 600,000円 ÷ 12ケ月 - 81,700円

(f) 81,000円 - (40円／時 × 900時間 + 600,000円 ÷ 12ケ月)

STEP 3　チャレンジ問題

問1　¥576／時　問2　360,000時間　問3　¥600／時
問4　変動費率¥350／時　固定費率¥250／時　問5　¥17,100,000
問6　¥13,000(有利・貸方)　問7　¥388,000(有利・貸方)
問8　△375,000(不利・借方)

〔解説〕

問1　¥216,000,000 ÷ 375,000時間

問2　375,000時間 - 15,000時間

問3　¥216,000,000 ÷ 360,000時間

問4　変動費率 = ¥126,000,000 ÷ 360,000時間
　　固定費率 = ¥90,000,000 ÷ 360,000時間

問5　¥600／時 × 28,500時間

問6　¥17,100,000 - ¥17,087,000

問7　¥350／時 × 28,500時間 + ¥90,000,000 ÷ 12ケ月 - ¥17,087,000

問8　¥17,100,000 - (¥350／時 × 28,500時間 + ¥90,000,000 ÷ 12ケ月)

第8章　部門別計算(1)
部門別計算の意義と部門費の第1次集計

STEP 1　ベーシック問題

部門費配分表　　　　　　　　　　(単位：円)

費　目	金額	製造部門				補助部門					
		第1製造部門	%	第2製造部門	%	動力部門	%	修繕部門	%	工場事務部門	%
部門個別費											
〈細目省略〉											
部門個別費合計	54,800	19,000		19,600		8,000		5,800		2,400	
部門共通費											
間接材料費	11,600	4,060	35	4,060	35	1,740	15	1,740	15	0	0
間接賃金	13,000	3,900	30	2,600	20	2,600	20	2,600	20	1,300	10
電力料	7,200	2,880	40	2,520	35	720	10	720	10	360	5
減価償却費	9,000	2,700	30	2,700	30	900	10	900	10	1,800	20
支払保険料	4,000	1,000	25	1,000	25	600	15	600	15	800	20
部門共通費合計	44,800	14,540		12,880		6,560		6,560		4,260	
部門費合計	99,600	33,540		32,480		14,560		12,360		6,660	

借　方	金額	貸　方	金額
第1製造部門費	33,540	製造間接費	99,600
第2製造部門費	32,480		
動力部門費	14,560		
修繕部門費	12,360		
工場事務部門費	6,660		

(総勘定元帳)～締切不要

```
               製造間接費
                    (第1製造部費)  (33,540)
                    (第2製造部費)  (32,480)
                    (動力部費)    (14,560)
                    (修繕部費)    (12,360)
                    (工場事務部費) ( 6,660)

        第1製造部費                  動力部費
(製造間接費)(33,540)          (製造間接費)(14,560)
        第2製造部費                  修繕部費
(製造間接費)(32,480)          (製造間接費)(12,360)
                              工場事務部費
                             (製造間接費)( 6,660)
```

〔解説〕
　部門費配分表とその結果導出される仕訳と勘定図の問題である。配分については正確にパーセントに準じて行えばよい。

STEP 2　トレーニング問題

部門費配分表　　　　　　　　　　　　　　　　　(単位：円)

費　目	配賦基準	金　額	製造部門		補助部門		
			第1製造部門	第2製造部門	動力部門	修繕部門	工場事務部門
部門個別費							
間接材料費		39,600	12,950	16,000	4,500	4,000	2,150
間接労務費		21,000	10,000	6,000	2,100	2,000	900
間接経費		3,950	1,200	1,200	600	650	300
部門個別費合計		64,550	24,150	23,200	7,200	6,650	3,350
部門共通費							
給　料	従業員数	13,000	4,000	6,000	1,000	1,500	500
間接賃金	従業員数	19,500	6,000	9,000	1,500	2,250	750
建物減価償却費	占有面積	10,000	4,000	4,500	750	500	250
建物火災保険料	占有面積	16,000	6,400	7,200	1,200	800	400
部門共通費合計		58,500	20,400	26,700	4,450	5,050	1,900
部門費合計		123,050	44,550	49,900	11,650	11,700	5,250

〔解説〕
　各部門共通費を一定の配賦基準に基づいて算定できるかがポイントである。

STEP 3　チャレンジ問題

部門費配分表　　　　　　　　　　　　　　　　　(単位：円)

費　目	配賦基準	金　額	製造部門		補助部門		
			第1製造部門	第2製造部門	動力部門	修繕部門	工場事務部門
部門個別費							
間接材料費		7,500	3,200	2,200	1,100	800	200
間接労務費		23,000	7,000	6,200	4,400	3,600	1,800
間接経費		13,680	5,200	3,800	2,000	1,780	900
部門個別費合計		44,180	15,400	12,200	7,500	6,180	2,900
部門共通費							
電力料	電力量	7,200	2,100	1,500	2,400	900	300
機械修繕費	修繕時間	2,000	800	600	400	200	—
機械保険料	機械価額	1,800	800	600	300	100	—
建物減価償却費	占有面積	4,900	1,890	1,680	630	420	280
福利施設負担額	従業員数	8,000	3,040	2,400	1,120	800	640
部門共通費合計		23,900	8,630	6,780	4,850	2,420	1,220
部門費合計		68,080	24,030	18,980	12,350	8,600	4,120

〔解説〕　部門費配分表の完成問題。トレーニング同様正確な算定さえ心掛ければよい。

第9章　部門別計算(2)
部門費の第2次集計と製品への配賦計算

STEP 1　ベーシック問題

補助部門費配賦表　　　　　　　　　　　(単位：円)

部　門	合　計	製造部門		補助部門		
		切削部	組立部	材料倉庫部	動力部	工場事務部
部門費	1,700,000	656,689	677,736	118,375	199,680	47,520
第1次集計						
工場事務部費	47,520	21,120	24,000	960	1,440	—
動力部費	199,680	139,776	49,920	9,984	—	
材料倉庫部費	118,375	71,025	42,615	—	4,735	
第2次集計					10,944	6,175
動力部費	6,175	4,550	1,625			
材料倉庫部費	10,944	6,840	4,104			
製造部門費	1,700,000	900,000	800,000			

(借方)		(貸方)	
切削部費	231,921	材料倉庫部費	118,375
組立部費	116,535	動力部費	199,680
材料倉庫部費	10,944	工場事務部費	47,520
動力部費	6,175		
切削部費	11,390	材料倉庫部費	10,944
組立部費	5,729	動力部費	6,175

〔解説〕
　第1次集計は相互配賦法、第2次集計は直接配賦法による。補助部門費配賦表への記入にも慣れること。また、それを仕訳できるようにすること。なお、第1次集計および第2次集計の各金額は、付属資料をもとに適当な配賦基準を選んで計算する。工場事務部費は従業員数、動力部費は動力供給量、材料倉庫部費は材料出庫額である。

第1次集計

工場事務部費
- 切　削　部(¥ 21,120) = ¥47,520 × $\dfrac{44}{99}$
- 組　立　部(¥ 24,000) = ¥47,520 × $\dfrac{50}{99}$
- 材料倉庫部(¥   960) = ¥47,520 × $\dfrac{2}{99}$
- 動　力　部(¥ 1,440) = ¥47,520 × $\dfrac{3}{99}$

動力部費
- 切　削　部(¥139,776) = ¥199,680 × $\dfrac{700}{1,000}$
- 組　立　部(¥ 49,920) = ¥199,680 × $\dfrac{250}{1,000}$
- 材料倉庫部(¥ 9,984) = ¥199,680 × $\dfrac{50}{1,000}$

材料倉庫部
- 切　削　部(¥ 71,025) = ¥118,375 × $\dfrac{30}{50}$
- 組　立　部(¥ 42,615) = ¥118,375 × $\dfrac{18}{50}$
- 動　力　部(¥ 4,735) = ¥118,375 × $\dfrac{2}{50}$

第2次集計

動 力 部 費 　　　切 削 部 (¥ 4,550) = ¥6,175 × $\frac{700}{950}$

　　　　　　　　　組 立 部 (¥ 1,625) = ¥6,175 × $\frac{250}{950}$

材料倉庫部費 　　切 削 部 (¥ 6,840) = ¥10,944 × $\frac{30}{48}$

　　　　　　　　　組 立 部 (¥ 4,104) = ¥10,944 × $\frac{18}{48}$

STEP 2　トレーニング問題

部門費計算表　　　　　　　　　（単位：千円）

費目	合計		組立部門		仕上部門		補助部門	
	変動費	固定費	変動費	固定費	変動費	固定費	変動費	固定費
部門個別費	9,000	26,000	2,200	15,000	4,800	8,000	2,000	3,000
部門共通費	—	8,000	—	(2,000)	—	(4,000)	—	(2,000)
補助部門費配賦額			(800)	(2,000)	(1,200)	(3,000)	(2,000)	(5,000)
計	(9,000)	(34,000)	(3,000)	(19,000)	(6,000)	(15,000)		
変動費配賦率			(0.3)		(0.4)			
固定費配賦率			(1.9)		(1.0)			
合計			(2.2)		(1.4)			

〔解説〕

部門共通費の配賦は直接労務費基準による。

組立部門 (¥2,000) = ¥8,000 × $\frac{10,000}{40,000}$

仕上部門 (¥4,000) = ¥8,000 × $\frac{20,000}{40,000}$

補助部門 (¥2,000) = ¥8,000 × $\frac{10,000}{40,000}$

補助部門費(変動費¥2,000と固定費¥5,000)の配賦は，稼働予定時間数を基準として行う。

変動費：組立部門 (¥ 800) = ¥2,000 × $\frac{10,000}{25,000}$

　　　　仕上部門 (¥1,200) = ¥2,000 × $\frac{15,000}{25,000}$

固定費：組立部門 (¥2,000) = ¥5,000 × $\frac{10,000}{25,000}$

　　　　仕上部門 (¥3,000) = ¥5,000 × $\frac{15,000}{25,000}$

変動費配賦率 = $\frac{変動費の合計}{稼働予定時間数}$，固定費配賦率 = $\frac{固定費の合計}{稼働予定時間数}$

で計算する。

STEP 3　チャレンジ問題

組立部門費　　　　　　　　　　（単位：千円）

製造間接費	(630)	製　造	(680)
動力部門費	(32)		
修繕部門費	(4)		
工場事務部門費	(8)		
原価差異	(6)		
	(680)		(680)

仕上部門費　　　　　　　　　　（単位：千円）

製造間接費	(620)	製　造	(660)
動力部門費	(48)	原価差異	(20)
修繕部門費	(4)		
工場事務部門費	(8)		
	(680)		(680)

動力部門費　　　　　　　　　　（単位：千円）

製造間接費	(80)	諸　口	(80)

修繕部門費　　　　　　　　　　（単位：千円）

製造間接費	(8)	諸　口	(8)

工場事務部門費　　　　　　　　（単位：千円）

製造間接費	(16)	諸　口	(16)

〔解説〕

各勘定における製造間接費の金額は資料1をもとに記入する。

組立部門費勘定と仕上部門費勘定の各補助部門費の金額は，直接配賦法によって配賦額を計算し記入する。

組立部門：動 力 部 門 費 (¥32) = ¥80 × $\frac{340}{840}$

　　　　　修 繕 部 門 費 (¥ 4) = ¥ 8 × $\frac{40}{85}$

　　　　　工場事務部門費 (¥ 8) = ¥16 × $\frac{20}{41}$

仕上部門：動 力 部 門 費 (¥48) = ¥80 × $\frac{500}{840}$

　　　　　修 繕 部 門 費 (¥ 4) = ¥ 8 × $\frac{45}{85}$

　　　　　工場事務部門費 (¥ 8) = ¥16 × $\frac{21}{41}$

組立部門費勘定と仕上部門費勘定の製造の金額は，予定配賦額で記入する。

組立部門費の製造 (¥680) = 170時間 × ¥ 4

仕上部門費の製造 (¥660) = 110時間 × ¥ 6

原価差異は予定配賦額と実際発生額の差額として計算される。

第10章　個別原価計算（1）
個別原価計算の方法と記帳

STEP 1　ベーシック問題

ア	種　　類	イ	個　　別	ウ	製　　品	エ	製造指図書	オ	製造原価
カ	製造直接費	キ	製造間接費	ク	予定配賦率	ケ	製造間接費	コ	単純個別
サ	部門間接費	シ	部門別個別	ス	部門別個別	セ	原価計算表	ソ	補助元帳

〔解説〕
ポイントを参照しなさい。

STEP 2　トレーニング問題

　　　　　　　　　　　　　　製　　　　造
10／1	期首有高	（1,250,000）	10／31	期中完成高	（2,700,000）
10／31	直接材料費	（ 890,000）	〃	期末有高	（ 880,000）
〃	直接労務費	（ 505,000）			
〃	製造間接費	（ 935,000）			
		（3,580,000）			（3,580,000）

　　　　　　　　　　　　　　製　　　　品
10／1	期首有高	（ 800,000）	10／31	売上原価	（2,612,500）
10／31	期中完成品	（2,700,000）	〃	期末有高	（ 887,500）
		（3,500,000）			（3,500,000）

〔解説〕
製造勘定の金額

　期首有高(¥1,250,000)＝¥500,000＋¥250,000＋¥500,000(すべてNo.102)

　直接材料費(¥890,000)＝¥250,000(No.103)＋¥640,000(No.104)

　直接労務費(¥505,000)＝¥187,500(No.102)＋¥237,500(No.103)＋¥800,000(No.104)

　製造間接費(¥935,000)＝¥375,000(No.102)＋¥400,000(No.103)＋¥160,000(No.103)

　期中完成高(¥2,700,000)＝¥1,812,500(No.102)＋¥887,500(No.103)

　期末有高(¥880,000)＝¥880,000(No.104)

製品勘定の金額

　期首有高(¥800,000)＝¥800,000(No.101)

　期中完成高(¥2,700,000)＝製造勘定より振り替え

　売上原価(¥2,612,500)＝¥800,000(No.101)＋¥1,812,500(No.102)

　期末有高(¥887,500)＝¥887,500(No.103)

STEP 3　チャレンジ問題

(1) 製造指図書別原価計算表　　　　　　　　　（単位：円）

製　造　指　図　書		No. 403	No. 501	No. 502	計
月　初　仕　掛　品		225,000	—	—	225,000
直　接　材　料　費		50,000	25,000	30,000	105,000
直接労務費	第1製造部門	50,000	23,500	35,500	109,000
	第2製造部門	24,000	16,000	16,000	56,000
	第3製造部門	30,000	66,000	51,000	147,000
製造間接費	第1製造部門	50,000	23,500	35,500	109,000
	第2製造部門	36,000	24,000	24,000	84,000
	第3製造部門	60,000	132,000	102,000	294,000
製　造　原　価　計		525,000	310,000	294,000	1,129,000
備　　　　　考		完成	完成	未完成	

(2) 製造勘定

　　　　　　　　　　　　　　製　　　　造
月初有高	（ 225,000）	当月完成高	（ 835,000）
当月製造費用：		月末有高	（ 294,000）
直接材料費	（ 105,000）		
直接労務費	（ 312,000）		
製造間接費	（ 487,000）		
	（1,129,000）		（1,129,000）

(3) 完成品の原価を製品勘定へ振り替える仕訳

（借方）		（貸方）	
製　　品	835,000	製　　造	835,000

〔解説〕
(1)　製造指図書別原価計算表

　　月初仕掛品は，資料(A)に基づいて記入する。

　　直接材料費は，資料(B)に基づいて記入する。

　　直接労務費は，資料(C)および(D)に基づいて，直接作業時間に予定平均賃率を掛けて計算する。

　　製造間接費は，直接労務費に資料(D)の間接費配賦率を掛けて計算する。

(2)　製造勘定への記入，は完成された原価計算表をもとに行う。

　　月初有高(¥225,000)＝月初仕掛品の合計

　　直接材料費(¥105,000)＝直接材料費の合計

　　直接労務費(¥312,000)＝直接労務費の合計

　　製造間接費(¥487,000)＝製造間接費の合計

　　当月完成高(¥835,000)＝完成品(No.403とNo.501)の製造原価，つまり¥525,000(No.403)＋¥310,000(No.501)

　　月末有高(¥294,000)＝未完成品(No.502)の製造原価

(3)　完成品の原価を製品勘定に振り替える仕訳は，当月完成高の金額について行う。

第11章　個別原価計算（2）
仕損と作業屑の処理

STEP 1　ベーシック問題

1. （借方）仕　損　費　　37,000　　（貸方）素　　材　　18,000
　　　　　　　　　　　　　　　　　　　　　賃　　金　　19,000
　　　　　製　　造　　37,000　　　　　仕　損　費　　37,000
2. （借方）仕　損　品　　50,000　　（貸方）製　　造　　120,000
　　　　　製　　造　　70,000
3. （借方）作　業　屑　　10,000　　（貸方）第1製造部門費　10,000

STEP 2　トレーニング問題

1. （借方）仕　損　品　　5,000　　（貸方）材　　料　　20,000
　　　　　仕　損　費　　26,000　　　　　労　務　費　　8,000
　　　　　　　　　　　　　　　　　　　　　経　　費　　3,000
　　　　　製　　造　　26,000　　　　　仕　損　費　　26,000
2. （借方）現　　金　　5,500　　（貸方）仕　損　品　　5,000
　　　　　　　　　　　　　　　　　　　　仕損品売却益　　500
3. （借方）作　業　屑　　12,000　　（貸方）第1製造部門費　12,000

STEP 3　チャレンジ問題

(a)　製造指図書別原価計算表

（単位：円）

項目＼指図書	#303	#304	#305	#304-2	#305-2	#306	合計
月初仕掛品	108,400						108,400
当月製造費用							
直接材料費	──	37,600	30,400	6,400	32,000	23,200	129,600
直接労務費							
第1製造部門	──	36,400	33,600	7,700	35,000	23,800	136,500
第2製造部門	15,600	16,800	13,200	4,200	18,600	──	68,400
製造間接費							
第1製造部門	──	18,720	17,280	3,960	18,000	12,240	70,200
第2製造部門	8,320	8,960	7,040	2,240	9,920	──	36,480
小　　計	132,320	118,480	101,520	24,500	113,520	59,240	549,580
仕損品作業屑評価額			△40,000			△800	△40,800
仕損品（直接経費）		24,500	△61,520	△24,500	61,520		
製造原価合計	132,320	142,980	0	0	175,040	58,440	508,780
備　　考	完成	完成	仕損費として#305-2へ賦課	仕損費として#304へ賦課	完成	未完成	

(b)　製造部門別配賦差異の計算

第1製造部門費配賦差異の計算＝△¥1,100（不利・借方）
第2製造部門費配賦差異の計算＝¥370（有利・貸方）

〔解説〕

(a)

(イ)直接材料費の計算

直接材料費＝予定消費価格×直接材料消費量

#303　　＠¥800×56kg＝44,800円（前月分）
#304　　＠¥800×47kg＝37,600円
#305　　＠¥800×38kg＝30,400円
#304-2　＠¥800× 8kg＝ 6,400円
#306　　＠¥800×29kg＝23,200円

作業屑評価額＠¥200×4kg＝800円

(ロ)直接労務費の計算

直接労務費＝予定賃率×直接作業時間

	第1製造部門	第2製造部門
#303	＠¥700×60時間＝42,000円（前月分）	＠¥600×26時間＝15,600円
#304	＠¥700×52時間＝36,400円	＠¥600×28時間＝16,800円
#305	＠¥700×49時間＝33,600円	＠¥600×13時間＝13,200円
#304-2	＠¥700×11時間＝ 7,700円	＠¥600× 7時間＝ 4,200円
#305-2	＠¥700×50時間＝35,000円	＠¥600×31時間＝18,600円
#306	＠¥700×34時間＝23,800円	──

(ハ)製造間接費（部門費）の計算

製造間接費＝予定配賦率×直接作業時間

各部門予定配賦率の計算

製造部門費予定配賦表

	製造部門費		補助部門費	
	第1製造部門	第2製造部門	修繕部門	工場事務部門
部門費合計	724,000	370,800	128,000	102,000
修繕部門費	80,000[1]	48,000[2]		
工場事務部門費	60,000[3]	42,000[4]		
合計	864,000	460,800		
年間予定直接作業時間	2,400時間	1,440時間		
予定配賦率	360円/時間[5]	320円/時間[6]		

1）$128,000 \times \dfrac{1}{1+0.6}$　　2）$128,000 \times \dfrac{0.6}{1+0.6}$

3）$102,000 \times \dfrac{1}{1+0.7}$　　4）$102,000 \times \dfrac{0.7}{1+0.7}$

5）864,000円÷2,400時間　6）460,800円÷1,440時間

製造部門費予定配賦額

	第1製造部門	第2製造部門
#303	＠¥360×60時間＝21,600円（前月分）	＠¥320×26時間＝8,320円
#304	＠¥360×52時間＝18,720円	＠¥320×28時間＝8,960円
#305	＠¥360×48時間＝17,280円	＠¥320×22時間＝7,040円
#304-2	＠¥360×11時間＝ 3,960円	＠¥320× 7時間＝2,240円
#305-2	＠¥360×50時間＝18,000円	＠¥320×31時間＝9,920円
#306	＠¥360×34時間＝12,240円	──

(ニ)月初仕掛品原価の計算（#303）

(イ)44,800円＋(ロ)42,000円＋(ハ)21,600円＝108,400円

(ホ)作業屑の控除

(イ)で計算した作業屑評価額¥800を#306の集計原価59,240円より控除する。

(ヘ)#304-2の集計原価24,500円は#304に加算し，#305の集計原価101,520のうち，40,000円は仕損品勘定に振り替え，残額は，仕損費として#305-2に加算する。

〈b〉
製造部門費配賦表

	製造部門費		補助部門費	
	第1製造部門	第2製造部門	修繕部門	工場事務部門
実際部門費合計	59,200	28,300	10,560	9,350
修繕部門費	6,600 1)	3,960 2)		
工場事務部門費	5,500 3)	3,850 4)		
合計	71,300	36,110		

1) $10,560 \times \dfrac{1}{1+0.6}$ 　　2) $10,560 \times \dfrac{0.6}{1+0.6}$

3) $9,350 \times \dfrac{1}{1+0.7}$ 　　4) $9,350 \times \dfrac{0.7}{1+0.7}$

〈a〉表の製造間接費における第1製造部門費の合計70,200円と第2製造部門費の合計36,480円を，それぞれ上記〈b〉表の第1製造部門費の合計71,300円と第2製造部門費の合計36,110円と比較し，次のように求める。

第1製造部門費配賦差異＝70,200円－71,300円＝△1,100円(不利・借方)
第2製造部門費配賦差異＝36,480円－36,110円＝　370円(有利・貸方)

第12章　総合原価計算（1）
単純総合原価計算

STEP 1　ベーシック問題

ア	市場見込大量	イ	製品	ウ	製品単位	エ	製造原価	オ	第3次
カ	種類	キ	製造工程	ク	同種	ケ	反復連続	コ	異種
サ	組別	シ	同一	ス	等級				

〔解説〕
ポイントおよび原価計算基準第4節19, 21, 22, 23を参照しなさい。

STEP 2　トレーニング問題

(1) 平均法による総合原価計算表

	原料費	加工費	合計
月初仕掛品原価	700,000	504,000	1,204,000
当月製造費用	4,200,000	3,906,000	8,106,000
合　　計	4,900,000	4,410,000	9,310,000
月末仕掛品原価	1,960,000	630,000	2,590,000
完成品総原価	2,940,000	3,780,000	6,720,000
完成品単位原価	140	180	320

(2) 先入先出法による総合原価計算表

	原料費	加工費	合計
月初仕掛品原価	700,000	504,000	1,204,000
当月製造費用	4,200,000	3,906,000	8,106,000
合　　計	4,900,000	4,410,000	9,310,000
月末仕掛品原価	2,100,000	651,000	2,751,000
完成品総原価	2,800,000	3,759,000	6,559,000
完成品単位原価	133	179	312

(3) 後入先出法による総合原価計算表

	原料費	加工費	合計
月初仕掛品原価	700,000	504,000	1,204,000
当月製造費用	4,200,000	3,906,000	8,106,000
合　　計	4,900,000	4,410,000	9,310,000
月末仕掛品原価	1,750,000	504,000	2,254,000
完成品総原価	3,150,000	3,906,000	7,056,000
完成品単位原価	150	186	336

(a) 月末仕掛品が7,000kgの場合

	原料費	加工費	合計
月初仕掛品原価	700,000	252,000	952,000

(b) 月末仕掛品が2,800kgの場合

	原料費	加工費	合計
月初仕掛品原価	280,000	100,800	380,800

〔解説〕
ポイント3の計算式を参照して，月末仕掛品原価の計算を正確に行えるようにすること。なお，後入先出法による場合は，月初仕掛品数量（または換算量）と月末仕掛品数量（または換算量）の大小関係に注意しなければならない。

STEP 3　チャレンジ問題

総合原価計算表　　　　　　　　　　（単位：円）

	数量	材料費	加工費	合計
月初仕掛品	100個 (1/2)	(3,500)	(2,000)	(5,500)
当月投入	2,000個	(74,200)	(40,900)	(115,100)
計	2,100個	(77,700)	(42,950)	(120,650)
月末仕掛品	300個 (1/2)	(11,100)	(3,300)	(14,400)
差引：完成品	1,800個	(66,600)	(39,600)	(106,200)
単価		(37)	(22)	(59)

月次損益計算書　　　　　　　　　　　（単位：円）

I	売　上　高		(144,000)
II	売　上　原　価		
	月初製品棚卸高	(6,000)	
	当月製品製造原価	(106,200)	
	計	(112,200)	
	月末製品棚卸高	(5,900)	(106,300)
	売　上　総　利　益		(37,700)
III	販売費及び一般管理費		
	変　動　販　売　費	(3,600)	
	固定販売費・一般管理費	(5,000)	(8,600)
	営　業　利　益		(29,100)

〔解説〕
(1) 総合原価計算表の作成

月末仕掛品は平均法により計算する。単価は完成品の金額を完成品の数量1,800個で割って計算すること。

(2) 月次損益計算書の作成

売上高(¥144,000)＝＠¥80×1,800個

月初製品棚卸高(¥6,000)＝＠¥60×100個

当月製品製造原価(¥106,200)＝総合原価計算表の完成品原価

月末製品棚卸高(¥5,900)＝＠¥59×100個(先入先出法により売上原価を計算するので，当月に完成した製品の単価を用いる)

変動販売費(¥3,600)＝＠¥2×1,800個

固定販売費・一般管理費(¥5,000)＝資料9による。

第13章　総合原価計算（2）
仕損・減損と副産物の処理

STEP 1　ベーシック問題

(1) 直接材料費完成品換算量単位原価　　640円
　　加工費完成品換算量単位原価　　　　720円
(2) 仕損品原価　　128,000円
(3) 仕損費　　104,000円

〔解説〕

1．完成品換算量単位原価

　直接材料費　640,000円÷(800個＋200個×100％)＝640円

　加　工　費　576,000円÷(800個＋200個×0％)＝720円

2．仕損品原価

　直接材料費　640円×200個×100％＝128,000円

　加　工　費　720円×200個×0％＝　　　0円

3．仕損費

　128,000円－(120円×200個)＝104,000円

STEP 2　トレーニング問題

原価計算表　　　　　　　　　(単位：円)

	直接材料費	加工費	合計
月初仕掛品原価	656,000	424,000	1,080,000
当期製造費用	2,144,000	3,096,000	5,240,000
合　計	2,800,000	3,520,000	6,320,000
月末仕掛品原価	800,000	320,000	1,120,000
差　引	2,000,000	3,200,000	5,200,000
正常減損	──	──	──
完成品総合原価	2,000,000	3,200,000	5,200,000
完成品単位原価	＠2,000	＠3,200	＠5,200

〔解説〕

減損が工程の終点で発生しているので，完成品のみに減損費を負担させればよい。また，正常減損度外視法において，正常減損は対象外となり，原価計算表上には記載されない。

STEP 3　チャレンジ問題

問1

(1)421,800円　(2)180,000円　(3)4,150,800円　(4)961,800円

問2

(1)399,000円　(2)299,700円　(3)4,133,700円　(4)978,900円

問3

(1)388,500円　(2)473,100円　(3)4,244,100円　(4)868,500円

〔解説〕

問1

(1)換算数量単位原価4,218円×200個×50％＝421,800円

(2)換算数量単位原価300円×600個＝180,000円

(3)1,440,000円＋2,530,800円＋180,000円＝4,150,800円

(4)480,000円＋421,800円＋60,000円＝961,800円

問2

(1)換算数量単位原価3,990円×200個×50％＝399,000円

(2)換算数量単位原価499.5円×600個＝299,700円

(3)1,440,000円＋2,394,00円＋299,700円＝4,133,700円

(4)480,000円＋399,000円＋99,900円＝978,900円

問3

(1)換算数量単位原価3,885円×200個×50％＝388,500円

(2)換算数量単位原価788.5円×600個＝473,100円

(3)1,440,000円＋2,331,00円＋473,100円＝4,244,100円

(4)480,000円＋388,500円＋0円＝868,500円

第14章　総合原価計算（3）
工程別総合原価計算

STEP 1　ベーシック問題

工程別総合原価計算表　　　　　　(単位：円)

	第1工程			第2工程		
	原料費	加工費	合計	前工程費	加工費	合計
月初仕掛品原価	115,000	39,000	154,000	560,000	115,000	675,000
当月製造費用	2,285,000	1,481,000	3,766,000	3,600,000	1,782,000	5,382,000
合　計	2,400,000	1,520,000	3,920,000	4,160,000	1,897,000	6,057,000
月末仕掛品原価	240,000	80,000	320,000	800,000	297,000	1,097,000
完成品総合原価	2,160,000	1,440,000	3,600,000	3,360,000	1,600,000	4,960,000
完成品単位原価	120	80	200	210	100	310

〔解説〕

(1) 第1工程の月末仕掛品原価の計算は平均法による。

$$原料費(¥240,000) = (¥115,000 + ¥2,285,000) \times \frac{2,000kg}{18,000kg + 2,000kg}$$

$$加工費(¥80,000) = (¥39,000 + ¥1,481,000) \times \frac{1,000kg}{18,000kg + 1,000kg}$$

(2) 第1工程の完成品総原価を第2工程の前工程費に振り替える(累加法)

(3) 第2工程の月末仕掛品原価の計算は先入先出法による。

$$前工程費(¥800,000) = ¥3,600,000 \times \frac{4,000kg}{16,000kg - 2,000kg + 4,000kg}$$

$$加工費(¥297,000)=¥1,782,000×\frac{3,000kg}{16,000kg-1,000kg+3,000kg}$$

(4) 完成品単位原価は、完成品総原価を完成品数量で割って計算する。

STEP 2 トレーニング問題

製造－第1工程

月初有高：		次工程振替高：	
原料費	20,000	原料費	(75,600)
加工費	25,000	加工費	(162,750)
小　計	(45,000)	小　計	(238,350)
当月製造費用：		月末有高：	
原料費	88,000	原料費	(32,400)
加工費	161,000	加工費	(23,250)
小　計	(249,000)	小　計	(55,650)
	(294,000)		(294,000)

製造－第2工程

月初有高：		当月完成高	
前工程費	104,750	前工程費	(275,000)
加工費	43,000	加工費	(330,000)
小　計	(147,750)	小　計	(605,000)
当月製造費用：		月末有高：	
前工程費	(238,350)	前工程費	(68,100)
加工費	328,000	加工費	(41,000)
小　計	(566,350)	小　計	(109,000)
	(714,100)		(714,100)

〔解説〕

(1) 製造－第1工程の月末有高の計算は平均法による。

$$原料費(¥32,400)=(¥20,000+¥88,000)×\frac{300kg}{700kg+300kg}$$

$$加工費(¥23,250)=(¥25,000+¥161,000)×\frac{100kg}{700kg+100kg}$$

(2) 製造－第1工程の次工程振替高は、それぞれ月初有高＋当月製造費用－月末有高により計算する。

(3) 製造－第2工程の月末有高の計算は先入先出法による。また、第2工程の終点で減損100kgが発生しているので、それを完成品に負担させて(完成品数量に加算して)計算する。

$$前工程費(¥68,100)=¥238,350×\frac{200kg}{(700kg+100kg)-300kg+200kg}$$

$$加工費(¥41,000)=¥328,000×\frac{100kg}{(700kg+100kg)-100kg+100kg}$$

(3) 製造－第2工程の当月完成高は、上記(2)に準じて計算する。

STEP 3 チャレンジ問題

工程別総合原価計算表

	原料費		第1工程加工費		第2工程加工費		第3工程加工費	
	数量	金額	数量	金額	数量	金額	数量	金額
月初仕掛品	kg	円	kg	円	kg	円	kg	円
第1工程	150	1,425	75	300	－	－	－	－
第2工程	210	1,950	210	750	105	735	－	－
第3工程	180	1,575	180	675	180	1,005	90	585
当月投入	1,575	16,200	1,560	8,400	1,545	12,900	1,470	10,335
計	2,115	21,150	2,025	10,125	1,830	14,640	1,560	10,920
月末仕掛品								
第1工程	225	2,250	135	675	－	－	－	－
第2工程	240	2,400	240	1,200	180	1,440	－	－
第3工程	150	1,500	150	750	150	1,200	60	420
仕損品	100	－	100	－	100	－	100	－
完成品	1,400	15,000	1,400	7,500	1,400	12,000	1,400	10,500
単位原価	@	10.7円	@	5.4円	@	8.6円	@	7.5円

〔解説〕

(1) 全工程を単一工程とみなして、原価の負担割合を計算する。

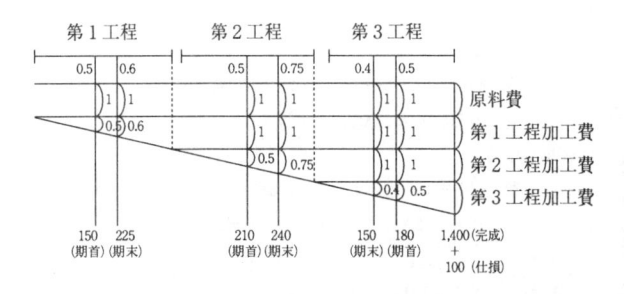

(2) 原料費および各工程の加工費につき、平均法によって月末仕掛品原価を計算する。

①原料費：{(¥1,425＋¥1,950＋¥1,575)＋¥16,200}
　　　月初仕掛品分　　　　　　　当月投入分

$$×\frac{a) 225kg(第1工程)\ b) 240kg(第2工程)\ c) 150kg(第3工程)}{1,400kg+100kg+225kg+240kg+150kg}$$
　　完成　仕損　第1　第2　第3

②第1工程加工費：{(¥300＋¥750＋¥675)＋¥8,400}
　　　　　　月初仕掛品分　　　　　当月投入分

$$×\frac{a) 135kg(第1工程)\ b) 240kg(第2工程)\ c) 150kg(第3工程)}{1,400kg+100kg+135kg+240kg+150kg}$$
　　完成　仕損　第1　第2　第3

③第2工程加工費：{(¥735＋¥1,005)＋¥12,900}
　　　　　　月初仕掛品分　当月投入分

$$×\frac{a) 180kg(第2工程)\ b) 150kg(第3工程)}{1,400kg+100kg+180kg+150kg}$$
　　完成　仕損　第2　第3

④第3工程加工費：(¥585＋¥10,335)$\times\frac{60kg(第3工程)}{1,400kg+100kg+60kg}$
　　月初仕掛品分　当月投入分　　　　　完成　仕損　第3

第15章　総合原価計算(4)
組別総合原価計算

STEP 1　ベーシック問題

組別総合原価計算表　　　（単位：円）

	X組製品	Y組製品
月初仕掛品	40,000	16,800
組直接費		
材料費	72,000	84,000
加工費	60,000	40,000
組間接費	90,000	60,000
合計	262,000	200,800
月末仕掛品原価	27,500	26,000
完成品総合原価	234,500	174,800
完成品数量	250個	190個
完成品単位原価	@938	@920

〔解説〕

通常の原価計算表作成プロセスの前段階に組間接費を配賦する。その後、組別ごとに仕掛品原価を算定し、完成品原価を計算すればよい。

STEP 2　トレーニング問題

組別総合原価計算表　　　（単位：円）

	A組製品	B組製品	合計
月初仕掛品原価			
材料費	26,000	66,000	92,000
加工費	96,400	88,000	184,400
組直接費			
材料費	158,000	222,000	380,000
労務費	199,600	144,400	344,000
経費	60,000	118,000	178,000
組間接費配賦額	126,400	177,600	304,000
当期製造費用	544,000	662,000	1,206,000
合計	666,400	816,000	1,482,400
月末仕掛品原価			
材料費	36,800	48,000	84,800
加工費	53,600	48,000	101,600
完成品総合原価	576,000	720,000	1,296,000
完成品数量	480kg	300kg	
完成品単位原価	@1,200	@2,400	

〔解説〕

本章ポイント3の記帳方法についても確認しておいてほしい。

STEP 3　チャレンジ問題

組別総合原価計算表　　　（単位：円）

	P組製品	Q組製品	合計
月初仕掛品原価			
直接材料費	950,000	675,000	1,625,000
加工費	506,000	540,000	1,046,000
組直接費			
直接材料費	5,430,000	4,500,000	9,930,000
加工費	4,600,000	4,080,000	8,680,000
組間接費配賦額	1,320,000	1,440,000	2,760,000
当期製造費用	11,350,000	10,020,000	21,370,000
合計	12,806,000	11,235,000	24,041,000
月末仕掛品原価			
直接材料費	1,100,000	1,050,000	2,150,000
加工費	714,000	560,000	1,274,000
完成品総合原価	10,992,000	9,625,000	20,617,000
完成品単位原価	@6,106.67	@7,000	

〔解説〕

組別総合原価計算は、組間接費をどのような基準で、いくらを配賦するかが問題となる。

第16章　総合原価計算（5）
等級別総合原価計算と連産品の原価計算

STEP 1　ベーシック問題

製造
前月繰越	150,500	諸口	(860,000)
材料	450,000	次月繰越	(154,800)
労務費	180,000		
経費	234,300		
	1,014,800		1,014,800

A製品
前月繰越	23,600	売上原価	(319,600)
(製造)	(320,000)	次月繰越	(24,000)
	(343,600)		(343,600)

連産品計算表

製品種類	単位市価	等価係数	完成量	積数	按分原価	単位原価
A製品	¥120	2 [1]	4,000	8,000 [4]	¥320,000 [7]	¥80 [10]
B製品	90	1.5 [2]	5,000	7,500 [5]	300,000 [8]	60 [11]
C製品	60	1 [3]	6,000	6,000 [6]	240,000 [9]	40 [12]

〔解説〕

1）¥120÷¥60

2）¥90÷¥60

3）¥60÷¥60

4）2×4,000個

5）1.5×5,000個

6）1×6,000個

7）$¥860,000 \times \dfrac{8,000}{8,000+7,500+6,000}$

— 13 —

8) $¥860,000 \times \dfrac{7,500}{8,000+7,500+6,000}$

9) $¥860,000 \times \dfrac{6,000}{8,000+7,500+6,000}$

10) ¥320,000÷4,000個

11) ¥300,000÷5,000個

12) ¥240,000÷6,000個

A製品の売上原価＝¥80×(295個+4,000個－300個)

STEP 2 トレーニング問題

(借方)作 業 屑　　300,000　　　(貸方)製　　造　　10,190,000
　　　X連産品　6,450,000
　　　Y連産品　3,440,000

〔解説〕

製品種類	売　価	分離後加工費	分離点見積額	等価係数	生産量	積　数
X	¥90,000	¥30,000	¥60,000	3	75kg	225
Y	65,000	25,000	40,000	2	60	120
	a)	b)	c)=a)-b)	d)=c)÷20,000	e)	f)=d)×e)

分離点総合原価＝¥6,450,000＋¥3,740,000＝¥10,190,000

作業屑評価額＝15kg×¥20,000＝¥300,000

XとYに按分すべき結合原価＝¥10,190,000－¥300,000＝¥9,890,000

Xへの按分原価＝$¥9,890,000 \times \dfrac{225}{225+120}$

Yへの按分原価＝$¥9,890,000 \times \dfrac{120}{225+120}$

STEP 3 チャレンジ問題

問1

当月完成品換算生産量(直接材料費)	
甲　品	2,700個
乙　品	2,100個

問2

当月完成品換算生産量(加工費)	
甲　品	2,780個
乙　品	2,180個

問3

	甲　品			乙　品		
	直接材料費	加工費	合　計	直接材料費	加工費	合　計
当期完成品総合原価	3,280,000	4,400,000	7,680,000	1,290,000	2,604,000	3,894,000
当期完成品単位原価	@1,171	@1,572	@2,743	@586	@1,184	@1,770
期末仕掛品原価	360,000	288,000	648,000	120,000	120,000	240,000

〔解説〕

問1　甲　2,800＋300－400＝2,700個
　　　乙　2,800＋200－300＝2,100個

問2　甲　2,800＋300×0.6－400×0.5＝2,780個
　　　乙　2,200＋200×0.5－300×0.4＝2,180個

問3
(1) 当期製造費用の按分
　① 直接材料費　甲品へ

$4,500,000円 \times \dfrac{2,700 \times 1}{2,700 \times 1 + 2,100 \times 0.5} = 3,240,000円$

　　乙品へ

$4,500,000円 \times \dfrac{2,700 \times 0.5}{2,700 \times 1 + 2,100 \times 0.5} = 1,260,000円$

　② 加　工　費　甲品へ

$7,064,000円 \times \dfrac{2,780 \times 1}{2,780 \times 1 + 2,180 \times 0.75} = 4,448,000円$

　　乙品へ

$7,064,000円 \times \dfrac{2,180 \times 0.75}{2,780 \times 1 + 2,180 \times 0.75} = 2,616,000円$

(2) 期末仕掛品原価の計算
　① 直接材料費　甲品へ

$3,240,000円 \times \dfrac{300}{2,800-400+300} = 360,000円$

　　乙品へ

$1,260,000円 \times \dfrac{200}{2,200-300+200} = 120,000円$

　② 加　工　費　甲品へ

$4,448,000円 \times \dfrac{300 \times 0.6}{2,780} = 288,000円$

　　乙品へ

$2,616,000円 \times \dfrac{200 \times 0.5}{2,180} = 120,000円$

甲品期末仕掛品原価＝360,000円＋288,000円＝648,000円

乙品期末仕掛品原価＝120,000円＋120,000円＝240,000円

(3) 当期完成品総合原価の計算
　① 直接材料費　甲品(400円＋3,240,000円)－360,000円＝3,280,000円
　　　　　　　　乙品(150,000円＋1,260,000円)－120,000円＝1,290,000円
　② 加　工　費　甲品(240,000円＋4,448,000円)－288,000円＝4,400,000円
　　　　　　　　乙品(108,000円＋2,616,000円)－120,000円＝2,604,000円

甲品当期完成品総合原価＝3,280,000円＋4,400,000円＝7,680,000円

乙品当期完成品総合原価＝1,290,000円＋2,604,000円＝3,894,000円

甲品当期完成品単位原価＝7,680,000円÷2,800個＝@2,743円

乙品当期完成品単位原価＝3,894,000円÷2,200個＝@1,770円

第17章　標準原価計算（1）
標準原価計算の基礎

STEP 1 ベーシック問題

(1) 標準直接材料費＝¥1,000×4,500個＝¥4,500,000

(2) 標準直接労務費＝¥600×{4,700個＋100個×0.8－300個×0.6}＝
　　¥2,760,000

(3) 標準製造間接費＝¥300×{4,700個＋100個×0.8－300個×0.6}＝
　　¥1,380,000

(4) 月初仕掛品原価＝¥1,000×300個＋¥600×(300個×0.6)＋¥300×(300

個×0.6)＝¥462,000
(5)月末仕掛品原価＝¥1,000×100個＋¥600×(100個×0.8)＋¥300×(100個×0.8)＝¥172,000
(6)完成品原価　＝(¥1,000＋¥600＋¥300)×4,700個＝¥8,930,000

〔解説〕
(1) 標準直接材料費 ＝ 製品1単位当たりの標準直接材料費 × 実際投入数量
(2) 標準直接労務費 ＝ 製品1単位当たりの標準直接労務費 × 完成品に換算した実際加工量
(3) 標準製造間接費 ＝ 製品1単位当たりの標準製造間接費 × 完成品に換算した実際加工量
(注)完成品に換算した実際加工量＝実際完成品数量＋実際月末仕掛品完成品換算数量－実際月初仕掛品完成品換算数量
(4)月初仕掛品原価＝①＋②＋③
(5)月末仕掛品原価＝①＋②＋③
　① 標準直接材料費 ＝ 製品1単位当たりの標準直接材料費 × 実際仕掛品数量
　② 標準直接労務費 ＝ 製品1単位当たりの標準直接労務費 × 実際仕掛品完成品換算数量
　③ 標準製造間接費 ＝ 製品1単位当たりの標準製造間接費 × 実際仕掛品完成品換算数量
(注)実際仕掛品完成品換算数量＝実際仕掛品数量×加工進捗度(仕上がりの程度)
(6) 完成品の標準原価 ＝ 原価標準合計 × 実際完成品数量

STEP 2　トレーニング問題

問1　1：750，2：3，3：2,250，4：4,880
問2　完成品標準原価：¥7,320,000
　　　月末仕掛品標準原価：¥9,360,000

〔解説〕
問1　本問では，基準操業度として短期予定操業度を採用しており，かつ配賦基準としては直接作業時間を採用している。したがって，資料1より，見積生産販売量(20,000個)にA製品1個当たりの標準直接作業時間(3時間/個)を乗じて基準操業度における配賦基準予定量を計算する。

1．製造間接費の標準配賦率

標準配賦率＝変動費率＋固定間接費予算額／基準操業度における配賦基準予定量

＝¥250/時＋¥30,000,000／(20,000個×3時間/個)＝¥750円/kg

2．製品X1個当たりの製造間接費標準
¥750円/個×3時間/個＝¥2,250

∴製品X1個当たりの原価標準合計：¥600＋¥80＋¥1,950＋¥2,250
＝¥4,880

問2
1．生産データ(個)

	製造	
月初仕掛品 200(100)	完成品 1,500(1,500)	
当月投入 1,600(1,580)		
	月末仕掛品 300(180)	

・( )内は，完成品換算数量を表す。

完成品数量＝200個＋1,600個－300個＝1,500個

2．完成品標準原価
完成品標準原価＝¥4,880×1,500個＝¥7,320,000

3．月末仕掛品標準原価
A材料費　　¥600/個×300個＝¥180,000
直接労務費　¥1,950/個×180個＝¥351,000
製造間接費　¥2,250/個×180個＝¥405,000
　　　　　　　　　　　　　　　¥936,000

注：B材料は終点投入のため，月末仕掛品標準原価には参入しない。

STEP 3　チャレンジ問題

解答：　4

〔解説〕
1．原価標準の計算
直接材料費：60,000,000円÷100,000個＝600円
直接労務費：25,000,000円÷100,000個＝250円
製造間接費：(40,000,000円＋35,000,000円)÷100,000個＝750円

2．標準原価差異(原価要素ごとの総額としての原価差異の把握)
直接材料費：63,400,000円－600円×(74,000個＋6,000個)＝15,400,000円(不利差異)

直接労務費：28,000,000円－250円×(74,000個＋6,000個×50％)＝8,750,000円(不利差異)

製造間接費：(38,000,000円＋36,400,000円)－750円×(74,000個＋6,000個×50％)＝16,650,000円(不利差異)

※有利差異，不利差異について
標準原価＞実際原価…企業にとって好ましい状態なので，「有利差異」という。
標準原価＜実際原価…企業にとって好ましくない状態なので，「不利差異」という。

3．損益計算書の作成
売上高：2,500円×74,000個＝185,000,000円
標準売上原価：(600円＋250円＋750円)×74,000個＝118,400,000円
標準原価差異：15,400,000円＋8,750,000円＋16,650,000円＝40,800,000円(不利差異)
販売費・一般管理費：22,000,000円
当期営業利益：185,000,000円－(118,400,000円＋40,800,000円)－22,000,000円＝3,800,000円

第18章　標準原価計算（2）
標準原価差異分析

STEP 1　ベーシック問題

問1　－262,000円
問2　－172,000円
問3　－90,000円

問4　　207,800円
問5　　199,000円
問6　　　8,800円

〔解説〕
　直接材料費差異は，[1,800円×15kg×(450個+120個)]−(1,820円×8,600kg)=−262,000円(不利差異)と算定される。この要素が価格差異であり，数量差異である。また，同様に直接労務費差異は，[2,200円×8時間×(450個+120個×40％)]−(2,150円×3,980時間)=207,800円(有利差異)と算定される。この要素が，賃率差異であり，時間差異である。

STEP 2　トレーニング問題

①価格差異　　1,072,000円　　②配合差異　−432,000円
③歩留差異　−1,296,000円

〔解説〕
　配合差異は，(標準配合率消費量−実際消費量)×標準価格により算定される。また，歩留差異は，(標準消費量−標準配合率消費量)×標準価格により算定される。

STEP 3　チャレンジ問題

①予　算　差　異　　−103,000円(不利)差異
②操　業　度　差　異　−600,000円(不利)差異
③変動費能率差異　　−100,000円(不利)差異
④固定費能率差異　　−200,000円(不利)差異

〔解説〕
　差異分析法は，変動予算によるもので，2分法・3分法(第1法・第2法)・4分法がある。さらに，固定予算による分析もある。本問以外の方法についても確認してほしい。

第19章　標準原価計算（3）
パーシャル・プランとシングルプラン

STEP 1　ベーシック問題

	製	造	
前月繰越	(31,500)	製　品	(686,700)
材　料	(713,400)	価格差異	(7,840)
		数量差異	(7,200)
		次月繰越	(43,200)
	(744,940)		(744,940)

〔解説〕
前月繰越(¥ 31,500)=350個×@¥90
材　料(¥713,400)=パーシャル・プランなので実際直接材料費の金額を記入する。
製　品(¥686,700)=7,630個×@¥90
価格差異(¥ 7,840)=3,920kg×@¥180−¥713,440
数量差異(¥ 43,200)={(7,630個+480個−350個)×0.5kg−3,920kg}×@¥180
　　　　　　　　　　　　　当月投入量
次月繰越(¥ 43,200)=480個×@¥90

STEP 2　トレーニング問題

(1)

完成品の標準直接労務費	¥7,920,000
月末仕掛品の標準直接労務費	¥　660,000
賃　率　差　異	¥　20,880(不利差異)
作　業　時　間　差　異	¥　33,000(不利差異)

(2)

賃金・給料
当月支払高　(8,633,880)　製　造　(8,633,880)

製　造
賃金・給料　(8,633,880)　製　品　(7,920,000)
　　　　　　　　　　　　　賃率差異　(20,880)
　　　　　　　　　　　　　作業時間差異(33,000)
　　　　　　　　　　　　　次月繰越　(660,000)
　　　　　　(8,633,880)　　　　　　(8,633,880)

原価差異
(製造)　(53,880)

(3)

賃金・給料
当月支払高　(8,633,880)　製　造　(8,580,000)
　　　　　　　　　　　　　賃率差異　(20,880)
　　　　　　　　　　　　　作業時間差異(33,000)
　　　　　　(8,633,880)　　　　　　(8,633,880)

製　造
賃金・給料　(8,580,000)　製　品　(7,920,000)
　　　　　　　　　　　　　次月繰越　(660,000)
　　　　　　(8,580,000)　　　　　　(8,580,000)

原価差異
(賃金・給料)　(53,880)

〔解説〕
完成品の標準直接労務費(¥7,920,000)=¥1,650×2,400個×2時間
月末仕掛品の標準直接労務費(¥660,000)=¥1,650×250個×80％×2時間
賃率差異(△¥20,880)=(¥1,650−¥1,654)×5,220時間
　　　　　　　　　　　　標準賃率　実際賃率(=¥8,633,880÷5,220時間)
作業時間差異(△¥33,000)=¥1,650×(5,200時間−5,220時間)
　　　　　　　　　　　　　　標準作業時間　実際作業時間
　　　　　　　　　　　=(2,400個+250個×80％)×2時間

　パーシャル・プランとシングル・プランによる勘定記入の違いはポイントを参照し，再度確認しておくこと。

STEP 3 チャレンジ問題

(1) シングル・プラン

材　料

諸　口	(51,200)	(製　造)	(50,500)
		(原価差異)	(700)

賃　金

諸　口	(100,400)	(製　造)	(101,000)
(原価差異)	(600)		

製造間接費

諸　口	(152,000)	(製　造)	(151,500)
		(原価差異)	(500)

製　造

(前月繰越)	(3,000)	(製　品)	(300,000)
(材　料)	(50,500)	(次月繰越)	(6,000)
(賃　金)	(101,000)		
(製造間接費)	(151,500)		

原 価 差 異

(諸　口)	(600)		

(2) パーシャル・プラン

製　造

(前月繰越)	(3,000)	(製　品)	(300,000)
(材　料)	(51,200)	(原価差異)	(600)
(賃　金)	(100,400)	(次月繰越)	(6,000)
(製造間接費)	(152,000)		

原 価 差 異

(製　造)	(600)		

〔解説〕

勘定記入に必要な金額は、以下のとおりである。

　標準直接材料費（¥ 50,500）＝¥100×505台※
　標準直接労務費（¥101,000）＝¥200×505台※
　標準間接費配賦額（¥151,500）＝¥300×505台※

※生産実績（505台）＝500台＋(20台×1/2)－(10台×1/2)

直接材料費も加工にしたがって投入されるので換算量を用いる。

実際原価に関するデータは資料3を参照する。

　製造勘定：前月繰越（¥　3,000）＝¥600×(10台×1/2)
　　　　　　製　品（¥300,000）＝¥600×500台
　　　　　　次月繰越（¥　6,000）＝¥600×(20台×1/2)

原価差異はそれぞれ標準原価と実際原価の差額として計算する。

第20章　標準原価計算（4）
配合差異と歩留差異

STEP 1 ベーシック問題

A原料の配合差異＝@¥400×({20,000kg＋10,000kg}×$\frac{6kg}{6kg+4kg}$－20,000kg)

　　　　　　　　＝△¥800,000(不利)

B原料の配合差異＝@¥300×({20,000kg＋10,000kg}×$\frac{6kg}{6kg+4kg}$－10,000kg)

　　　　　　　　＝¥600,000(有利)

A原料の歩留差異＝@¥400×$\frac{6kg}{6kg+4kg}$×({20,000kg＋10,000kg－6,500kg}

　　　　　　　　×$\frac{10kg}{8kg}$－{20,000kg＋10,000kg})＝¥75,000(有利)

B原料の歩留差異＝@¥300×$\frac{4kg}{6kg+4kg}$×({20,000kg＋10,000kg－6,500kg}

　　　　　　　　×$\frac{10kg}{8kg}$－{20,000kg＋10,000kg})＝¥75,000(有利)

STEP 2 トレーニング問題

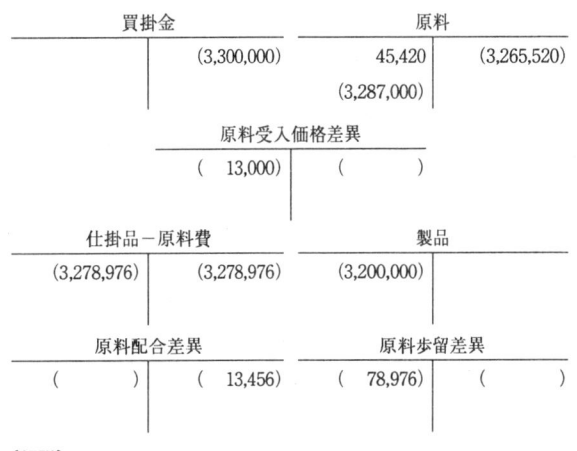

買掛金

			(3,300,000)

原料

45,420	(3,265,520)
(3,287,000)	

原料受入価格差異

(13,000)	(　　　)

仕掛品－原料費

(3,278,976)	(3,278,976)

製品

(3,200,000)	

原料配合差異

(　　　)	(13,456)

原料歩留差異

(78,976)	(　　　)

〔解説〕

標準単価に基づく原料仕入額	実際単価に基づく原料仕入額
P…25,000kg×80円/kg＝2,000,000円	P…25,000kg×81円/kg＝2,025,000円
Q…16,300kg×60円/kg＝　978,000円	Q…16,300kg×60円/kg＝　945,400円
R…10,300kg×30円/kg＝　309,000円	R…10,300kg×30円/kg＝　329,600円
合計（原料勘定借方へ）3,287,000円	合計（買掛金勘定貸方へ）3,300,000円

原料受入価格差異＝3,287,000円－3,300,000円＝△13,000（不利・借方）

原料出庫量：P…360kg＋25,000kg－510kg＝24,850kg
　　　　　　Q…220kg＋16,300kg－320kg＝16,200kg
　　　　　　R…114kg＋10,300kg－230kg＝10,184kg
　　　　　　合計　51,234kg

原料配合差異の計算：

P…80円/kg×(51,234kg×$\frac{5kg}{10kg}$－24,850kg)＝　61,360円

Q…60円/kg×(51,234kg×$\frac{3kg}{10kg}$－16,200kg)＝△49,788円

R…30円/kg×(51,234kg×$\frac{2kg}{10kg}$－10,184kg)＝　 1,884円

合計　13,456円（有利・貸方）

原料歩留差異の計算：

P…80円/kg×$\frac{5kg}{10kg}$×(40,000kg×$\frac{10kg}{8kg}$－51,234kg)＝△49,360円

Q…60円/kg×$\frac{3kg}{10kg}$×(40,000kg×$\frac{10kg}{8kg}$－51,234kg)＝△22,212円

R…30円/kg×$\frac{2kg}{10kg}$×(40,000kg×$\frac{10kg}{8kg}$－51,234kg)＝△ 7,404円

合計　△78,976円（不利・借方）

標準原料費の計算：

P…80円/kg×40,000kg×$\frac{5kg}{8kg}$＝2,000,000円

Q…60円/kg×40,000kg×$\frac{3kg}{8kg}$＝ 900,000円

R…30円/kg×40,000kg×$\frac{2kg}{8kg}$＝ 300,000円

　　合計（製品勘定借方へ）　3,200,000円

原料勘定借方＝3,200,000円－13,456円＋78,976円＝3,265,520円

仕掛品－原料費勘定借方および貸方＝3,200,000円＋78,976円

　　　　　　　　　　　　　　　　　　＝3,278,976円

STEP 3　チャレンジ問題

S原料の価格差異＝＠25円×162,000kg－3,888,000円＝ 162,000円（有利）
T原料の価格差異＝＠40円× 32,000kg－1,344,000円＝△64,000円（不利）
U原料の価格差異＝＠10円× 31,000kg－ 341,000円＝△31,000円（不利）
　　　　　　　　　　　　　　　　　合計　　67,000円（有利）

S原料の配合差異＝＠25円×(231,000kg×$\frac{8kg}{12kg}$－157,000kg)
　　　　　　　＝△75,000円（不利）

T原料の配合差異＝＠40円×(231,000kg×$\frac{2kg}{12kg}$－38,000kg)
　　　　　　　＝ 20,000円（有利）

U原料の配合差異＝＠10円×(231,000kg×$\frac{2kg}{12kg}$－36,000kg)
　　　　　　　＝ 25,000円（有利）
　　　　　　　　合計　△30,000円（不利）

S原料の歩留差異＝＠25円×$\frac{8kg}{12kg}$×{(225,000kg－20,000kg)
　　　　　　　×$\frac{12kg}{10kg}$－231,000kg}＝ 25,000円（有利）

T原料の歩留差異＝＠40円×$\frac{2kg}{12kg}$×{(225,000kg－20,000kg)
　　　　　　　×$\frac{12kg}{10kg}$－231,000kg}＝ 100,000円（有利）

U原料の歩留差異＝＠10円×$\frac{2kg}{12kg}$×{(225,000kg－20,000kg)
　　　　　　　×$\frac{12kg}{10kg}$－231,000kg}＝ 25,000円（有利）
　　　　　　　　　　　　　合計　 375,000円（有利）

第21章　直接原価計算（1）
直接原価計算と全部原価計算

STEP 1　ベーシック問題

(1) 全部原価計算方式　　　　　　(2) 直接原価計算方式　　　　（単位：円）

売上高……………………(400,000)　　売上高……………………(400,000)
差引：売上原価…………(288,000)　　差引：変動費（製造および販売）…(272,000)
売上総利益………………(112,000)　　限界利益…………………(128,000)
差引：販売費および一般管理費…(42,000)　差引：固定費……………(64,000)
営業利益…………………(70,000)　　営業利益…………………(64,000)

〔解説〕

売上高＝￥500×800kg＝￥400,000
売上原価＝￥360×800kg＝￥288,000
売上総利益＝￥400,000－￥288,000＝112,000
販売費および一般管理費＝￥40×800kg＋￥10,000＝￥42,000
全部原価計算方式による営業利益＝￥112,000－￥42,000＝￥70,000
変動費（製造および販売）＝（￥200＋￥100＋￥40）×800kg＝￥272,000
限界利益＝￥400,000－￥272,000＝￥128,000
固定費＝￥60×￥900kg＋￥10,000＝￥64,000
直接原価計算方式による営業利益＝￥128,000－￥64,000＝￥64,000

STEP 2　トレーニング問題

（単位：円）

直接原価計算による損益計算書　　　　全部原価計算による損益計算書

I　売上高　　　　　　　　(40,000,000)　　I　売上高　　　　　　　　(40,000,000)
II　標準変動売上原価　　　(20,000,000)　　II　標準売上原価　　　　(30,000,000)
　　限界利益　　　　　　　(20,000,000)　　　　売上総利益　　　　　(10,000,000)
III　固定費　　　　　　　　　　　　　　　III　販売費及び一般管理費　(1,250,000)
　　製造間接費　　　(8,750,000)　　　　　　営業利益　　　　　　(8,750,000)
　　販売費及び一般管理費　(1,250,000)
　　営業利益　　　　　(10,000,000)

〔解説〕

売上高＝￥10,000×4,000個＝￥40,000,000
標準変動売上原価＝(￥3,000＋￥2,000)×4,000個＝￥20,000,000
限界利益＝￥40,000,000－￥20,000,000＝￥20,000,000
製造間接費＝￥2,500×(4,000個＋1,000個×0.5－2,000個×0.5)
　　　　　＝￥8,750,000
販売費および一般管理費＝￥1,250,000
直接原価計算による営業利益
　　　＝￥20,000,000－￥8,750,000－￥1,250,000＝￥10,000,000
標準売上原価＝￥7,500×4,000個＝￥30,000,000
売上総利益＝￥40,000,000－￥30,000,000＝￥10,000,000
全部原価計算による営業利益＝￥10,000,000－￥1,250,000＝￥8,750,000
両者の営業利益の違いの原因
　　期首仕掛品に含まれる固定費＝￥2,500×2,000個×0.5＝￥2,500,000
－)期末仕掛品に含まれる固定費＝￥2,500×1,000個×0.5＝￥1,250,000
　　　　　　　　　　　　　　　　　　　　　　￥1,250,000

STEP 3　チャレンジ問題

(a) 6月の月末仕掛品原価総額
　　(a-1) 全部原価計算を採用した場合＝ 837,600 円
　　(a-2) 直接原価計算を採用した場合＝ 757,600 円
(b) 月次損益計算書(単位：円)

(b-1) 全部原価計算の損益計算書

売上高		6,300,000
売上原価	3,354,000	
原価差異	7,000	
売上原価計	3,361,000	3,361,000
売上総利益		2,939,000
販売費・管理費		
変動販売費	252,000	
固定販売費	474,000	
一般管理費	979,000	
販売費・管理費計	1,705,000	1,705,000
全部原価計算の営業利益		1,234,000

(b-2) 直接原価計算の損益計算書

売上高		6,300,000
変動売上原価	2,934,000	
原価差異	5,000	
変動売上原価計	2,939,000	2,939,000
変動製造マージン		3,361,000
変動販売費		252,000
貢献利益		3,109,000
固定費		
固定加工費	412,000	
固定販売費・管理費	1,453,000	
固定費計	1,865,000	1,865,000
直接原価計算の営業利益		1,244,000
(c) 固定費調整		
-) 月初仕掛品固定加工費	50,000	
-) 月初製品固定加工費	120,000	
合計	170,000	
+) 月初仕掛品固定加工費	80,000	
+) 月末製品固定加工費	80,000	
合計	160,000	
全部原価計算の営業利益		1,234,000

〔解説〕

(a)
月末仕掛品原料費=1,992,000円×1,200kg/4,000kg=597,600円
変動加工費配賦率=9,600,000円÷48,000kg=200円/kg
固定加工費配賦率=4,800,000円÷48,000kg=100円/kg
月末仕掛品変動加工費=200円/kg×1,200kg×2/3=160,000円
月末仕掛品固定加工費=100円×1,200kg×2/3=80,000円
　よって
(a-1)は597,600円+160,000円+80,000円=837,600円
(a-2)は597,600円+160,000円=757,600円

(b)
売上高=1,500円/kg×4,200kg=6,300,000円

(b-1)
売上原価=(505,600円+1,992,000円-597,600円)×(4,200kg-1,200kg)
　　　　/3,800kg+954,000円+(200円/kg+100円/kg)×3,000kg=3,354,000円
原価差異=(3,800kg+1,200kg×2/3-1,000kg×1/2)×(200円/kg+100円
　　　　/kg)-(825,000円+412,000円)=-7,000円(不利・借方)
売上総利益=6,300,000円-3,354,000円-7,000円=2,939,000円
変動販売費=60円/kg×4,200kg=252,000円(b-2も同じ)
固定販売費=474,000円
一般管理費=979,000円
販売費・管理費計=252,000円+474,000円+979,000円=1,705,000円
全部原価計算の営業利益=2,939,000円-1,705,000円=1,234,000円

(b-2)
変動売上原価=3,354,000円-100円/kg×4,200kg=2,934,000円
原価差異=(3,800kg+1,200kg×2/3-1,000kg×1/2)×200円/kg-825,000円
　　　　=-5,000円(不利・借方)
変動製造マージン=6,300,000円-2,934,000円-5,000円=3,361,000円
貢献利益=3,361,000円-252,000円=3,109,000円
固定加工費=412,000円
固定販売費・管理費=474,000円+979,000円=1,453,000円
固定費計=412,000円+1,453,000円=1,865,000円
直接原価計算の営業利益=3,109,000円-1,865,000円=1,244,000円

(c)
月初仕掛品固定加工費=100円/kg×1,000kg×1/2=50,000円
月初製品固定加工費=100円/kg×1,200kg=120,000円
月末仕掛品固定加工費=100円/kg×1,200kg×2/3=80,000円
月末製品固定加工費=100円/kg×800kg=80,000円

第22章　直接原価計算（2）
CVP分析

STEP 1　ベーシック問題

ア	変動費
イ	固定費
ウ	限界利益(または貢献利益)
エ	直接原価計算
オ	500
カ	1,000,000
キ	625
ク	2,000,000
ケ	400
コ	125,000

〔解説〕

3．オ　400,000円÷(2,000円-1,200円)=500個
　　カ　400,000円÷(1-1,200円／2,000円)=1,000,000円
　　　　あるいは500個×@2,000円=1,000,000円
　　キ　(400,000円+100,000円)÷(2,000円-1,200円)=625個

4．ク　500,000円÷(1-0.75)=2,000,000円

ケ　500,000円÷(5,000円－5,000円×0.75)＝400個
あるいは2,000,000円÷5,000個＝400個

コ　@5,000円×500個×(1－0.75)－500,000円＝125,000円

STEP 2　トレーニング問題

問1　K社の月間の損益分岐点の売上高
　　＝(2,457万円＋693万円)÷(1－(0.52＋0.03))＝7,000万円

問2　目標売上高利益率を求める公式を用いて以下のように求めることができる。

$$\text{目標売上高利益率を達成する売上高}=\frac{\text{固定費}}{\text{貢献利益率－目標売上高利益率}}$$

$$=\frac{(2,457万円＋693万円)}{(1-(0.52+0.03))-0.1}=9,000万円$$

問3　税引後の目標利益1,443.15万円を達成する税引前目標営業利益をxとおくと、

　　x－0.4x＝1,443.15万円
　　x＝1,443.15万円÷0.6＝2,405.25万円　よって、
　　目標利益を達成する売上高
　　＝(2,457万円＋693万円＋2,405.25万円)÷(1－(0.52＋0.03))＝12,345万円

〔解説〕
問2は、求めたい売上高をSとおいて、以下のように求めることもできる。

　S＝(2,457万円＋693万円＋0.1・S)÷(1－(0.52＋0.03))
　S＝(3,150万円＋0.1・S)÷0.45
　S－0.1・S÷0.45＝3,150万円÷0.45＝7,000万円
　S・(0.45－0.1)÷0.45＝7,000万円
　S＝7,000万円×0.45÷0.35
　∴S＝9,000万円

STEP 3　チャレンジ問題

正解：5

〔解説〕
　CVP分析の感度分析に関する問題である。シナリオを正確に読み取り、次期の単位変動費と固定費を正確に計算できるかがポイントである。

１．次期の売上数量
50,000単位×(100%＋20%)＝60,000単位

２．次期の単位変動費と固定費の計算
(1)製造原価
①直接材料費
　当期の単位直接材料費：[900,000千円×3÷(3＋4＋3)]÷50,000単位＝5.4千円
　次期の単位直接材料費：5.4千円×(100%＋10%)＝5.94千円
②直接労務費
　当期の単位直接材料費：[900,000千円×4÷(3＋4＋3)]÷50,000単位＝7.2千円
　次期の単位直接材料費：7.2千円×(100%＋2%)＝7.344千円
③変動製造間接費
　当期の単位直接材料費：[900,000千円×3÷(3＋4＋3)－80,000千円]÷50,000単位＝3.8千円
　次期の単位直接材料費：3.8千円×(100%＋4%)＝3.952千円
④固定製造間接費
　次期の固定製造間接費：80,000千円×(100%＋5%)＝84,000千円
(2)販売費
　単位販売費をa(千円)、固定費をb(千円)とすると、
　当期販売費より、
　　a×50,000単位＋b＝230,000千円
　また、次期販売費は、当期より6%増加するから、
　　a×60,000単位＋b＝230,000千円×(100%＋6%)
　これらを連立方程式として、aとbについて解くと、以下のようになる。
　　a＝1.38(千円)　　b＝161,000(千円)
(3)一般管理費
　次期の固定一般管理費：160,000千円×(100%＋3%)＝164,800千円

３．損益分岐点販売量

$$\text{損益分岐点販売数量}=\frac{\text{固定費}}{\text{販売単価－単位あたり変動費}}$$

$$=\frac{84,000+161,000+164,800}{26-(5.94+7.344+3.952+1.38)}≒55,498$$

∴正解は5。

第23章　直接原価計算(3)
原価予測

STEP 1　ベーシック問題

製品1個あたりの変動費(b)： @1,640円
月間固定費(a)： 3,265,500円
10月の予測製造原価： 7,693,500円

〔解説〕
　原価分解は、正常な状態を前提として原価を予測するので、正常な操業圏にあるデータから最高点および最低点を選択する。したがって、最低の営業量(生産量)は、5月の1,527個であるが、正常操業圏外であるため分析データから除外する。

∴最低点：6月(2,265個、6,980,100円)　最高点：8月(2,844個、7,914,950円)

$$b=\frac{7,914,900円-6,980,100円}{2,835個-2,265個}=@1,640円$$

a＝6,980,100円－@1,640円*2,265個＝7,914,900円－@1,640円*2,835個＝3,265,500円
製品1個あたりの変動費(b)：@1,640円
月間固定費(a)：3,265,500円
10月の予測製造原価：2,700個×@1,640円＋3,265,500円＝7,693,500円

STEP 2　トレーニング問題

問1　月間固定費(a)＝ 140.4 万円　変動費率(b)＝ 58.8 %
　　　　回帰式　$\hat{Y}=140.4+0.588X$

問2　決定係数R^2＝ 85 %

（単位：万円）

月	X(売上高)	Y(総原価)	XY	X^2	Y^2
1月	1000	750	750000	1000000	562500
2月	800	650	520000	640000	422500
3月	650	450	292500	422500	202500
4月	700	550	385000	490000	302500
5月	850	700	595000	722500	490000
6月	1200	800	960000	1440000	640000
合計	5200	3900	3502500	4715000	2620000

〔解説〕

問1

$$b=\frac{n*\Sigma XY-\Sigma X\Sigma Y}{n*\Sigma X^2-(\Sigma X)^2}=\frac{6*3502500-5200*3900}{6*4715000-(5200)^2}=0.588$$

$$a=\frac{\Sigma Y-b*\Sigma X}{n}=\frac{3900-0.588*5200}{6}=140.4$$

∴回帰式は，$\hat{Y}=140.4+0.588X$となる。

　また，上記の表をExcelのワークシートに入力した上で，以下のように関数を設定すると，上記の公式による計算結果と一致する。各自確かめられたい。なお，既知のy，既知のxには実際のセル範囲をとる。

　変動費率を求める関数：＝SLOPE(既知のy，既知のx)
　固定費を求める関数　：＝INTERCEPT(既知のy，既知のx)

問2

$$R^2=\frac{[n*\Sigma XY-(\Sigma X)(\Sigma Y)]^2}{[n*\Sigma X^2-(\Sigma X)^2][n*\Sigma Y^2-(\Sigma Y)^2]}$$

$$=\frac{[6*3502500-5200*3900]^2}{[6*4715000-(5200)^2][6*2620000-(3900)^2]}$$

$$\fallingdotseq 0.847\cdots$$

$$\fallingdotseq 0.85$$

　また，問1と同様に，ExcelのRSQ関数を用いて，以下のように関数を設定すると，上記の公式による計算結果と一致する。各自確かめられたい。なお，既知のy，既知のxには実際のセル範囲をとる。

　決定係数を求める関数：＝RSQ(既知のy，既知のx)

　以上のように，この問題の場合，決定係数は約85％である。このことは原価における総偏差の約85％が売上高で説明され，残りの約15％は説明できないことを意味している。決定係数は，1に近いほどその信頼度が高いことを意味しているので，この回帰式の信頼度は高いといえる。

STEP 3　チャレンジ問題

問1　来年度における製造費用の変動費率＝ 40 %
　　　　来年度における製造費用の固定費＝ 300,000 千円

問2　来年度における販売費及び一般管理費の変動費率＝ 10 %
　　　　来年度における販売費及び一般管理費の固定費＝ 100,000 千円

〔解説〕

問1　今年度利益計画における製造変動費をX(千円)，製造固定費をY(千円)とする。

$$\begin{cases} 今年度利益計画＝X+Y=600,000千円 \\ 来年度第1次案＝*1.2X+Y+100,000千円=780,000千円 \end{cases}$$

*来年度第1次案売上高1,200,000千円÷今年度利益計画売上高1,000,000千円＝1.2

　これを解くと，X＝400,000(千円)，Y＝200,000(千円)となる。

∴来年度における製造費用の変動費率：(400,000千円×1.2)÷売上高1,200,000千円×100％＝**40％**

　来年度における製造費用の固定費：200,000千円＋100,000千円＝300,000千円

問2　今年度利益計画における販売費及び一般管理費の変動費をX(千円)，製造固定費をY(千円)とする。

$$\begin{cases} 今年度利益計画＝X+Y=200,000千円 \\ 来年度第1次案＝*1.2X+Y=220,000千円 \end{cases}$$

これを解くと，X＝100,000(千円)，Y＝100,000(千円)となる。

∴来年度における販管費の変動費率：(100,000千円×1.2)÷売上高1,200,000千円×100％＝**10％**

　来年度における販管費の固定費：**100,000千円**

第24章　直接原価計算(4)
最適セールス・ミックス

STEP 1　ベーシック問題

問1

最適セールス・ミックス：製品X 4,000 個，製品Y 5,000 個

予想損益計算書　　　　単位：万円

	製品X	製品Y	合計
売上高	4,000	5,000	9,000
変動費	2,000	2,250	4,250
貢献利益	2,000	2,750	4,750
固定費			2,150
営業利益			2,600

〔解説〕

　問1は，共通する制約条件がない場合のセールス・ミックスの決定問題である。本問では，共通する制約条件がなく，製品ごとの需要量に制約条件があるだけであるので，他に制約条件がなければ，それぞれの製品を上限まで生産販売することが最適セールス・ミックスとなる。すなわち，製品X，製品Yの需要量の上限が，それぞれ4,000個，5,000個であるので，これが最適セールス・ミックスとなる。

問2

最適セールス・ミックス：製品X 4,000 個，製品Y 2,400 個

予想損益計算書　　　　単位：万円

	製品X	製品Y	合計
売上高	4,000	2,400	6,400
変動費	2,000	1,140	3,140
貢献利益	2,000	1,260	3,260
固定費			2,150
営業利益			1,100

〔解説〕
　問2は，共通する制約条件が1つの場合のセールス・ミックスの決定問題である。この場合には，各製品の制約条件1単位当たりの貢献利益を計算し，その金額が大きい順に経営資源を割り当てることにより決定される。
最適セールス・ミックスの計算
　①機械作業時間当たりの貢献利益
　　　製品X：貢献利益@5,000円／機械作業時間@1時間＝@5,000円
　　　製品Y：貢献利益@5,250円／機械作業時間@2.5時間＝@2,100円
　∴制約条件1単位当たりの貢献利益では，製品Xの方が大きいので，製品Xを優先して生産・販売することになる。
　②製品Xの生産・販売量
　　　最大操業度10,000時間／製品X機械作業時間@1時間＝最大生産可能量10,000個
　　　製品X最大生産可能量10,000個＞製品X最大需要量4,000個
　∴製品Xは4,000個まで生産できる。
　③余剰生産能力
　　　最大操業度10,000時間－(製品X機械作業時間@1時間×製品X生産・販売量4,000個)
　　　＝6,000時間
　④製品Yの生産・販売量
　　　余剰生産能力6,000時間／製品Y機械作業時間@2.5時間＝最大生産可能量2,400個
　　　製品Y最大生産可能量2,400個＜製品Y最大需要量5,000個
　∴製品Yは2,400個まで生産する。
　※共通の制約条件がない場合には，各製品の貢献利益率で考えると，製品X(@5,000円)よりも製品Y(@5,250円)の方が収益性が高いので，製品Yを優先して生産・販売した方が有利である。しかし，本問では，機械作業時間に制約条件があり，この基準で考えると，製品Y(@2,100円)よりも製品X(@5,000円)の方が収益性が高くなる。
　したがって，まず，製品Xを優先して生産・販売する。次に，余剰生産能力の範囲内で製品Yを生産・販売することになる。

STEP 2　トレーニング問題

問1　月間の最適セールス・ミックスは，
　　　X_1を 3,000 個，X_2を 1,500 個生産・販売する組合せである。
問2　税引前の月間営業利益＝ 200 万円
問3　X_1 1個当たりの貢献利益が 800 円より少なければ，最適セールス・ミックスは変化する。

〔解説〕
問1
　X_1の1個当たりの貢献利益＝3,000円－1,800円＝1,200円
　X_2の1個当たりの貢献利益＝4,500円－2,500円＝2,000円
　X_1の生産・販売量をX_1，X_2の生産・販売量をX_2とおくと，
　営業利益＝1,200円・X_1＋2,000円・X_2－460万円
さらに，
　営業利益＋460万円＝1,200円・X_1＋2,000円・X_2

営業利益＋460万円＝Zとおくと，
　Z＝1,200円・X_1＋2,000円・X_2
　最大の営業利益を達成するためには，固定費460万円は一定であるから，Zを最大にするX_1とX_2の組合せを求めればよい。ただし，これには(1)と(2)の制約条件がつくため，次のような線形計画法の問題として表現できる。
目的関数　$Z＝1,200X_1＋2,000X_2$　→max
制約条件　$2.0X_1＋4.0X_2 \leq 12,000$…①式
　　　　　$1.5X_1＋1.0X_2 \leq 6,000$…②式
　　　　　$X_1 \leq 3,500$…③式
　　　　　$X_2 \leq 4,000$…④式
　　　　　$X_1 \geq 0$
　　　　　$X_2 \geq 0$
　これを，グラフで表現すると，次の図のようになる。

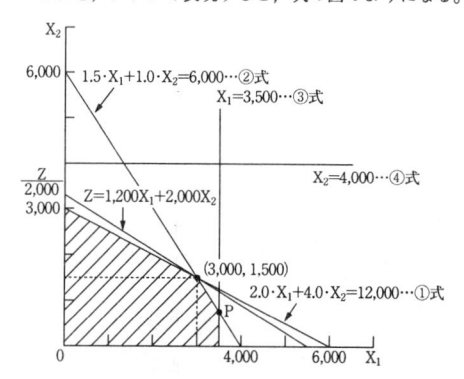

これより，目的関数の直線の切片Z／2,000が最大となるX_1とX_2の組合せは，目的関数の直線が制約条件①式と②式の交点と接する点であることがわかる。
　よって，次の連立方程式を解くと，
　　$\begin{cases} 2.0X_1＋4.0X_2＝12,000 \\ 1.5X_1＋1.0X_2＝6,000 \end{cases}$
$X_1＝3,000$，$X_2＝1,500$が得られる。

問2
　税引前の月間営業利益＝1,200円・X_1＋2,000円・X_2－460万円
　　　　　　　　　　　＝1,200円・3,000個＋2,000円・1,500個－460万円
　　　　　　　　　　　＝360万円＋300万円－460万円＝200万円

問3
　目的関数の直線の傾きは，
　　－X_1の1個当たりの貢献利益／X_2の1個当たりの貢献利益
　で表現され，
　X_2の値下げ前の現状では，その値は，
　　－1,200／2,000＝－0.6
　で，制約条件①式の傾き－0.5と制約条件②式の傾き－1.5の間の値である。X_2を値下げするということは，目的関数の直線の傾きの分子は一定で分母だけが減るということなので，それはまず制約条件②式の傾きに近づき，やがてそれ以上に傾きが急になるということである。傾きが制約条件②式のそれより緩やかなうちは，目的関数を最大にする組合せ

は問1と変わらない。そして，制約条件②式と重なった時点で，組合せは(3,000, 1,500)の点と図の点Pを結ぶ線上に多数存在することになる。制約条件①式より傾きが急になると，最大の営業利益をもたらす組合せは，点P(3,500, 750)に移動する。よって，その境目である

傾き$-1.5=-1,200/X_2$の1個当たりの貢献利益

を満たす，X_2の1個当たりの貢献利益800円が求める答えとなる。

STEP 3 チャレンジ問題

シンプレックス表

ステップ	基底変数の係数	基底変数	係数 基底可能解 変数	1,200 α	1,800 β	0 S_1	0 S_2	θ
1	0	S_1	15,000	2	2	1	0	7,500
	0	S_2	14,000	1	2	0	1	7,000
	シンプレックス基準		0	−1,200	−1,800	0	0	
2	0	S_1	1,000	1	0	1	−1	1,000
	1,800	β	7,000	1/2	1	0	1/2	14,000
	シンプレックス基準		12,600,000	−300	0	0	900	
3	1,200	α	1,000	1	0	1	−1	
	1,800	β	6,500	0	1	−1/2	1	
	シンプレックス基準		12,900,000	0	0	350	600	

問1 月間の最適セールス・ミックスは，
αを 1,000 個，βを 6,500 個生産・販売する組合せである。そのときの貢献利益の大きさは， 12,900,000 円である。

〔解説〕

1．スラック変数Sを導入した等式への書き換え

シンプレックス法では，まず，正のスラック変数を導入して不等式を等式に書き換える。

(1)スラック変数導入前

目的関数：Max.Z＝Max$(1,200\alpha+1,800\beta)$

制約条件：$2\alpha+2\beta\leq15,000$
　　　　　　$\alpha+2\beta\leq14,000$

非負条件：$\alpha\geq0$，$\beta\geq0$

(2)スラック変数導入後

目的関数：Max.Z＝Max$(1,500\alpha+1,700\beta+0\cdot S_1+0\cdot S_2)$

制約条件：$2\alpha+2\beta+S_1\quad\quad=15,000$
　　　　　　$\alpha+2\beta\quad\quad+S_2=14,000$

2．シンプレックス表

(1)見出し行

①係数：シンプレックス表の最上段(係数行)にスラック変数導入後の目的関数の係数を記入する。

②変数：ここでの変数である，α，β，S_1，S_2を順に記入する。

(2)ステップ1

①制約条件式の左辺と右辺を入れ替えて係数だけを表に記入する。

②シンプレックス基準行

　基底可能解の列：各基底変数について，基底変数の係数(0, 0)と基底可能解(15,000, 14,000)の積を求め，これを加算する。

　　$(0\times15,000)+(0\times14,000)=0$

　各変数の列：基底変数の係数と各列の数値を掛け合わせて，列ごとに加算した後，そこから目的関数の係数を差し引く。

α：$(0\times2)+(0\times1)-1,200=-1,200$
β：$(0\times2)+(0\times2)-1,800=-1,800$
S_1：$(0\times1)+(0\times0)\quad-0=\quad0$
S_2：$(0\times0)+(0\times1)\quad-0=\quad0$

(注)以上により計算されたシンプレックス基準の値は，制約条件となっている生産能力をそれぞれの製品だけの生産に用いたならば，製品1個当たりどれだけ利益(＝貢献利益)が増加するかを表している。そして，シンプレックス基準行の基底可能解の値は，その場合の利益(＝貢献利益)の合計額を表している。

③次のステップで基底変数と入れ替わる変数

　計算されたシンプレックス基準の値から，次のステップで基底変数と入れ替わる変数を探し出す。シンプレックス基準の値が負で絶対値が最大となる列の変数を探し出すが，ここではβが該当する。

④θの値の求め方

　θの値は，次のステップで新たな基底変数となる変数(β)の値(2, 2)で，基底可能解(15,000, 14,000)を除すことによって求める。

$15,000\div2=7,500$

$14,000\div2=7,000$

⑤非基底変数となる変数

　θの値は，次のステップで新たに基底変数となる変数と入れ替わって，非基底変数となる変数を探し出すための基準となる。その値が正でかつ最小となる行の変数を探し出すが，ここではS_2が該当する。

(3)ステップ2

①新しい基底変数(β)

　ステップ2では，まず基底変数を入れ替えるが，その場合，新しい基底変数(β)の列と行の交点が1，同基準変数と他の基準変数(S_1)の列と行の交点が0となるように，入れ替えの対象である元の基底変数の各行の値を書き換える。

基底可能解：$14,000\div2=7,000$

α：　　　　$1\div2=\quad1/2$
β：　　　　$2\div2=\quad1$
S_1：　　　　$0\div2=\quad0$
S_2：　　　　$1\div2=\quad1/2$

②ステップ2の他の基底変数(S_1)

　他の基底変数(S_1)についても，行と列の交点が1，同基準変数と他の基底変数との交点が0となるように計算する。すなわち，その変数が，新しく基底変数となった変数と前ステップにおいて行列の交点にある数値(2)を，今求めた新たな基底変数の行の数値(7,000, 1/2, 1, 0, 1/2)にそれぞれ乗じた上で，前ステップの数値から差し引く。

基底可能解：$15,000-(2\times7,000)=1,000$

α：　　　　$2-(2\times\quad1/2)=\quad1$
β：　　　　$2-(2\times\quad1)=\quad0$
S_1：　　　　$1-(2\times\quad0)=\quad1$
S_2：　　　　$0-(2\times\quad1/2)=\quad-1$

③ステップ2のシンプレックス基準行およびθの求め方はステップ1に準じて行う。

シンプレックス基準行
基底可能解の列：
　　　$(0×1,000)+(1,800×7,000)=12,600,000$
各変数の列：
　$α：(0×\ \ \ \ 1)+(1,800×\ 1/2)-1,200=-300$
　$β：(0×\ \ \ \ 0)+(1,800×\ \ \ \ 1)-1,800=\ \ \ \ 0$
　$S_1：(0×\ \ \ \ 1)+(1,800×\ \ \ \ 0)-\ \ \ \ 0=\ \ \ \ 0$
　$S_2：(0×\ -1)+(1,800×\ 1/2)-\ \ \ \ 0=\ \ 900$

$θ$の値：
$1,000÷1=1,000$
$7,000÷1/2=14,000$

(4)ステップ3
　以上のステップを繰り返し，シンプレックス基準の値に負の数値が見当たらなくなったら，計算が終了する。そのステップでの基底可能解の値が最適解となる。

非基底変数となる変数
　$θ$の値から，次のステップで新たに基底変数となる変数と入れ替わって，非基底変数となる変数は，S_1が該当する。

新しい基底変数（$α$）
基底可能解：$1,000÷1=1,000$
　$α：\ \ \ \ \ \ \ \ 1÷1=\ \ 1$
　$β：\ \ \ \ \ \ \ \ 0÷1=\ \ 0$
　$S_1：\ \ \ \ \ \ \ \ 1÷1=\ \ 1$
　$S_2：\ \ \ \ \ \ -1÷1=-1$

他の基底変数（$β$）
基底可能解：$7,000-(1/2×1,000)=6,500$
　$α：\ \ \ \ \ 1/2-(1/2×\ \ \ \ 1)=\ \ \ \ 0$
　$β：\ \ \ \ \ \ \ \ \ 1-(1/2×\ \ \ \ 0)=\ \ \ \ 1$
　$S_1：\ \ \ \ \ \ \ \ 0-(1/2×\ \ \ \ 1)=-1/2$
　$S_2：\ \ \ \ \ 1/2-(1/2×-1)=\ \ \ \ 1$

シンプレックス基準行
基底可能解の列：
　　　$(1,200×1,000)+(1,800×6,500)=12,900,000$
各変数の列：
　$α：(1,200×\ \ \ \ 1)+(1,800×\ \ \ \ 0)-1,200=\ \ \ \ 0$
　$β：(1,200×\ \ \ \ 0)+(1,800×\ \ \ \ 1)-1,800=\ \ \ \ 0$
　$S_1：(1,200×\ \ \ \ 1)+(1,800×-1/2)-\ \ \ \ 0=350$
　$S_2：(1,200×\ -1)+(1,800×\ \ \ \ 1)-\ \ \ \ 0=600$

$θ$の値：
$1,000÷0=0$
$6,500÷0=0$

第25章　営業費の計算と財務諸表の作成

STEP 1　ベーシック問題

地域別(地域セグメント)損益計算書
(単位：円)

		X地域	Y地域	合　計
I	売上高	(40,000)	(35,000)	(75,000)
II	変動売上原価	(23,750)	(20,250)	(44,000)
	製造マージン	(16,250)	(14,750)	(31,000)
III	変動販売費	(2,500)	(2,000)	(4,500)
	限界利益	(13,750)	(12,750)	(26,500)
IV	個別固定費	(6,750)	(250)	(7,000)
	貢献利益	(7,000)	(12,500)	(19,500)
V	共通固定費			
	販売費			(6,000)
	一般管理費			(2,500)
	営業利益			(11,000)

〔解説〕
　解答にあたっては，地域(セグメント)別に損益計算表を作成してみると理解しやすい。

STEP 2　トレーニング問題

製造原価報告書
(単位：円)

I	材料費		
	月初材料棚卸高	(23,000)	
	当月材料仕入高	(437,500)	
	合　計	(460,500)	
	月末材料棚卸高	(21,000)	
	当月材料費		(439,500)
II	労務費		
	⋮	⋮	
	当月労務費		(186,000)
III	経費		
	消耗品費	(28,500)	
	機械動力費	(54,000)	
	支払運賃	(13,000)	
	支払保険料	(18,000)	
	減価償却費	(34,000)	
	当月経費		(147,500)
	当月総製造費用		(773,000)
	月初仕掛品棚卸高		(52,000)
	合　計		(825,000)
	月末仕掛品棚卸高		(50,000)
	当月製品製造原価		(775,000)

〔解説〕
　各勘定科目についてT勘定を利用して，製造原価報告書への記入を行っていくと便利である。

STEP 3　チャレンジ問題

月次損益計算書
（単位：円）

```
Ⅰ  売　上　高                              (1,980,000)
Ⅱ  売　上　原　価
       直　接　材　料　費      (  497,200)
       直　接　労　務　費      (  613,800)
       製造間接費予定配賦額     (  330,000)
          小　　計            (1,441,000)
       製造間接費配賦差異      (    5,000)
       売上原価合計                          (1,446,000)
       売上総利益                            (  534,000)
Ⅲ  販売費および一般管理費
       変　動　販　売　費      (   77,000)
       固定販売費および一般管理費(  258,000)
       販売費および一般管理費合計            (  335,000)
       営　業　利　益                        (  199,000)
```

〔解説〕

本問のほかに精算表の形式によって損益計算書等を作成させる問題もみうけられる。総勘定元帳（製品勘定）ならびに製造原価報告書との対応関係を明確にしておくことが重要である。

第26章　工場会計の独立

STEP 1　ベーシック問題

1. 【工場側】（借方）材　　　　料　1,000,000　（貸方）本　　　　社　1,000,000
   【本社側】（借方）工　　　　場　1,000,000　（貸方）買　掛　金　1,000,000
2. 【工場側】（借方）製　　　　造　　 700,000　（貸方）材　　　　料　 800,000
              　　　製造間接費　　 100,000
   【本社側】（借方）仕訳なし　　　　　　　　（貸方）仕訳なし
3. 【工場側】（借方）製　　　　造　　 400,000　（貸方）本　　　　社　 600,000
              　　　製造間接費　　 200,000
   【本社側】（借方）工　　　　場　　 600,000　（貸方）未　払　賃　金　600,000
4. 【工場側】（借方）製造間接費　　 150,000　（貸方）本　　　　社　 150,000
   【本社側】（借方）工　　　　場　　 150,000　（貸方）減価償却累計額　150,000
5. 【工場側】（借方）本　　　　社　1,500,000　（貸方）製　　　　造　1,500,000
   【本社側】（借方）製　　　　品　1,500,000　（貸方）工　　　　場　1,500,000

〔解説〕

本社および工場で用いられる勘定の設定に注意すること。

STEP 2　トレーニング問題

問1

工場会計の独立は、本社と工場の地理的な条件、会計事務の合理化、経営管理上の必要から行われる。つまり、本社と工場とが地理的に遠隔な場合、製造活動に関わる会計事務が増加し、煩雑化している場合、工場を独立採算性にする場合などに行われる。

問2

(1) 意義

振替価格に一定の利益率を付加することで、本社と工場が独自に損益計算を行えるようになる。それにより本社と工場とで独立した業績測定や評価が行え、それぞれに独立した経営管理が行えるようになる。

(2) 問題点

工場の業績評価のために振替価格に一定率の利益が付加されるものとすると、生産品の製造原価が不当に引上げられる可能性がある。つまり、工場長は製造原価を意図的に高くすることで、より多くの利益を得ようと考えるのである。しかし、製造原価の引上げは、工場自体の利益額を増やしているようにみえるが、全社的な業績としてみるとむしろ悪影響を及ぼすことになる。

〔解説〕

ポイントを参照しなさい。また、工場会計の独立の意義と問題点については、再検討しておく必要がある。

STEP 3　チャレンジ問題

問1

〈仕訳〉

1. （借方）販売費・管理費　150　（貸方）本　　　　社　150
2. （借方）未　達　材　料　200　（貸方）本　　　　社　200
   　　　　第　2　工　場　200　　　　　第　1　工　場　200
3. （借方）売　　　　　上　500　（貸方）売　掛　金　500
   　　　　第　2　工　場　360　　　　　売上原価　360

問2

材料に含まれる内部利益	500千円
仕掛品に含まれる内部利益	360千円
製品に含まれる内部利益	288千円

問3

合併損益計算書　（単位：千円）

```
売 上 原 価    (17,646)   売 上 高     (29,480)
販売費・管理費 ( 6,810)   営業外収益   (   844)
営業外費用    (   920)
当期純利益    ( 4,948)
              (30,324)                (30,324)
```

合併貸借対照表　（単位：千円）

```
現 金 預 金   ( 2,350)   支 払 手 形   ( 3,000)
受 取 手 形   ( 7,200)   買 掛 金     ( 2,540)
売 掛 金     ( 5,500)   借 入 金     ( 6,200)
貸倒引当金   (△ 254)    未 払 金     (   642)
製     品    ( 2,112)   資 本 金     (15,000)
半 製 品     ( 2,700)   剰 余 金     ( 7,586)
材     料    ( 1,100)   (うち当期純利益…  4,948)
仕 掛 品     ( 3,990)
有形固定資産 ( 8,400)
その他の資産 ( 1,870)
             (34,968)                (34,968)
```

〔解説〕
1．未達取引に関しては，(2)の仕訳が第2工場と本社の両方で行われることに注意する。
2．内部利益の計算は，次のように行う。

　材　料の内部利益　(500千円)＝2,000千円×0.25

　仕掛品の　〃　　　(360千円)＝2,250千円×0.8×$\frac{4}{5}$×0.25

　製　品の　〃　　　(288千円)＝2,400千円×0.6×$\frac{4}{5}$×0.25

3．期末半製品(2,700千円)については，第1工場の製品と第2工場の材料(ただし，外部から購入分は除く)を加算し，内部利益の金額を減算して計算する。1,200千円＋(2,100千円＋200千円－300千円)－500千円

4．売上原価(17,646千円)については，次のように計算する。
(24,300千円－360千円＋6,000千円＋19,950千円)－(8,000千円＋23,940千円)
　　　　T／Bの売上原価　　　　　　　　　　　　内部売上
　　　　　　　　　－1,452千円＋(500千円＋360千円＋288千円)
　　　　　　　　　　期首　　　　　　　　期末

第27章　差額原価収益分析

STEP 1　ベーシック問題

追加加工を行った場合の損益計算

（単位：円）

差額収益	（　80,000　）
差額原価	
追加加工費	（　48,000　）
変動販売費	（　12,000　）
広告宣伝費	（　18,000　）
差額損益	（　2,000　）

◎結果として，当社は(　C　)製品の生産を選択すべきである。

〔解説〕
本問は，追加加工を施し，新製品として販売するかどうかの意思決定に関する問題である。
　差額収益は，(200kg×@2,500円)－420,000円＝80,000円。追加加工費200kg×@240円＝48,000円，変動販売費200kg×@270円－42,000円＝12,000円，広告宣伝費18,000円のトータルが差額原価となる。

STEP 2　トレーニング問題

正解：　4

〔解説〕
本問は，製品(部品)を自製するか購入するかの意思決定に関する問題である。
　部品Pの購入単価をX円とおき，差額原価収益分析を行うと以下のようになる。

	自製案	購入案
部品P購入価額		10,000X円
設備賃貸純収入	1,500,000円	
直接材料費	2,000,000円	
直接労務費	5,500,000円	
変動製造間接費	4,500,000円	
固定製造間接費	2,000,000円	
合計	15,500,000円	10,000X円

※設備賃貸純収入1,500,000円は，機会原価として自製案に計上する。
※固定製造間接費のうち，5,000,000円は埋没原価となるので，差額原価となる2,000,000円のみを計上する。
　以上より，
　　15,500,000円　＞　10,000X円
　∴1,550円　＞　X
　したがって，部品Pを1,550円未満で購入すれば，当社の利益水準が現状より悪化しない。

(別解)
1．自製の場合における部品Pの製造単価
　(直接材料費2,000,000円＋直接労務費5,500,000円＋変動製造間接費4,500,000円＋固定製造間接費7,000,000円)÷10,000個＝@1,900円
2．購入の場合における購入単価をXとおくと，
　@1,900円×10,000個＝X×10,000個＋回避できない固定製造間接費5,000,000円－部品製造設備の賃貸による純収入1,500,000円を満たすXを求めればよい。
　これを解くと，X＝1,550円　∴正解は4となる。

STEP 3　チャレンジ問題

問1　内製か購入かの問題を解くための原価計算目的は　(3)　である。
　(注)上の□の中に該当する原価計算目的の番号を記入しなさい。

問2　(1)部品A-12の1個当たりの変動費＝　0.62　万円
　　　(2)月間の固定製造間接費＝　750　万円

問3　部品A-12の総需要量が　2,600　個を超えるのであれば，
　　　○内製が有利である。
　　　　購入が有利である。
　　　　内製，購入のどちらでもよい。
　　　(注)正解に○印をつけなさい。

問4　(1)部品A-12の総需要量が4,500～5,500個の範囲にある限り，
　　　○内製が有利である。
　　　　購入が有利である。
　　　　内製，購入のどちらでもよい。
　　　(注)正解に○印をつけなさい。

　　　(2)部品A-12の総需要量が5,500個以上であって，
　　　　内製のコストと購入のコストが等しくなる総需要量
　　　　　＝　6,600　個

〔解説〕
1．高低点法による原価分解［問2］
　最低点(760個，1,221.2万円)　最高点(900個，1,308万円)

(1)変動費率の計算
$$\frac{1,308万円-1,221.2万円}{900個-760個}=@0.62万円$$
(2)月間固定費の計算
1,221.2万円－@0.62万円×760個＝750万円
または
1,308万円－@0.62万円×900個＝750万円
2．内製するか購入するかの判断［問3］
(1)内製の場合の差額原価
① 部品A－12の1個あたりの変動製造原価（変動費）
直接材料費　　6,900万円÷5,000個＝@1.38万円
直接労務費　　4,000万円÷5,000個＝　0.80
変動製造間接費　［問2］より　　　　0.62
合　　計　　　　　　　　　　　　　@2.80万円
② 固定費総額(750万円×6ヵ月)－(672万円＋60万円＋500万円＋148万円)＝3,120万円
(2)購入の場合の差額原価（部品A－12の1個あたりの購入原価）
@4万円
(3)内製するか購入するかの判断（求める総需要量をXとする）
3,120万円＋@2.8万円X＝@4万円X　　　X＝2,600個
　　内製　　　　　　　購入
∴総需要量が2,600個を超えるならば，内製するほうが有利である。
3．単位当たりの購入原価が変動する場合の内製するか購入するかの判断［問4］
(1)4,500個～5,500個の範囲での内製するか購入するかの判断
①4,001個～5,000個までの差額原価（5,000個を前提に計算）
内製：3,120万円＋5,000個×@2.8万円＝17,120万円
購入：3,000個×@4万円＋(4,000個－3,000個)×@3.2万円
　　　＋(5,000個－4,000個)×@2.8万円＝18,000万円
②5,001個～6,000個までの差額原価（6,000個を前提に計算）
内製：3,120万円＋6,000個×@2.8万円＝19,920万円
購入：3,000個×@4万円＋(4,000個－3,000個)×@3.2万円＋(5,000個
　　　－4,000個)×@2.8万円＋(6,000個－5,000個)×@2.4万円
　　　＝20,400万円
③内製するか購入するかの判断
6,000個を前提とした計算においても，内製の方が差額原価が低いため，4,500個～5,500個の範囲においても内製の方が有利であると判断できる。
(2)5,500個以上であって，内製コストと購入コストが等しくなる総需要量の計算
①差額原価の計算
内製：3,120万円＋@2.8万円X
購入：20,400万円※1＋(X個－6,000個)×@2万円＝8,400万円
　　　　＋2万円X
　※1　6,000個の購入原価
　　　3,000個×@4万円＋(4,000個－3,000個)×@3.2万円＋(5,000個－4,000個)
　　　×@2.8万円＋(6,000個－5,000個)×@2.4万円＝20,400万円

②差額原価が等しくなる総需要量の計算
3,120万円＋@2.8万円X＝8,400万円＋@2万円X　　X＝6,600個
　内製　　　　　　　　　購入
∴総需要量が6,600個の場合，内製コストと購入コストが等しくなる。

第28章　在庫管理のための原価計算

STEP 1　ベーシック問題

3,200 kg

〔解説〕
1回当たり発注量をqとすれば,
年間発注費は, @1,800円×$\frac{256,000}{q}$kg, 年間保管費は, @90円×$\frac{q}{2}$kgとなる。
これによりqを算定すれば, 3,200kgとなる。

STEP 2　トレーニング問題

問1　該当する原価計算目的の番号に○印をつけなさい。
(1)製品原価計算と財務諸表作成目的　(2)原価管理目的　(3)利益管理目的　○(4)業務的意思決定目的　(5)戦略的意思決定目的
問2　適切な原価の番号に○印をつけなさい。
(1)標準原価　(2)変動費　○(3)差額原価　(4)直接原価　(5)総合原価
問3　経済的発注量を計算するための
(1)H材料の1回当たりの発注費＝ 13,000 円
(2)H材料1個当たりの年間保管費＝ 500 円
問4　H材料の経済的発注量＝ 1,050 個

〔解説〕
問3
1．H材料1個当たりの発注費
(4)H材料発注1回に要する郵便料金など　　　　　　　　　2,500円
(5)H材料発注1回に要する事務用消耗品費　　　　　　　　1,000円
(6)H材料発注1回に要する受入材料積下ろし作業賃金支払額　9,500円
　　　　　　　　　　　　　　　　　　　　　　　　　　13,000円

2．H材料1個当たりの保管費
(9)保管するH材料1個当たりの年間火災保険料　　　　　　100円
(10)H材料にたいする資本コスト　H材料の購入原価5,000円×8%　400円
　　　　　　　　　　　　　　　　　　　　　　　　　　500円

※H材料の購入原価
(1)H材料1個当たりの購入価格(送り状記載価格)　　　　　4,900円
(2)H材料1個当たりの引取運賃　　　　　　　　　　　　　100円
　　　　　　　　　　　　　　　　　　　　　　　　　　5,000円

3．埋没原価(無関連原価)
(3),(7),(8)は，経済的発注量を求める意思決定にとっては，埋没原価となる。また，(1),(2)の合計であるH材料の購入原価も，それ自体では埋没原価となる。
問4
1．試行錯誤による求め方

在庫関連原価総額Cを表す式$C = P*\frac{D}{Q} + S*\frac{Q}{2}$をもとに，以下の表を作成する。

経済的発注量Q*	発注費P*D/Q	保管費S*Q/2	在庫関連原価総額C
500個	546,000円	125,000円	671,000円
1,000個	273,000円	250,000円	523,000円
1,500個	182,000円	375,000円	557,000円

この表の中で1,000個の時が，在庫関連原価総額が最小となるので，さらに1,000個を中心に，50個ずつ増減させて，在庫関連原価総額が最小となる発注量を探してみる。

経済的発注量Q*	発注費P*D/Q	保管費S*Q/2	在庫関連原価総額C
950個	287,368円	237,500円	524,868円
1,050個	260,000円	262,500円	522,500円
1,100個	248,182円	275,000円	523,182円

以上から，1,050個の時に在庫関連原価総額が最小となるので，求める答えは1,050個である。

2．経済的発注量の公式による求め方
(1) 年間在庫品消費量をD，1回あたり発注費をP，在庫品1単位あたり年間保管費をSとすると，経済的発注量Q*は以下のように求めることができる。

$$Q^* = \sqrt{\frac{2*P*D}{S}}$$

$$= \sqrt{\frac{2*13,000円*21,000個}{500円}} = 1,044.988\dots 個 ≒ 1,045個$$

(2) X材料は，50個単位で購入可能なので，1,000個か1,050個のうち，発注費と保管費の合計である在庫関連原価総額が少ない発注量を探してみる。

経済的発注量Q*	発注費P*D/Q	保管費S*Q/2	在庫関連原価総額C
1,000個	273,000円	250,000円	523,000円
1,050個	260,000円	262,500円	522,500円

以上から，1,050個の方が在庫関連原価総額が最小となるので，求める答えは1,050個である。

STEP 3　チャレンジ問題

問1
(1) Y材料1回当たりの発注費＝ 30,000 円
(2) Y材料1kg当たりの保管費＝ 1,000 円
(3) Y材料の経済的発注量＝ 3,000 kg

問2
(1) 値引きを受けられないことによる年間の機会損失額＝ 18,000,000 円
(2) 1回12,000kgずつ発注する場合の年間保管費＝ 5,892,000 円
(3) 1回に何kgずつ発注するのが，最も有利か＝ 8,000 kg

〔解説〕

問1
(1) Y材料1回当たりの発注費：2,000円+28,000円＝30,000円
(2) Y材料1kg当たりの保管費：250円+5,000円×15%＝1,000円
※(5)(6)は，発注量を変化させても変化しないので，埋没原価(無関連原価)となる。また，(2)のY材料1kg当たりの購入原価も，それ自体では埋没原価(無関連原価)となる。

(3) Y材料の経済的発注量：

$$Q^* = \sqrt{\frac{2*P*D}{S}}$$

$$= \sqrt{\frac{2*30,000円*150,000kg}{1,000円}} = 3,000kg$$

問2
1．発注ロットごとの値引額と取得原価

1回当たりの発注量(発注ロット)	値引額	取得原価
0 ～ 3,999kg	なし	5,000円
4,000kg～ 7,999kg	5,000円× 2%＝100円	5,000円-100円＝4,900円
8,000kg～11,999kg	5,000円×2.2%＝110円	5,000円-110円＝4,890円
12,000kg以上	5,000円×2.4%＝120円	5,000円-120円＝4,880円

2．発注ロットごとの発注費，保管費，機会損失，在庫関連原価総額

発注量(発注ロット)	発注費P*D/Q	保管費S*Q/2	機会損失	在庫関連原価総額
3,000kg	①1,500,000円	⑤1,500,000円	⑨18,000,000円	21,000,000円
4,000kg	②1,125,000円	⑥1,970,000円	⑩3,000,000円	6,095,000円
8,000kg	③56,2500円	⑦3,934,000円	⑪1,500,000円	5,996,500円
12,000kg	④375,000円	⑧5,892,000円	なし	6,267,000円

①30,000円×150,000kg／3,000kg＝1,500,000円
②30,000円×150,000kg／4,000kg＝1,125,000円
③30,000円×150,000kg／8,000kg＝56,2500円
④30,000円×150,000kg／12,000kg＝375,000円
⑤(250円+5,000円×15%)×3,000kg／2＝1,500,000円
⑥(250円+4,900円×15%)×4,000kg／2＝1,970,000円
⑦(250円+4,890円×15%)×8,000kg／2＝3,934,000円
⑧(250円+4,880円×15%)×12,000kg／2＝5,892,000円
⑨150,000kg×120円＝18,000,000円
⑩150,000kg×(120円-100)＝3,000,000
⑪150,000kg×(120円-110)＝1,500,000円

∴1回に8,000kgずつ発注すれば，在庫関連原価総額が5,996,500円で最小となるので，最も有利となる。

第29章　設備投資の経済性分析

STEP 1　ベーシック問題

投資案Xの回収期間＝ 3 年
〔計算過程〕年間の純現金流入額＝売上収入－現金支出費用
　　　　　　　　　　　　　　　＝2,000万－1,200万円＝800万円
　　　　　投資案Xの回収期間＝2,400万円÷800万円＝3年

STEP 2　トレーニング問題

〔計算過程〕税引後加重平均資本コスト率＝5%×(1－0.4)×0.3+8%×0.1+10%×0.4+6%×(1－0.4)×0.2＝6.42%

STEP 3　チャレンジ問題

(1) この設備の年々の減価償却費＝ 1,620 万円
(2) 投資案2の年間税引き後純現金流入額＝ 2,957.28 万円
(3) 投資案2の内部投資利益率＝ 21 %

したがってこの案は，｛採用すべきである。／採用すべきでない。｝（不要の文字を消しなさい）

〔解説〕
(1) （9,000万円－900万円）÷5年＝1,620万円
(2) 売上収入　　　　　　　8,000　万円
　－）現金支出費用　　　　4,151.2
　　　税引前償却前利益　　3,848.8 万円
　－）減価償却費　　　　　1,620
　　　税引前利益　　　　　2,228.8 万円
　－）法人税　　　　　　　　891.52 ←――2,228.8×0.4
　　　税引後利益　　　　　1,337.28 万円
　＋）減価償却費　　　　　1,620
　　　税引後純現金流入額　2,957.28 万円

(3) 求める内部投資利益率をαとすると
　9,000万円＝2,957.28万円×｛1－$(1+\alpha)^{-5}$｝／α＋900万円×$(1+\alpha)^{-5}$
　α＝20％とすると
　右辺＝2,957.28万円×2.9906＋900万円×0.4019＝9205.751568万円
　α＝21％とすると
　右辺＝2,957.28万円×2.9960＋900万円×0.3855＝8999.95128万円
　≒9000万円となり，左辺とほぼ一致する。
よって，内部投資利益率は21％となり，この案は採用すべきである。

第30章　品質原価計算

STEP 1　ベーシック問題

(1) 予 防 原 価：　474,000円
(2) 評 価 原 価：1,452,000円
(3) 内部失敗原価：　524,000円
(4) 外部失敗原価：1,396,000円

〔解説〕
予防原価，評価原価，内部失敗原価，外部失敗原価には具体的にどのような費用があるかの確認である（本章のポイント参照）。

STEP 2　トレーニング問題

図表によれば，初年度に比較して今年度はトータルコストが減少しており，品質原価計算手法を採用することで原価引下げにつながっている。図表を分解すれば，仕損費および返品廃棄処分費は減少し，各工程中の中間品検査費と製造工程改善費は増加している。これは，品質原価計算の特質であり，前者と後者がトレードオフの関係にあると見てよい。

各工程中の中間品検査費および製造工程改善費は，品質適合原価（予防原価・評価原価）であり，仕損費および返品廃棄処分費は，品質不適合原価（内部失敗原価・外部失敗原価）である。品質適合原価は，自発的原価ともよばれ，経営者の裁量にて支出可能な原価である。つまり，当社は生産前に品質不良による原価増の回避として事前の予防活動に積極的に費用をかけている。その結果，生産過程，生産後あるいは販売後に生じる費用を抑制している。したがって，当社の品質原価計算の採用は，妥当であるといえる。

〔解説〕
品質原価計算は，品質適合原価と品質不適合原価においてトレードオフの関係にある。それを読み取り，原価管理に有用であることを説明すればよい。

STEP 3　チャレンジ問題

問1

品質原価表

品質原価の種類	19×1年の金額	19×3年の金額
（ア　予防　）原価	650	1,480
（イ　評価　）原価	850	1,120
（エ　内部失敗）原価	2,050	400
（オ　外部失敗）原価	1,450	250

問2
（ウ　1,100）万円　　（カ　2,850）万円　　（キ　1,750）万円

問3
(ア)原価と(イ)原価の合計：（品 質 適 合）原価
(エ)原価と(オ)原価の合計：（品質不適合）原価

第31章　活動基準原価計算と原価改善

STEP 1　ベーシック問題

問1
製品Aへの段取費配賦額＝ 64,000円÷400時間×300時間＝ 48,000円
製品Aへの修繕費配賦額＝120,000円÷400時間×250時間＝ 75,000円
製品Aへの運搬費配賦額＝ 42,000円÷400時間×300時間＝ 31,500円
　　　　　　　　　　　　　　　　　　　　　　合計　154,500円
製品Bへの段取費配賦額＝ 64,000円÷400時間×100時間＝ 16,000円
製品Bへの修繕費配賦額＝120,000円÷400時間×150時間＝ 45,000円
製品Bへの運搬費配賦額＝ 42,000円÷400時間×100時間＝ 10,500円
　　　　　　　　　　　　　　　　　　　　　　合計　 71,500円

問2
製品Aへの段取費配賦額＝ 64,000円÷10回×1回＝　6,400円
製品Aへの修繕費配賦額＝120,000円÷ 8回×2回＝ 30,000円
製品Aへの運搬費配賦額＝ 42,000円÷ 7回×2回＝ 12,000円
　　　　　　　　　　　　　　　　　　合計　48,400円
製品Bへの段取費配賦額＝ 64,000円÷10回×9回＝ 57,600円
製品Bへの修繕費配賦額＝120,000円÷ 8回×6回＝ 90,000円
製品Bへの運搬費配賦額＝ 42,000円÷ 7回×5回＝ 30,000円
　　　　　　　　　　　　　　　　　　合計　177,600円

STEP 2　トレーニング問題

問1
作業改善利益＝（0.93／0.9－1）×300人×35万円＝350万円
問2
シフトできる直接工の人数＝350万円÷35万円＝10人

STEP 3　チャレンジ問題

問1

(a)　製品Pの単位あたりの総原価＝ 1,134 円
　　製品Qの単位あたりの総原価＝ 967.2 円
　　製品Rの単位あたりの総原価＝ 2,148 円

(b)　製品Pの単位あたりの総原価＝ 1133.21 円
　　製品Qの単位あたりの総原価＝ 1636.35 円
　　製品Rの単位あたりの総原価＝ 2064.85 円

〔問1の解説〕

問1(a)

(1) 製品別単位当り直接労務費の計算
　P：950円/時×1 時間＝ 950円
　Q：950円/時×0.8時間＝ 760円
　R：950円/時×2 時間＝1,900円

(2) 製品別直接作業時間の計算
　P：1 時間×25,000個＝25,000時間
　Q：0.8時間× 5,000個＝ 4,000時間
　R：2 時間×40,000個＝<u>80,000時間</u>
　　　　　　　　　　　109,000時間

(3) 間接費・管理費の各製品への配賦額
　P：9,156,000円÷109,000時間×25,000時間＝2,100,000円
　Q：9,156,000円÷109,000時間× 4,000時間＝ 336,000円
　R：9,156,000円÷109,000時間×80,000時間＝6,720,000円

(4) 単位当りの総原価の計算
　P：140円＋ 950円＋2,100,000円÷25,000個＝1,134円
　Q：140円＋ 760円＋ 336,000円÷ 5,000個＝ 967.2円
　R： 80円＋1,900円＋6,720,000円÷40,000個＝2,148円

問1(b)

(1) 製品別直接材料出庫高の計算
　P：100円×25,000個＝2,500,000円
　Q：140円× 5,000個＝ 700,000円
　R： 80円×40,000個＝<u>3,200,000円</u>
　　　　　　　　　　　6,400,000円

(2) 製品別総機械運転時間の計算
　P：1.6時/個×25,000個＝ 40,000時間
　Q：9 時/個× 5,000個＝ 45,000時間
　R：1 時/個×40,000個＝<u> 40,000時間</u>
　　　　　　　　　　　125,000時間

(3) 活動コストプール別コストレートの計算
　段取作業コストレート＝300,000円÷(25回＋200回＋25回)＝1,200円/回
　機械関連コストレート＝3,750,000円÷125,000時間＝30円/時
　材料倉庫コストレート＝400,000円÷6,400,000円＝0.0625
　梱包関連コストレート＝900,000円÷(40回＋200回＋60回)＝3,000円/回
　生産技術コストレート＝2,200,000円÷(120時間＋600時間＋380時間)
　　　　　　　　　　　＝2,000円/時
　検査関連コストレート＝420,000円÷(15回＋20回＋40回)＝5,600円/回
　管理コストレート＝1,090,000円÷109,000時間＝10円/時

(4) 単位当りの総原価の計算

　P：直接材料費　　　　　　　　　　　　　　　　　　　100 円
　　直接労務費　　　　　　　　　　　　　　　　　　　950 円
　　段取作業費　1,200円/回×25回÷25,000個　＝　　1.2 円
　　機械関連費　30円/時×1.6時/個　　　　　　＝　　 48 円
　　材料倉庫費　0.0625×100円　　　　　　　　　＝　6.25 円
　　梱包関連費　3,000円/回×40回÷25,000個　　 ＝　 4.8 円
　　生産技術費　2,000円/時×120時間÷25,000個　＝　 9.6 円
　　検査関連費　5,600円/回×15回÷25,000個　　 ＝　3.36 円
　　管　理　費　10円/時×1 時間　　　　　　　　＝　 10 円
　　　　　　　　　　　　　　　　　　　　　　　　　1,133.21円

　Q：直接材料費　　　　　　　　　　　　　　　　　　　140 円
　　直接労務費　　　　　　　　　　　　　　　　　　　760 円
　　段取作業費　1,200円/回×200回÷5,000個　　＝　　 48 円
　　機械関連費　30円/時×9 時/個　　　　　　　＝　　270 円
　　材料倉庫費　0.0625×140円　　　　　　　　　＝　8.75 円
　　梱包関連費　3,000円/回×200回÷5,000個　　 ＝　　120 円
　　生産技術費　2,000円/時×600時間÷5,000個　 ＝　　240 円
　　検査関連費
　　　　(96,000円＋5,600円/回×20回)÷5,000個　＝　41.6 円
　　管　理　費　10円/時×0.8時間　　　　　　　 ＝　　 8 円
　　　　　　　　　　　　　　　　　　　　　　　　　1,636.35円

　R：直接材料費　　　　　　　　　　　　　　　　　　　 80 円
　　直接労務費　　　　　　　　　　　　　　　　　　 1,900 円
　　段取作業費　1,200円/回×25回÷40,000個　　 ＝　0.75 円
　　機械関連費　30円/時×1 時/個　　　　　　　＝　　 30 円
　　材料倉庫費　0.0625×80円　　　　　　　　　 ＝　　 5 円
　　梱包関連費　3,000円/回×60回÷40,000個　　 ＝　 4.5 円
　　生産技術費　2,000円/時×380時間÷40,000個　＝　　 19 円
　　検査関連費　5,600円/回×40回÷40,000個　　 ＝　 5.6 円
　　管　理　費　10円/時×2 時間　　　　　　　　＝　　 20 円
　　　　　　　　　　　　　　　　　　　　　　　　　2,064.85円

問2　〔解答〕ならびに〔解説〕

問1(a)による総原価(総額)
　P：1,134　円×25,000個＝28,350,000円
　Q： 967.2円× 5,000個＝ 4,836,000円
　R：2,148　円×40,000個＝85,920,000円
　　　　　　　　　　　　119,106,000円

問1(b)による総原価(総額)
　P：1,133.21円×25,000個＝28,330,250円
　Q：1,636.35円× 5,000個＝ 8,181,750円
　R：2,064.85円×40,000個＝82,594,000円
　　　　　　　　　　　　　119,106,000円

各製品ごとに差額を計算する。
  P：28,350,000円－28,330,250円＝　　19,750円
  Q：　4,836,000円－　8,181,750円＝△3,345,750円
  R：85,920,000円－82,594,000円＝　3,326,000円

これによると，本来Qが負担すべき3,345,750円を，伝統的方法ではPが19,750円，Rが3,326,000円余分に負担しているという内部補助が生じていることになる。

第32章　原価企画とライフサイクル・コスティング

STEP 1　ベーシック問題

原価削減目標率（25）％

〔解説〕
　目標利益が，（1－0.28）×1,000,000円＝720,000円と計算される。それをもとに，(480,000円＋220,000円＋80,000円＋180,000円－720,000円)÷960,000円＝0.25(25％)と算定される。

STEP 2　トレーニング問題

| ア | 805,000 | イ | 800,000 | ウ | 5,000 | エ | 原価改善 |

〔解説〕
　目標利益1,000,000円×20％＝200,000円，許容原価1,000,000円－200,000円＝800,000円，目標原価820,000円－(10,000円＋5,000円)＝805,000円。

STEP 3　チャレンジ問題

(1) 研究・開発コスト：　 842,000円
(2) 生産・構築コスト：4,300,000円
(3) 運用・支援コスト：1,626,000円
(4) 退役・廃棄コスト：1,057,000円
(5) 社　会　コ ス ト：　 924,000円

〔解説〕
　ライフサイクル・コストは，研究・開発コスト，生産・構築コスト，運用・支援コスト，退役・廃棄コスト，社会コストに分けられる。それらが具体的にどのような名称(種類)の費用を含むかについての確認である。

第33章　事業部業績の測定と経済的利益

STEP 1　ベーシック問題

問1　事業部Sの貢献利益＝(20円－12円)×400個＝3,200円
　　　事業部Tの貢献利益＝(32円－20円－8円)×400個＝1,600円
　　　全社的貢献利益＝3,200円＋1,600円＝4,800円
問2　20円＋8円＝28円
問3　売　上　高　　28円×400個　　＝11,200円
　　　全部標準原価　(16円＋13円)×400個＝11,600
　　　　　　　　売上総利益　　　　△400円

問4　事業部Sの貢献利益＝4,800円×$\dfrac{12円}{12円+8円}$＝2,880円
　　　事業部Sの売上高＝2,880円＋12円×400個＝7,680円
　　　内部振替価格＝7,680円÷400個＝19.2円

STEP 2　トレーニング問題

〔解答〕
問1　年間生産量　250,000個
　　　販売価格　　1,500円
問2　A事業部の利益　30,000,000円
　　　B事業部の利益　10,000,000円
問3　事業部間の振替価格の決定基準には，主として市価基準と原価基準がある。中間製品の市価が外部競争市場に存在し，かつ用いることができる場合，市価基準が採用される。市価が入手できないか，あるいは市場が有効に機能しないため市価を用いることが不適切である場合，あるいは，その入手作業にコストがかかり，経済的でない場合は，原価基準が採用される。

〔解説〕
問1　総販売量をXとおくと，利益関数は
　　　　(2,000－0.002X)X－(200＋800)X－30,000,000－35,000,000
　　　　＝－0.002X²＋1,000X－65,000,000　…(1)
で表わされるが，これは上に凸の2次関数である。よって，接線の傾きが0になる点，つまりXで微分した値がゼロになるXを求めると，利益を最大にする年間生産量となる。
(1)式を微分しイコール0とすると
　　　　－0.004X＋1,000＝0　…(2)
(2)式をXで解くと
　　　　X＝250,000個　　…(3)
販売価格は，(3)式を条件式　p＝2,000－0.002Xに代入すると
　　　p＝2,000－0.002×250,000＝1,500円
問2　A事業部の利益＝600X－(200X＋30,000,000)
　　　　　　　　　　＝400X－30,000,000　…(1)
　　　B事業部の利益＝(2,000－0.002X)X－(600＋800)X－35,000,000
　　　　　　　　　　＝－0.002X²＋600X－35,000,000　…(2)
B事業部の利益について，最大になるように，(2)式を微分し，イコール0とすると
　　　　－0.004X＋600＝0　…(3)
(3)式をXで解くと
　　　　X＝150,000　…(4)
(4)式を(1),(2)式に代入すると，それぞれA事業部の利益，B事業部の利益になる。
　　　A事業部の利益＝400×150,000－30,000,000＝30,000,000円
　　　B事業部の利益＝－0.002×150,000²＋600×150,000－35,000,000
　　　　　　　　　＝10,000,000円
　　　会社全体の利益＝30,000,000円＋10,000,000円＝40,000,000円
問3　さらに詳細な区分は，ポイントを参照のこと。

STEP 3　チャレンジ問題

〔解答〕

問1　月間の原価予想額＝2,100,000円＋200円/枚×ピザ製造・販売数量

問2　月間の損益分岐点販売量＝3,500枚

問3　ピザ投資案の年間投資利益率＝13.5％

問4　年間投資利益率が21.6％になる月間のピザ販売量＝7,500枚

問5　ピザ投資案導入前　投資利益率　新宿店：12％　渋谷店：15％
　　　ピザ投資案導入後　投資利益率　新宿店：12.25％
　　　渋谷店：14.4％

問6　①増加，~~減少~~　②~~増加~~，減少　③採用する，~~採用しない~~
　　　④~~採用する~~，採用しない　⑤有利，~~不利~~
　　　⑥7.92％　⑦42,900万円　⑧2,482.32万円
　　　⑨16,900万円　⑩1,541.52万円

〔解説〕

問1　変動費率＝$\frac{3,700,000円－2,900,000円}{8,000枚－4,000枚}$＝200円
　　　月間の固定費＝3,700,000円－200円×8,000枚＝2,100,000円

問2　2,100,000円÷(800円－200円)＝3,500枚

問3　年間税引後利益＝{(800円－200円)×6,000枚－2,100,000円}
　　　×(1－0.4)×12ヶ月＝10,800,000円
　　　年間投資利益率＝10,800,000円÷80,000,000円×100＝13.5％

問4　求める販売量をXとおくと
　　　(600X－2,100,000円)×(1－0.4)×12ヶ月÷80,000,000円×100
　　　＝21.6％
　　　∴　X＝7,500枚

問5　ピザ投資案導入前　投資利益率
　　　新宿店：8,000万円×(1－0.4)÷40,000万円×100＝12％
　　　渋谷店：3,000万円×(1－0.4)÷12,000万円×100＝15％
　　　ピザ投資案導入後　投資利益率
　　　新宿店：{8,000万円×(1－0.4)＋1,080万円}÷(40,000万円
　　　　　　　＋8,000万円)×100＝12.25％
　　　渋谷店：{3,000万円×(1－0.4)＋1,080万円}÷(12,000万円
　　　　　　　＋8,000万円)×100＝14.4％

問6　①～⑤は問5の結果を参照のこと。
　　　⑥　0.4×(1－0.4)×8％＋0.6×10％＝7.92％
　　　⑦　11,000万円＋24,000万円＋3,100万円＋4,800万円＝42,900万円
　　　⑧　{8,000万円×(1－0.4)＋1,080万円}－7.92％×42,900万円
　　　　　＝2,482.32万円
　　　⑨　1,800万円＋7,200万円＋3,100万円＋4,800万円＝16,900万円
　　　⑩　{3,000万円×(1－0.4)＋1,080万円}－7.92％×16,900万円
　　　　　＝1,541.52万円
　　　⑦と⑨については，運転資本＝流動資産－流動負債とし
　　　固定資産＋運転資本＝固定負債＋資本の条件を用いて計算した。